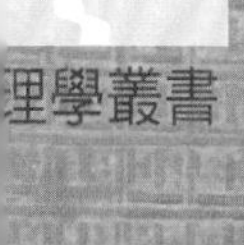

理學叢書

兩性關係學

〔第二版〕

Gender Relationship: Romance and Marriage

柯淑敏◎著

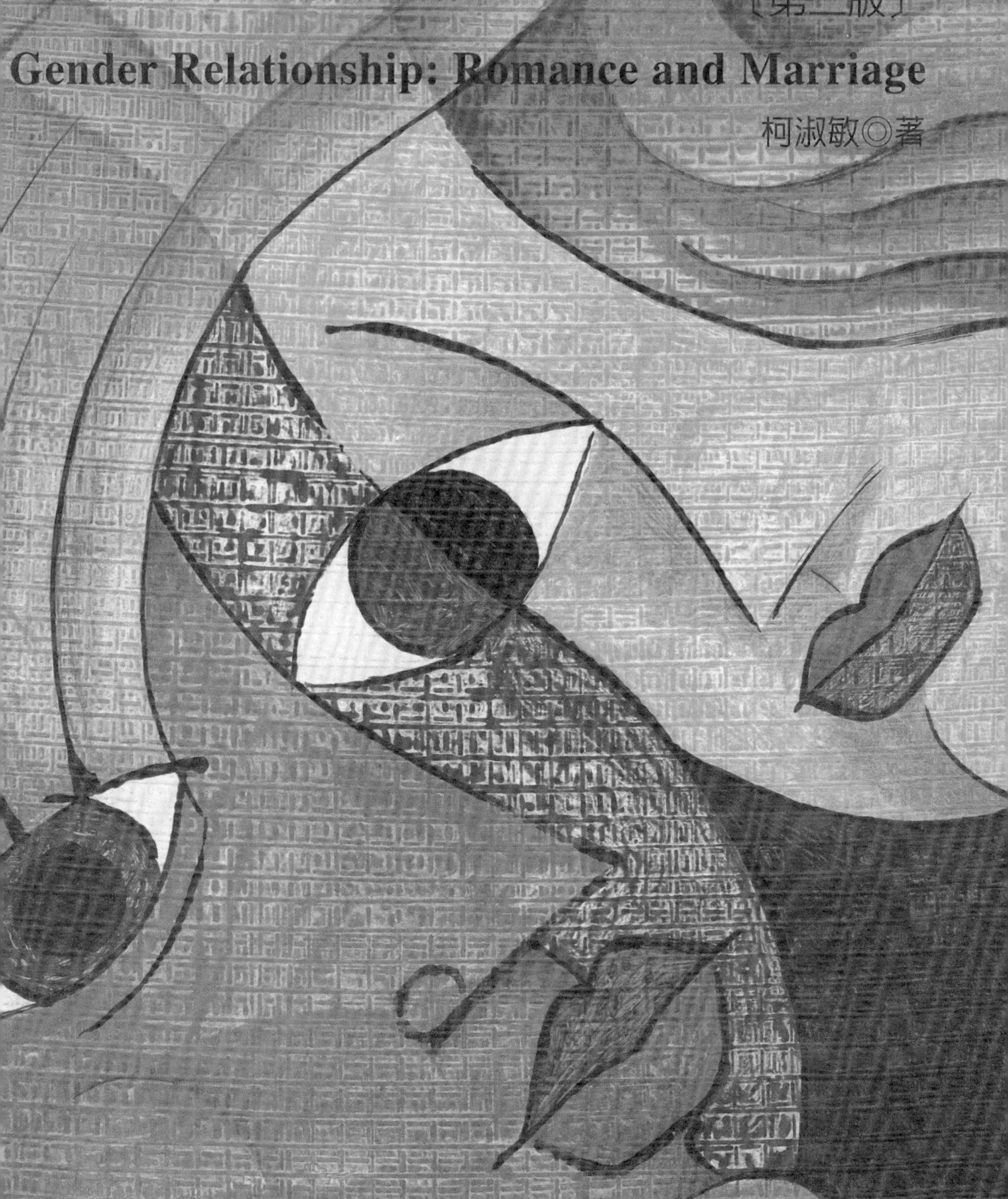

二版序

第一版出版至今六年了，非常感謝使用這本書的老師和同學不吝於分享使用本書的種種想法和感受，最讓老師及同學們多次提及的是本書的實用性和貼近性，專欄及活動能帶動學習動機與氣氛，促進許多的師生互動及同儕互動，並貼近眞實的兩性生活經驗，對於青年們所關心的問題皆能有所包括和解惑，我十分珍惜大家給的肯定和讚美，當然也包括建議。

我自己在使用本書教學時，也眞實感受和經驗到大家給的回饋，所以累積大家的回饋和使用的經驗，在第二版做了修定。第一，爲保留實用性和貼近性的優點，保留原本的專欄，且每章開始增加一個個案討論，提高學生對該章的學習動機。其次，配合時事的需求和觀點增加新的章節，例如第五章的兩性平權與性別差異，和各項國內外新的統計數字。第三，將原本散落在章節中的活動集中於每章後面，並加以增修。第四，延伸閱讀部分，以影片賞析爲主，增列小組討論與分享題目。第五，增修每章的重點以及該章討論與分享的題目。

期待本書經過以上的修定和增列，能更貼近青年男女的兩性關係眞實生活，且協助大專教師透過兩性關係的課程推廣青年的情感教育。讓學生學到兩性關係相關的知識，也從活動中培養自我省思的能力與正確的態度、行爲，促發「知」「情」「意」正面良性運作。讓教師能深入淺出的運用理論和教學活動，讓教學輕鬆、活潑，又有內涵。

雖已統整讀者、使用者相關回饋和教師教學經驗，並參考相關資料再版修訂，悉心編寫，但定有漏誤或欠妥之處，仍請各方誠懇回饋，無論學界先進、老師、學生或讀者都能不吝賜教，您使用本書的任何感受或想法，對我都是寶貴的，我很願意聆聽和接納，以於下次再版時修訂之。感謝！

最後要感謝所有在這本書二版過程中參與的人，揚智出版社的葉忠賢先生、宋宏錢先生、閻富萍總編、編輯范湘渝的體貼和合作，我家親愛的老公和兩個兒子的情感滋潤，還有給我許許多多關愛的親朋好友。

柯淑敏　謹識

目　錄

第五章　性別差異與性別平權　117

第六章　兩性溝通與衝突管理　159

第七章　兩性關係風險管理　199

第九章 婚姻關係 297

參考文獻 365

表目錄

圖目錄

專欄目錄

第一章
兩性關係概論

本章將介紹心理學家對兩性關係的看法，並討論兩性關係在我們人一生當中的重要性；其次釐清兩性關係的相關概念。

大一的愛情學分

炳輝是大一新生，他老早就嚮往著大學生自在和自由，更希望在大學時期可以交一位女朋友，甚至多交幾位也無妨，希望其中之一還可以成為自己的終身伴侶。於是他在科系迎新、社團迎新、寢室聯誼、校際聯誼及MSN聊天中，不斷的表現自己，希望別人（尤其是異性），能注意到他；他也非常懂得把握機會和異性聊天，聊得來的都還積極約出來，有時一起去看電影，有時到風景名勝區走走，也花了不少費用。可是一個半月下來，就快期中考，時間都花在找女朋友上面，他卻沒有如計畫和預期般地交到一位女朋友，學業也沒時間、沒心思去顧，當然也就沒什麼好成績，戀愛和學業二項都落空，讓他心裡很沮喪，也有空虛的感覺。他開始懷疑自己，開始沒自信，覺得一定是自己不夠好，否則這麼努力表現自己的才華，又這麼努力經營異性關係，為什麼結果還是沒有女朋友，為什麼還是沒有女生喜歡他，為什麼還是沒有女生願意接受他的表白，一定是自己不夠好，要不怎會如此？

小組分享討論：

1.炳輝還沒有女朋友的可能種種原因？

2.炳輝該如何調適心情？

3.如果你是炳輝的朋友或死黨，你會給他什麼樣的鼓勵、安慰和建議？

兩性關係是人一生當中，很重要的議題。尤其在青年期，它是重要的人生任務（E. Erikson, 1968）。

什麼是兩性關係？簡單的說，男性和女性之間的互動關係稱之爲兩性關係。巨觀面而言，兩性關係是由性別角色分工和社會建構而來；從微觀面而言，兩性關係是由男女互動和個體選擇而來（台北市政府教育局，兩性教育網站）。

兩性關係建構的要素包括：(1)男女雙方；(2)生活世界；(3)交互作用；(4)價值觀念。或許案例中的炳輝，可以根據這上述四項仔細地理性分析，他在兩性關係的建構因素上是否兼具，或是四項建構要素中有哪些要素尚須深入建立。

第一節　心理學家看兩性關係

發展心理學家在探討人生發展時，對兩性期相當地關注。以下介紹三位心理學家對兩性期和兩性關係的看法。

佛洛伊德的性心理分析觀

佛洛伊德（S. Freud）以「性心理」爲主軸，將人生的發展分成五個階段（如**表1-1**），其中兩性期相當長，自青春期之後皆爲兩性期，大約占人生三分之二以上的時間。

表1-1　佛洛伊德（S. Freud）性心理發展五階段

階段	年齡	性力需求部位	性力的滿足方式
口腔期（oral stage）	一歲左右	口部	刺激口腔及周邊位置
肛門期（anal stage）	二至三歲	肛門	控制肛門的肌肉，收縮、排放排泄物的刺激感
戀母戀父期（oedipal stage）	四至六歲	生殖器	撫弄、摩擦生殖器
潛伏期（latent stage）	七歲至青春期	潛意識	性力在潛伏中，不再對自己的身體或父母親感到興趣，而擴展至關切周遭事物上
兩性期／性器期（genital stage）	青春期以後	年齡相似的異性	性交

資料來源：S. Freud（1963）。

在佛洛伊德的理論中，「性」是一種生存及延續生命的本能，也是生命的原動力，他也用這樣的觀點來看人的發展過程。兩性期是性慾成熟期，相對於前一階段的潛伏期，這一階段是性衝動的再甦醒，不過對象已轉向家人以外的異性關係上，也是社會所贊同的兩性關係對象上。同時，由於性生理的成熟，性衝動會更強。此時期也開始擺脫對父母或主要照顧者的依賴，慢慢與異性建立成熟的關係。佛洛依德視成人發展爲早期潛意識衝突的再處理，而成年後的兩性關係則爲早期親子關係的再處理。

艾瑞克森心理社會發展觀

艾瑞克森（Erik Erikson）以「心理社會互動觀」將人生發展分成八個階段，認爲生命中的每個階段都有其特殊的危機以及任務需要解決和完成（如**圖1-1**）。其中，第六階段成年期前期的社會心理重要發展任務是建立「親密與團結」關係，任務未完成則有「孤

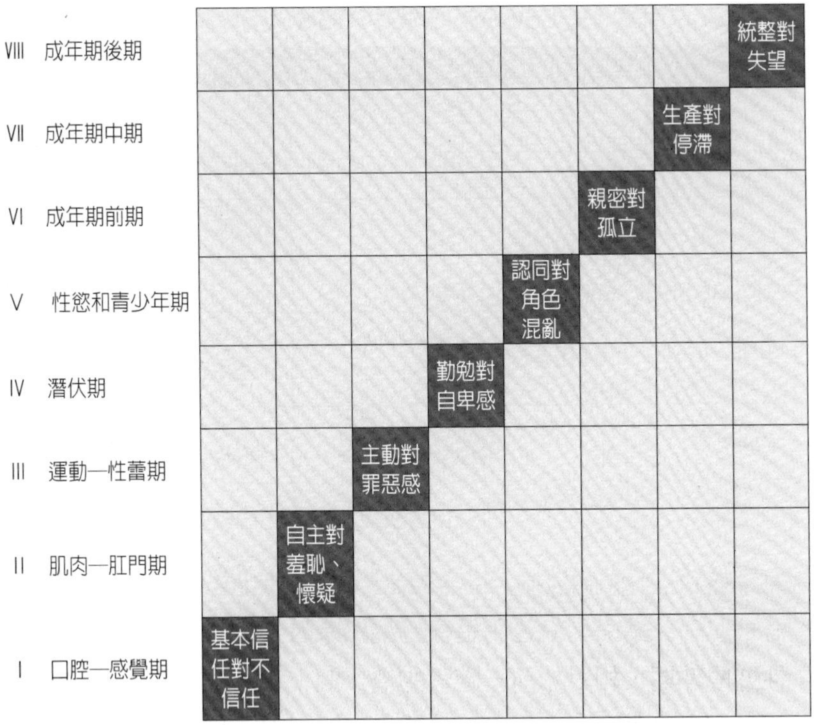

VIII　成年期後期								統整對失望
VII　成年期中期							生產對停滯	
VI　成年期前期						親密對孤立		
V　性慾和青少年期					認同對角色混亂			
IV　潛伏期				勤勉對自卑感				
III　運動—性蕾期			主動對罪惡感					
II　肌肉—肛門期		自主對羞恥、懷疑						
I　口腔—感覺期	基本信任對不信任							

圖1-1　艾瑞克森（**E. Erikson**）心理社會發展八階段

資料來源：引自林彥好、郭利百加（1991）。

獨／立」的心理危機，人際關係焦點是「友誼、性、競爭、合作」等的良伴，社會心理形式則是「失去自我」以及「從別人眼中發現自我」，運作最後好的發展結果是有「親和與愛」的能力（如**表1-2**）。簡單說，兩性關係是成年前期重要的人生發展任務，成年前期的主要人生發展便是面對親密與孤獨的課題。親密是對一種可能要求犧牲或妥協的關係做允諾的能力（黃慧貞譯，1989），在個人達到親密關係之前必須先擁有認同感（identity），而認同感是人生發展的第五階段要完成的。不過，後續也有研究發現，在兩性互動產生親密關係的過程中，也會不斷衝擊到青年期的社會心理任務

表1-2　艾瑞克森（E. Erikson）心理社會發展八階段說明

階段（大約年齡）	社會心理危機	重要的人際關係焦點	社會心理形式	有利的發展結果
1.出生～一歲	信任或不信任	母親或母親的替代者	獲得、回報	驅力和希望
2.二歲	自動自發或害羞和懷疑	父母	放手、抓握	自制和意志力
3.三歲～五歲	積極性或罪惡感	家庭	認真、敷衍	方向和目的
4.六歲～青春期開始	勤勉或自卑	鄰居、學校	競爭、合作	方法和能力
5.青年期	自我認同或自我否認；認同的擴大	同儕團體和圈外人；領導的模仿對象	肯定或否定自我、享受自我	奉獻和忠貞
6.成年期前期	親密、團結或孤立	友誼、性、競爭、合作等的良伴	失去自我和從別人眼中發現自我	親和與愛
7.成年期中期	有創作能力或自憐	分工和享受家的溫暖	創建、照顧	生產和照顧
8.成年期後期	統合或失望者	「人類」；氣味相投者	享受成功；面對失敗	自制和智慧

資料來源：E. Erikson（1968）。

「自我認定同」。換句話說，各階段發展任務之間會相互作用和彼此影響。所以，可以說：「當我們在愛別人的同時，也不斷地認識眞正的自己」。

李文森人生發展四季觀

李文森（D. Levinson）以測驗和深度訪談的方式指出人生可分爲春夏秋冬四季，並指出四季各自不同的「關鍵性經驗」。李文森是和他的同事共五個人做橫斷式研究，以發展的觀點來看男性的成人發展，他用測驗和深度晤談法訪談了四十位三十五歲至四十五歲的男性有關其個人的過去和現在，然後指出關鍵性的經驗，並將人生分爲春夏秋冬四季（如**圖1-2**）。其中成年前期（夏季）有四個人生關鍵性的經驗，就是：(1)建立一個夢並將它放在生命的適當位置，加入公衆或社會團體；(2)找到一位與未來憧憬相關的年長導師，和他形成良師益友的關係；(3)建立終身的職業或事業；(4)建立愛的親密關係。同時，李文森認爲成人發展是一個自我與社會世界相互滲透的過程，一個人的生命結構是自我和社會所形成，自我和社會不是分開的實體，生命的重要特質是自我和世界的相互滲透，「愛」的親密關係則是自我與外在重要他人的相互滲透。

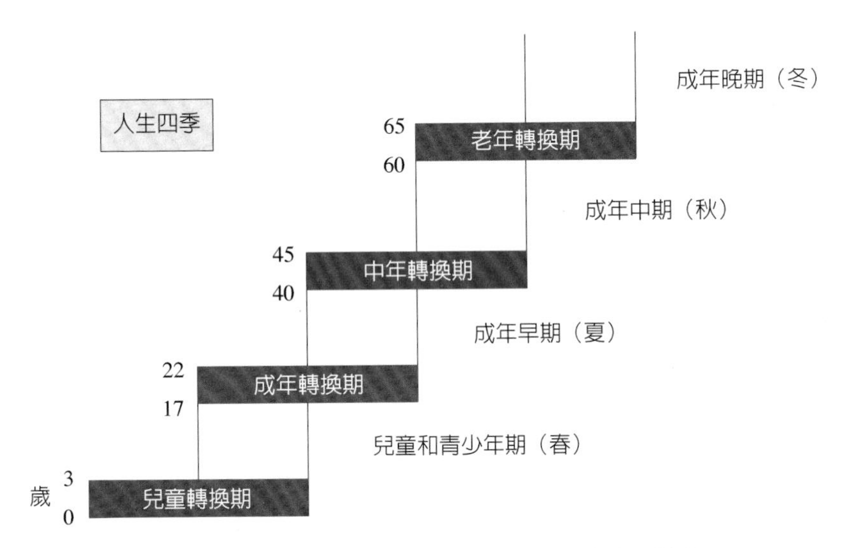

圖1-2　李文森（**D. Levinson**）人生四季發展階段

資料來源：取材自D. Levinson, *The Seasons of a Man's Life*, p.20.

第二節　兩性關係的範圍與相關名詞

兩性關係的範圍

兩性關係的範圍主要包括兩性的交往與相處、婚姻關係與性別平權。主要內容分別敘述如下：

1. **兩性的交往與相處**：包括交友、約會、戀愛、擇偶、性別角色、性發展、性態度、性行為、性侵犯等課題。
2. **婚姻關係**：包括家庭角色、夫妻關係、親職準備、家庭計畫等課題。
3. **兩性平權**：家務分工、資源分配與擁有、工作生涯發展等課題。
4. **性別平權**：希望對生活習俗和觀念、行為上進行剖析，打破性別歧視，促進性別平權。並提出「社會建構」才是造成性別表現與發展最大差異的主因。要積極地經由教育的過程，打破性別角色的嚴密區隔，破除性別刻板印象及迷思，修改制度及法令，顧及少數者與弱勢者的平等權益，培養尊重多元性別價值。

兩性關係的相關名詞

在論述兩性關係時，看似相似的名詞實際上各有不同意義與內涵，茲將論述兩性關係時，常提到的相關概念，整理並簡要說明如下，以便在閱讀時能有所區辨，並了解其眞正意義：

1.性（sex）：「性」是指男女兩性生理學上的差異。由第二十三對染色體XX與XY不同，造成生理發展上的不同，包括第一性徵和第二性徵。生理上的性別在授精的那一剎那已經決定。

2.性別（gender）：「性別」是指心理學上的差異。過去誇大了男女在心理上的差異。現在則認爲男女在心理上的共同性遠大於男女間的差異性。

3.性別角色（sex role）：「性別角色」是指社會學上的差異。指男女兩性在社會結構中具有特別的權利與義務的特定位置，例如在家庭的結構中有「先生」、「太太」、「父親」、「母親」、「兒子」、「女兒」、「公公」、「婆婆」、「媳婦」等由於性別差異而出現的社會角色方面的差異，每個進入某種角色的人就擁有並承擔社會文化所賦予的權利和義務。

4.性別認同（gender identity）：「性別認同」是指個人在心理上認同自己是男性或女性。性別認同會隨著幼兒認知能力的發展而漸漸形成，透過認知發展及社會化的過程，了解到自己的生理性別，也體會與性別有關的行爲，而在心理上認同自己是男性或女性。

5.性別角色認同（gender role identity）：「性別角色認同」是指個體的行爲表現與社會上對男性化和女性化界定的相關程度。如果一個社會文化中認爲女性應化妝並打扮得體才能出門，而某位女性上班前必定花半小時化妝並穿上有跟的鞋子才敢出門，我們會說她對性別角色的認同度是很高的（劉秀娟，1997）。傳統的婦女包辦所有家事任勞任怨，亦是對傳統女人角色高度認同。不過性別角色既是社會所賦予，當然也會因社會趨勢及價值觀的改變而讓性別角色所承擔的權利與義務改變。

6.**性教育**（sexual education）：「性教育」是由男女生殖器官出發，探討由生理性別（biological sex）或生物性別（sex）衍生的性生理、性心理及婚姻家庭與生育等的相關議題。性教育的學術基礎在性醫學，不過自一九六〇年代開始，性醫學在社會科學和性別研究的衝擊下，已經不再是純粹的生物科學，因此，目前「性教育」的生物決定論色彩也大爲降低。有的學者（游美惠，1999）認爲，不談性別權力關係的性教育恐淪爲再製父權的幫兇，這提醒我們在性教育的內容上應涵蓋性別權力的議題。

7.**兩性教育**（sexsual education）：「兩性教育」強調男女兩性如何扮演好各自的角色，著眼於兩性如何交往等問題。

8.**性別教育**（gender education）：「性別教育」強調性別角色乃由於社會建構，因此解讀性別角色的適切性，分析其形成歷程與機制便是性別教育的主要內涵。性別教育的學術基礎在於性別研究（gender studies）。有學者（劉仲冬，1999）認爲，此「性別教育」概念比「兩性教育」更能反映多元價值觀。

9.**兩性平等教育**（gender equity education）：「兩性平等教育」之精神即在由最根本性別歧視（sexism）進行剖析，提出「社會建構」（social structure）才是造成男女表現與發展最大差異的主因。要積極地經由教育的過程，打破兩性角色的嚴密區隔，破除兩性刻板印象及迷思，修改制度及法令，培養尊重多元價值，促進兩性平等，適性發展。

10.**性別平權**（gender equity）：「性別平權」的目的不僅僅是

追求男女兩性之間的兩性平等，也開始重視社會上「性少數者」的平等權益（張玨，1999；謝小芩，1999）。

這些名詞與概念發展至今，逐漸有「長江後浪推前浪」與「不唯我獨尊」、「相互尊重」的趨勢。例如，現在的「性教育」已經不單純只談生理性別，而是經由充分了解和覺察經由社會文化所塑造出對男女在「性」方面的正負影響，了解性心理與性社會，從而發展出尊重自己也尊重別人的互動關係，並且對象是包含主流的異性戀者及性少數的同性戀者；再如「性別平等教育」（gender equity education）除了對性別歧視進行剖析，也包含去了解社會如何建構男女兩性間的性別行爲（sexual behavior），破除兩性刻板印象及迷思，釐清男女間的情誼與吸引力、婚姻滿意度等；更重要的觀點是，除了重視男性與女性之間的平等，也開始重視性少數者的平等權益。期待這樣良性理念間的相互激發能讓人與人之間的關係更平權、更相互尊重與和諧。

兩性關係像什麼？

兩性關係是什麼？每個人心中的想像和認知可能並不相同，藉這個活動讓彼此有更多不同的視野和心理交流。請放下「對」或「錯」的標準，以圖像、形容詞、一段話、比喻等等各式各樣的方式，純粹天馬行空説説自己純然的想像或直覺：

兩性關係像＿＿＿＿＿＿，因為＿＿＿＿＿＿。

兩性關係像＿＿＿＿＿＿，因為＿＿＿＿＿＿。

兩性關係是＿＿＿＿＿＿＿＿，因為＿＿＿＿＿＿＿＿。

小組分享討論：

1.存著好奇、欣賞，且不批評的態度。
2.小組成員輪流說出。
3.其他成員專心聽，並給予回饋或提問。
4.最後，分享聽了大家不同的比喻、形容或看法之後的感受。

延伸閱讀

影片名稱	《今天不回家》
片　　長	120分鐘
導　　演	張艾嘉
主　　演	郎雄、歸亞蕾、劉若英、杜德偉、楊貴媚
劇情簡介	郎雄和歸亞蕾片中飾演夫妻，劉若英是他們的成年單身女兒，杜德偉是多情魅力的單身男子，楊貴媚是風情萬種的中年職業女性。這些主要人物交織出老中青三代和兩性不同的情事、需要與感受。
影片討論	1.不同人生發展階段的人各面臨什麼樣不同的兩性關係問題？ 2.外遇的誘惑與中年的寂寞如何處理較佳？ 3.傳統以家為主的家庭主婦如何經營與找尋自我？ 4.你覺得夫妻間的財務要如何分配與運用？ 5.你對婚前同居的看法？

學習重點

1.佛洛伊德性心理發展五階段。
2.艾瑞克森心理社會發展八階段。
3.李文森人生四季發展階段。
4.兩性關係的範圍。
5.性別（gender）。
6.性別角色（sex role）。
7.性別認同（gender identity）。
8.性別角色認同（gender role identity）。
9.性教育（sexual education）。
10.兩性教育（sexsual Education）。
11.性別教育（gender education）。
12.兩性平等教育（gender equity education）。
13.性別平權（gender equity education）

討論與分享

1.想想自己生活的週遭，兩性關係讓多少的笑容燦爛，讓多少的人心碎？他們各是什麼樣的問題？
2.大學生活中，兩性關係重要嗎？為什麼？
3.「性」、「性別」與「性別角色」彼此之間是有聯繫的嗎？說說你的想法。

4.你想要的「理想的兩性關係」是如何？你想要的「理想的戀愛關係」是如何？

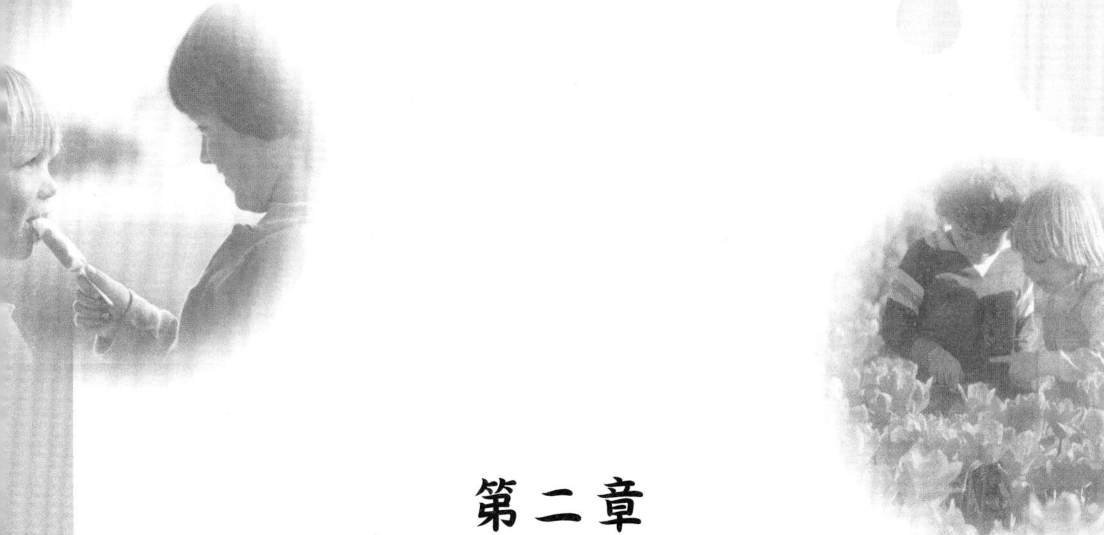

第二章 兩性關係的自我探索

本章要談進入愛情之前與在愛情過程中的自我了解。「知己知彼，百戰百勝」，「了解自己」是最基礎的人生功課，「了解自己」也是了解別人的先備功課。愛情的自我探索，包括了解自己是否有著愛情迷思與兩性相處迷思、了解自己的愛情類型、澄清自己的愛情價值觀、以及覺察自己的性別刻板印象並改善性別偏見與歧視。經過愛情的自我探索，在愛情遇到困惑時也比較能依據「自我了解」做出「適合自己」的決定或抉擇。

菁英被比下去

映慈最近一個月心情既憂鬱又生氣，心情就寫在臉上，室友、同學、社團夥伴幾乎都有人問她：「妳怎麼了？」她剛開始不知道要不要說，自尊心正在受傷與作祟，因為覺得說出來會有「自己被比下去」的感覺，可是不說卻又真的好難受，也不知道再這樣憋在心裡，這種心情何時才會過去，於是她跟幾個好朋友說了這件事：

映慈在暑假參加了一個領袖菁英營，認識了一位英語系國家的交換學生。映慈的英文還不錯，加上一直以來就喜歡外國朋友，尤其喜歡藍眼睛白皮膚的男生，於是和他有許多的交談。菁英營結束後，兩人有時會約出來聊天、看電影、逛街、去郊外踏青等。她知道對方來台灣一年就要回去，但是她想著現在視訊發達，跨國戀情的難度不像以前那麼高；她想著自己可以利用寒暑假去找他或他來台灣；她想著自己大學畢業也可以去他的國家唸書或自己明年也申請交換學生……，她想了很多。可是，他告訴映慈，其實他也和另一位菁英營的女同學采臻交往，他比較能和采臻多聊，因為采臻對事情很有看法，也很了解她自己、清楚自己要什麼，和他的愛情價值觀類似……，是他比較喜歡的類型。

映慈想起了那位女同學，她長得比自己漂亮，英文比自己好，看起來很有自信，唸的學校比自己好……，映慈好難過，對一向自信的映慈來說，「自己被比下去」的感覺好糟喔！她一方面不想接受事實，一方面很想知道什麼叫「對事情很有看法、很了解她自己、清楚自己要什麼」，還有，她怎麼從來沒想到或沒機會和他聊什麼「愛情價值觀」的東西，愈想心裡就愈憂鬱和生氣……

小組分享討論：

1.如果你是映慈的好朋友，你要如何安慰她？
2.你要如何和她一起討論何謂「對事情很有點看法，很了解她自己，清楚自己要什麼」？
3.什麼叫「愛情價值觀」，交往中的兩人有哪些方法來溝通與分享彼此的愛情價值觀？

第一節　兩性關係的自我了解

兩性關係有著多元和複雜性，不但性別之間存在著差異，個體之間的差異其實也很大，即便同一個人，在不同的年齡發展階段也有不小的改變。例如，同一個人和不同的對象談戀愛，會有不同的戀愛樣貌和感受；再如，相同的兩個人在不同的年紀遇見，彼此可能產生不同的印象，也可能因雙方心理成熟度和自我了解的程度，譜出不同的浪漫史。

一個自我了解深的人，比較容易找到適合自己的對象，而一個不太自我了解的人，因爲不知道自己是一個什麼樣子的人，也就不知道自己和怎樣的人在一起是適合的，很容易在情海中浮沉跌撞，甚至重複相同的模式。

破除愛情迷思

有的人在人生某些階段會執著地認爲愛情是如何如何，如果不是如何如何就不是愛情。對於愛情執著於一定是要如何如何才是對的，要如何如何才是好的相處，這些似是而非的想法，稱之爲迷思（myth）。希望透過本章末的**活動2-1**「愛情迷思探索」和**活動2-2**「相處迷思探索」，讓讀者脫離迷思，對自己更了解，也對愛情有更彈性、巨觀的看法。同時，**專欄2-1**「我開始在戀愛了嗎？」和**專欄2-2**「我已經在戀愛了嗎？」提供給正在愛情入口迷惑的人做自我探索的參考。

我開始在戀愛了嗎？

當我們對一個人有好感，常常想見面，可是感受又不那麼明確，會問自己：「我是不是已經陷入情網？我在談戀愛了嗎？」可是有時自己也搞不清楚到底只是喜歡他（她）還是愛他（她）？

這可能是許許多多在愛情路上正要起步走的人共同的困擾與疑惑，其實也是許許多多過來人共有的經驗。一起來看看是否有這些情況，來作為是否墜入愛河的參考：

是	否	
□	□	1.這件事是否奇妙地就發生了？
□	□	2.當別人不經意提到（他）她的名字，是否會不自覺的就心跳加速和臉紅？
□	□	3.當你們不在一起時，是否六神無主做不了事，只是想著他（她）呢？
□	□	4.電話鈴響，是否心中第一個念頭就認為那一定是她（他）捎來訊息呢？
□	□	5.當你心情不好時，是否盼望他（她）飛奔而來，在你身邊安慰你呢？
□	□	6.如果有人為他（她）認真做一件事時，是否會感到吃味呢？
□	□	7.與她共處時，是否大部分時間都看著她（他）？
□	□	8.他（她）是否可算是你心目中「最完美的人」呢？
□	□	9.在她面前是否會急著表現最好的一面呢？
□	□	10.和他（她）在一起，是否會覺得其他人是多餘的呢？

如果你的答案大部分是「是」，那麼，你可能真的在愛情的路上起步走了。

資料來源：參教育部訓委會發行，嶺東商專主編（1999），「愛的路上起步走」。

專欄2-2

我已經在戀愛了嗎？

一般而言，戀愛中的人在行為訊息上會出現幾個現象，可以想想你是否有下面的情況：

是	否	
□	□	1.眼部的接觸頻繁：我們都見過電影中戀人彼此凝視的雙眼，這是最明顯的行為指標。
□	□	2.身體上的接近：喜歡依著對方，靠著對方，縮小彼此身體的距離。
□	□	3.喜歡打扮自己：特別是和戀人見面的時候。
□	□	4.聲音變好聽：聲音變得比較有元氣、有情感、溫柔，尤其是和他講電話的時候。
□	□	5.接觸更頻繁：包括時間上更常見面或見面時間加長，及身體的接觸更多，如手牽手、手摟肩。
□	□	6.穿著相似：包括穿著的風格相似或衣服的顏色挑選相近，甚至有時會相同。

資料來源：參考自沈慧聲譯（1998）；修改自柯淑敏（2000）。

解讀個人愛情類型

愛情對不同的人有不同的人生意義，每個人在愛情關係中所重視的層面或特性也不相同，想要經營滿意的愛情關係，不單只是要求對方付出或自己不斷的付出，還需要了解彼此的愛情型態，知己知彼，才能享受愛情，在愛情的關係中成長與學習。**專欄2-3**「愛情風貌心理量表」，是根據加拿大的社會心理學家李約翰（John A. Lee）的六種不同愛情類型延伸出來的，可以幫助了解自己的愛情類型及自己在愛情中所重視的層面或特性。

愛情風貌心理量表

下面這份問卷即是要協助您，分辨自己情感所屬的類型。

說明：以下有30個敘述句，請依您過去或現在的戀愛經驗，勾選出與您情況相符的答案。

總：總是如此　常：常常如此　少：很少如此　不：幾乎從不如此

總	常	少	不	
□	□	□	□	1.隨著長期的相處，愛便自然而然的發生了。
□	□	□	□	2.當你第一次見到情人時，他外在的形態便強烈的吸引住你。
□	□	□	□	3.你會妒忌且想占有對方，常不明究理的生氣。
□	□	□	□	4.只要他喜歡，再大的委屈辛苦，你也願意承受。
□	□	□	□	5.條件越相近的兩人，婚後獲得幸福的程度會越高。
□	□	□	□	6.你喜歡戀愛，但不喜歡被約束。
□	□	□	□	7.你覺得彼此要有足夠的了解和信賴，才能愛得長久
□	□	□	□	8.愛是一種強烈而無法控制的情緒。
□	□	□	□	9.當你一陷入情網，便渴望天天見到對方。
□	□	□	□	10.你相信真誠的、不求回報的付出，一定會感動對方
□	□	□	□	11.生活是很實際的，所以，沒有麵包的愛情，不會令人感動快樂。
□	□	□	□	12.當愛情不在身邊時，會很快愛上周圍的某對象。
□	□	□	□	13.你能與情人坦誠討論自己心裡的感受。
□	□	□	□	14.你會為他的一言一行，神魂顛倒，如痴如醉。
□	□	□	□	15.你很想控制愛情關係的發展，但總是失敗。
□	□	□	□	16.只要他覺得幸福快樂，就算離我而去，我也可以接受。
□	□	□	□	17.你會與所愛的人一起討論未來，計畫未來。
□	□	□	□	18.真愛不太容易發生，過於專情，常伴隨著傷害。
□	□	□	□	19.就算和情人分手，我仍然可以維持朋友的關係。

□	□	□	□	20.覺得愛情是生活中最重要的一部分。
□	□	□	□	21.生活需要他（她）對我表示更多的愛與肯定。
□	□	□	□	22.在戀愛時，你會準備奉獻出自己的全部。
□	□	□	□	23.你會分析彼此的愛情關係，並在心中衡量它的份量
□	□	□	□	24.當愛情新鮮感消失，覺得無聊時，便要尋求新的刺激。
□	□	□	□	25.當兩人意見不同時，也能彼此支持、尊重對方發展自我的權利。
□	□	□	□	26.與情人身體、感官上的接觸，對你十分重要。
□	□	□	□	27.我無法想像沒有他的日子該怎麼過。
□	□	□	□	28.當我戀愛時，我不會介意對方的所作所為，反正我就是愛他。
□	□	□	□	29.戀愛或結婚的目的，應該是為了成就個人更大的幸福。
□	□	□	□	30.你可以自如的控制與對方見面、接觸的次數。

計分方法

以上30題共分成6組：第一組為1、7、13、19、25屬「伴侶愛」；第二組為2、8、14、20、26屬「浪漫愛」；第三組為3、9、15、21、27屬「神經愛」；第四組為4、10、16、22、28屬「奉獻愛」；第五組為5、11、17、23、29屬「現實愛」；第六組為6、12、18、24、30屬「見人愛」。

凡是答「總」的，每題得4分；答「常」的，每題得3分；答「少」的，每題得2分；答「不」的，每題得1分。

請將每一組（5題）的總分計算出來，每組的滿分皆是20分。若該組得分在20～16分之間，屬該類愛情之典型（主型）；得分在15～11分之間者，屬傾向該類型（副型）；10分下者，類型特質不明顯，較不具參考性。

請注意：一個人可能同時擁有兩個以上的特質。若您無法全然分辨您的類型，可就上述30題再挑出您狀況最接近的

10題，並進一步分析。

計分區

第一組，伴侶愛____分

第二組，浪漫愛____分

第三組，神經愛____分

第四組，奉獻愛____分

第五組，現實愛____分

第六組，見人愛____分

資料來源：延伸自John Lee「愛情六類型」。

愛情風貌心理量表計分的結果，可能有人會出現有兩個主型或三個主型或更多主型；有人出現的皆是副型；有人是一個主型、四個副型；每個人的主型數目和副型數目各不相同，各自有各自的樣子，這就是現在的你；只要把握住一個解釋的原則，就是：「主型」表示這個特質明顯，對你而言在愛情中很重要，副型表示其次，雖然有此特質但不是很強烈。如果都是副型，表示對愛情的期待或看法還未成型或還在發展當中。分數之間只有自我比較的意義，沒有和他人比較的意義。以下分別解釋每一個類型的主要特性：

浪漫愛（情慾之愛）

這類型的人期待愛情中有許多浪漫的事情發生，容易被外表的吸引力所吸引，容易發生一見鍾情的戀情，一碰到與心目中理想形象相符的人會狂熱的追求或立即陷入愛情之中。他們需要擁有對方，知道對方所有的事。

伴侶愛（友誼之愛）

喜歡細水長流的愛情，感情慢慢經營，相信感情是要經過長時間的交往而產生。與這樣的人談戀愛，或許過程中較少什麼轟轟烈烈的事發生，但卻像水一般的耐人品味。

現實愛（理性之愛）

在進入愛情之前，會比較理性的考量一些現實的條件和實際的情況，例如：學歷、身高、家庭背景等。在愛情的過程中，也比較會分析彼此的愛情關係。

見人愛（遊戲之愛）

很多人會讓你心動，想盡情享受愛情，但又避免涉入太深，把愛情視作一連串的挑戰。他們經常不與某一對象做長期性的計畫或約定，藉此增加神秘感或吸引力。當情人不在身邊時，他可能會很快愛上其他人。喜歡和不同的人交往，希望擁有自在的戀愛，同時也希望對方有相同的想法。當新鮮感消失時，會想要尋求新的戀情。

神經愛（依附之愛）

比較神經質，會因爲對方的一句話、一個表情而反覆思量或心神不寧，一直會想知道到底對方是什麼意思？嚴重的還會出現失眠、沒胃口或心痛等症狀。對方有一點冷淡，便會擔心是不是自己哪裡做錯了？而對方小小的溫暖或熱情，便會讓他非常的快樂。他們強烈的需要被關注和被愛，也因此常扮演悲劇性的角色。這背後的糾結常是因爲神經愛者缺乏自信、不夠自我肯定，有時雖已表示不愛對方，但仍無法與對方成功的分手。

奉獻愛（利他之愛）

他們總是爲對方著想，不自私，無怨無悔的爲對方奉獻而不求回報，把對方的幸福快樂看得比自己的快樂幸福還重要，希望對方一切都好，如果對方遭遇什麼困難，他們一定會盡其所能來協助對方度過難關。因爲他們深信愛是付出不是占有，愛是奉獻不是要求。

看過以上的六種愛情類型的特性，您覺得像您嗎？一個人可能同時擁有兩個以上的特質，就組合起來看，例如一個人可能同時是伴侶愛和現實愛，這樣的人在進入愛情之前會先做理性的評估和考量，進入愛情之後希望愛情細水長流並用心經營愛情關係。愛情類型可能因對象的不同及互動關係而改變，也會因年齡的增長而改變，因爲愛情類型代表著不同的態度，態度並不是天生的而是學習而來的，自然會因爲對象的不同、年齡的增長、外在環境的變化而呈現多樣的面貌，是一個動態與具發展性的學習過程。

了解愛情類型，可以讓我們更了解自己也更懂得對方的心，甚至在兩性溝通的時候也更能彼此體諒和包容，讓彼此更接近自己也接近對方的心靈深處。不妨邀請您的伴侶一起做這份愛情風貌心理量表，並互相分享心中想法，增進彼此了解的深度與廣度。

愛情價值觀

所謂「價值觀」（value system），簡單的說是指「對你而言什麼是重要的」。對你重要的就有價值，對你不重要的，對你而言就沒價值。學術上對於「價值觀」的定義有：

1.價值觀是一種處理事情判斷是非、做選擇時取捨的標準。價值觀也可以說是一種深藏於內心的準繩，在面臨抉擇時的一項依據。價值觀會指引一個人去從事某些行為，例如：「誠信」的價值觀，會讓領導者坦承面對困境及對屬下說明事情的眞相，提升組織成員的信任度；「紀律」的價值觀，會讓領導者依規定行事，產生組織的執行力；「關懷」的價值觀，會讓領導者關心部屬，了解部屬的困境，讓部屬有同理心。不同的價值觀會產生不同的行為模式，進而產生不同的組織文化（「維基百科」，2006）。

2.價值觀係指個人用以分辨是非、善惡，從而決定取捨時所採取的一種綜合性的價值架構。一個人的價值觀，主要表現在他對道德、社會、宗教、金錢等各方面的批評與判斷（張春興，1989）。

不同的人，價值觀有所不同，在不同事物上，每個人所重視的層面也不盡相同，例如：不同的人對於人生中的「快樂、負責任、品德、功成名就、權力地位、金錢、對社會有正面貢獻、造福人群、家人關係、朋友關係、健康」等的重要性之排序可能非常不同；再如，有的人覺得人生終點的喪禮要簡單隆重，謝絕花籃奠儀；有的人卻認為喪禮是人生最後一段路，要大排場，陣式要多，以顯示對喪者的重視和彰顯喪家的人脈。

在愛情中，有的人認為信任最重要，有的人認為志同道合很重要，有的人認為性吸引力很重要。而到底什麼才是最重要的？不會有絕對的標準答案，只有相對性的重要。人的價值觀會改變，會隨著生理心理成熟度、所經歷的事件、內省與澄清而改變。本章末的**活動2-3**即是融入「價值澄清」的技巧，在遊戲的輕鬆氣氛中，讓參與者對自己在愛情當中所重視的東西更清楚，不訪邀請同學、朋友一起玩一玩，促進彼此的了解和進一步有深刻的討論。

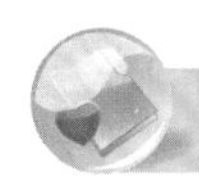

第二節　性別刻板印象與剛柔並濟

個人吸引人的內外在特質即是所謂的「魅力」，怎樣的人才具有魅力或吸引力？在愛情的關係中，怎樣的男性和怎樣的女性會較吸引人？在中國傳統的文化下，對男女特質主張「陽剛陰柔」，男生要勇敢、主動、獨立、具競爭性；女生要溫柔、體貼、善解人意、有愛心，或者具有「婦德、婦容、婦功」。傳統文化的主張和觀念是如何具體而微的呈現在男性和女性的行爲表現上呢？性別角色行爲是如何來的？隨著時代的變化，性別觀念和主張也有所變遷，一種兼具理性與感性、陽剛與陰柔，尊重個人特質的自由發揮而非先天生理性別的限制，提倡尊重個別差異與個人選擇的新性別觀念於焉產生。

性別刻板印象

在傳統以男性爲主的父權社會文化下，男性表現陽剛的行爲獲得讚賞，女性在表現陰柔的行爲上獲得讚賞，要求男性要勇敢、獨立、理性、果斷、堅毅、主動，要求女性要溫柔、整潔、文靜、被動、同情、依賴、委婉，久而久之逐漸形成男性就是要陽剛，女性就是要陰柔的性別角色刻板印象。

有一個有趣的實驗是給受試者一篇描述外科醫師開刀過程的文章，留下結尾請受試者寫，結果當受試者拿到的文章上外科醫師的名字是寫Virgil時，受試者寫下的結尾都較正面的表示手術順利完成，而當受試者拿到的文章上外科醫師的名字寫的是Virgy時，受試者的結尾則有較多經歷緊急或小差錯的描述。受試者所看的文章唯一的差別只在醫師的名字，Virgil 是男生的名字，而 Virgy 是女生的名字，實驗者所操弄的只是隱含性別意義的名字而已。性別刻板印象中認爲女性比較不善於應付重要緊急的事件。可見性別刻板印象是如何如影隨形的融入在平日的判斷與生活中。

性別刻板印象是如此如影隨形彰而不顯的伴隨在生活中，傳統對於男性與女性的刻板印象文字描述如下：

1. 男性是要較具攻擊性的、較具自我優越感的、要強壯的、數理空間概念較佳的、有理性的、不依賴的、不哭的、要保護人的、不能娘娘腔等等。
2. 女性是要溫柔的、體貼的、善解人意的、照顧人的、不強勢的、要能委曲求全的、需要受保護、不具攻擊性的、成就別人的、順從的等等。

活動2-4「你有性別刻板印象嗎？」，是以活動的方式促進自己和同儕對於性別刻板印象的覺察，並做進一步討論和省思。

其實在眞實的生活中，陽剛男性特質或稱「工作取向」的特質、陰柔女性特質或稱「關係取向」的特質，這兩種特質是相輔相成相得益彰的。例如，作爲一個主管，一方面要完成工作目標，另一方面也需要達成與所屬建立良好的工作關係；當先生或太太一方面有「工作取向」特質，負起家庭各種的責任，另一方面也要有「關係取向」特質，互相扶持與關愛，才會覺得爲家庭的付出與辛勞是有意義的；在情感的世界裡，最重要的感受是被愛與愛人，愛情是關係的建立、維持和經營，感情是需要「關係取向」特質來表達關愛、經營關係，感情也需要「工作取向」特質來計畫和執行未來目標。

性別特質

國內李美枝（1985）以台灣地區二百多位大學生爲例，有一項研究結果，當年的大學生認爲適合男性和女性的人格特質如**表2-1**。表中男性項目的特質與傳統對男性的期待「陽剛」非常符合，而女性項目也符合傳統對女性的期待。

表2-1　台灣地區大學生認為適合於男性和女性的人格特質

男性項目	女性項目
粗獷的	溫暖的
剛強的	整潔的
個人主義的	敏感的
偏激的	順從的
靠自己的	純潔的
隨便的	心細的
冒險的	伶俐的
冒失的	動人的
獨立的	富同情心的
武斷的	保守的
浮躁的	膽小的
有主見的	討人喜歡的
深沉的	文靜的
自誇的	親切的
競爭的	愛美的
膽大的	慈善的
好鬥的	甜蜜的
豪放的	溫柔的
穩健的	被動的
自立更生的	端莊的
善謀的	文雅的
有雄心的	依賴的
幹練的	純情的
頑固的	輕聲細語的
嚴肅的	拘謹的

（續）表2-1　台灣地區大學生認為適合於男性和女性的人格特質

男性項目	女性項目
主動的	天真的
行動像領袖的	矜持的
粗鹵的	愛小孩的
有領導才能的	害羞的
好支配的	善感的

註：受試者爲二百多位男女大學生，受試時間爲1985年。

資料來源：李美枝（1994），《性別角色與性別差異》，頁275。

表2-2　吸引人的男性與女性所具備的特質

男性	女性
溫柔體貼	溫柔體貼
穩重	善解人意
聰敏的	聰敏的
負責努力的	有思想的
幽默風趣的	活潑可愛的
領導力的	積極的
帥帥的	美麗的
整潔的	獨立的
會做家事	會做家事
不大男人主義	不大女人主義
有生活情趣	有生活情趣
孝順的	孝順的
健康的	健康的
誠實的	純樸的

註：受試者爲大學生，受試時間爲1995-1999年。

資料來源：柯淑敏（1999），「吸引人的異性——課堂調查結果」。

筆者在1995年到1999年間對上兩性關係課程的大學生做課堂調查，問他們吸引人的男性和吸引人的女性所需具備的特質，而有了**表2-2**的結果：溫柔體貼的男性受歡迎，具獨立積極等陽剛特質的女性也逐漸有了天空，多項特質同時出現在吸引人的男性與女性特質裡，例如善作家事、不大男人或大女人主義。而吸引人的人，不管是男性或女性都同時具有陽剛特質和陰柔特質。另外，對照**表2-1**和**表2-2**發現，這些對性別特質的描述及形容詞，反映了時代、文化、社會及個體對性別角色和性別角色行爲的信念與態度。值得高興的是，現在的大學生對於兩性的特質雖仍看得見性別角色刻板印象的影響，但也已經有較彈性的態度和看法。

表2-3則是筆者2000年到2006年間對參加兩性工作坊的社會青年所做的調查結果。近幾年，社會青年對於吸引人的異性和大學生相較有些地方類似，例如：認爲顧家、會做家事、體貼等具陰性特質的男性具吸引力，適度具有「樂觀」、「獨立」、「自信」等陽性特質的女性具吸引力。較不相同的地方則是有比較務實與反映社會

表2-3　吸引人的男性與女性所具備的特質

吸引人的男性	吸引人的女性
品行端正	氣質
對愛情婚姻忠誠	信任
無不良嗜好	有愛心
顧家	體貼
做家事	樂觀
體貼	外型
高EQ	獨立
經濟穩定	孝順
聰明	能溝通
幽默感	自信
善良	同理心
能溝通	高EQ
尊重	善解人意
努力（上進心）	尊重
生活情趣	恰當金錢觀
健康	內涵

註：受試者爲社會青年和大學生，受試時間爲2000-2006年。

資料來源：柯淑敏（2006），「吸引人的異性——社會青年兩性工作坊調查結果」。

問題的看法，例如：男性特質出現「品行端正」與「對愛情婚姻忠誠」，反映貪腐不法、家庭暴力與外遇等的社會問題；例如：女性出現「外型」、「恰當金錢觀」，反映強力的塑身與美容廣告的渲染影響和「敗金女」的消費行爲引人警惕。

愛情較注重的是陰柔特質所專長的「關係取向」，在愛情的關係裡，發揮適度陰柔特性的男人時常讓女人感受到被溫柔體貼地對待和被愛，這種男人是非常具吸引力的；發揮適度陽剛特質的女人，也讓男人能在享受愛情當中，也放下社會傳統期許的沉重包袱，享受到共同分擔的生命共同體感受，這種女人是非常具吸引力的。而「工作取向」的特質在愛情的規劃與方向的掌握上，其實扮演了重要角色，對要長期規劃兩人關係的伴侶能發揮關鍵的作用。在適當的感情階段發揮不同比重但同時兼具的陽性與陰性特質，這是兩人關係中的重要學習功課。

性別角色行為的形成

「性別角色行爲」（sex role behavior）和「性別刻板印象」（sex role stereotype）在概念上相互關聯。「性別刻板印象」是因所談的對象性別爲男性或女性，而對對方的特質和要求有一個既定的看法；而「性別角色行爲」則是因某一種性別就要擔任某一種角色，而某一種角色就必須表現出某些行爲、做某些事。例如，在愛戀追求的過程中，因爲你是男性，所以要擔任主動者的角色，既是主動者就要主動邀約、主動付錢、主動自願送女孩回宿舍；而女性，因爲生理性別是女性，就被設定爲被動者的角色，所以行爲上就等著被邀約、等別人安排約會節目、等別人開口和她說話、等別人要她的電話號碼、等別人什麼時候對她主動表示好感。又如，傳統父權社會「男性」要擔負養家的角色，要「主外」，所以他必須外出工作，必須表現出有擔當、有主控權；「女性」則要照顧家人生活起居，要擔任「主內」的角色，所以她要做所有家務，要照顧別人。這些性別角色行為有沒有彈性調整的必要，實在值得我們進一步深思和討論。

刻板的性別角色還擴展到職業選擇上，典型的傳統男性職業與女性職業選擇也非常的有市場區隔性，茲舉例如下：

1.傳統屬男性就業市場的職業：醫生、駕駛員、小學老師、飛行員、律師、工程師、廚師。
2.傳統屬女性就業市場的職業：護士、售票員、大學教授、空服員、會計師、銀行行員、化妝品銷售員。

目前，職業區隔性已不像以前那麼明顯和絕對，例如：在醫院的精神科男護士非常受到歡迎；在化妝品和造型的市場上男性也表現亮眼；航空公司也開始有女性飛行員執行飛航服務。各專業領域也逐漸以「能力」優先「性別」的政策在執行，不過仍有很大的彈性空間可以再突破。

性別角色行為是如何來的？到目前為止，心理學家認為是學來的。有三種學習理論可以互補說明（劉惠琴，1991）：

1.**增強理論**（reinforcement）：當小孩偶然無意間表現出成人認可的角色行為時，即給小孩鼓勵或讚美，此後小孩為贏得讚美，將會繼續表現這種行為。
2.**模仿理論**（modeling）：也就是看到別人怎麼做，自己也跟著怎麼做，女孩通常會學習媽媽或故事的女主角。
3.**認知發展理論**（cognitive-development）：這是一種原則學習的理論，當女孩看到媽媽總是在照顧家人，而她在照顧弟妹時，也得到家人的稱讚，於是她很可能得到一個結論是乖女孩是會照顧別人的。如果這結論在日後的生活經驗中得到支持，很可能就形成了她的一種信念或價值。

性別角色行爲是學習來的，反映著文化與社會的特性和價值觀，所以生長在父權文化和母性社會的男女性別角色行爲就有很大的不同。異文化性別角色行爲間的互相了解、尊重和協調，也是我們這個地球村的重要議題。

讓自己更具吸引力

如何發現及培養自己具吸引力的特質呢？或者如何發現及培養自己具吸引力的特質呢？核心重點是要對自己的性別特質與角色行爲進行自我探索與了解。首先，了解自己有哪些受人喜愛和不受人喜愛的性格特質及具哪些性別特質，可參考**表2-4**「青少年受他人喜愛與不受他人喜愛的性格特質」，了解自己有哪些受他人喜愛或不受他人喜愛的性格特質，良好的特質加以發揮，不受歡迎的特質則行改進之道。其次，也可進行**活動2-5**「你有哪些性別特質？」，作爲了解自己性格特質及性別特質的參考。發揮並擴大自己良性的特質，包括男性、女性和中性特質，學習改善不良的性別特質，因此了解自己並求進步是探索與了解自我性別特質的第一步；第二步，是抓住合宜的機會，適當表現自己的良性特質；第三步，是體認關係是長期經營的過程，不毛躁地馬上想獲得成果，如果自己的體恤特質較少，更應給自己較長的時間學習和揣摩；第四步，是體認到人與人之間的適配性非常影響關係的品質，且關係不是一個人的責任而是兩人都要付出才會有滿意的成果，所謂一個銅板不會響。當做了第一步和第二步的行動功課和第三步及第四步的內在功課之後，你自然會是一個具吸引力又不會讓別人在關係上造成壓力的人。

表2-4　青少年受他人喜愛與不受他人喜愛的性格特質

受他人喜愛	不受他人喜愛
1.個人外表 (1)長得好看 (2)女性化、面貌姣好（女） (3)男性化、體格良好（男） (4)整潔、乾淨、修飾整齊 (5)適當衣著	1.個人外表 (1)俗氣、不具吸引力 (2)小孩子、太胖或太瘦（女生） (3)膽小、瘦小、太胖（男生） (4)邋遢、骯髒、懶散 (5)衣著過時、不合身、不適當、髒亂 (6)化外之人（男生） (7)身體殘障
2.社會行為 (1)外向、友善、能與他人相處 (2)主動、有活力 (3)參與活動 (4)社會技巧：良好態度、能說善道、有禮貌、穩重、自然、機智、會跳舞、玩很多遊戲 (5)有趣、運動佳 (6)行動與年齡相稱、成熟 (7)冷靜 (8)順從	2.社會行為 (1)害羞、膽怯、退縮、安靜 (2)無活力、無精打采、被動 (3)不參與、隱遁 (4)喧嘩、吵鬧、態度不佳、不尊重、自誇、愛現、不冷靜、傻笑、無禮、粗鹵、聒噪、不知如何做事與遊玩 (5)無聊、運動差 (6)孩子氣、不成熟 (7)聲譽不佳
3.個人特質 (1)仁慈、富同情心、了解 (2)合作、與人能相處、脾氣好、穩定 (3)不自私、慷慨、助人、考慮別人 (4)活潑、樂觀、快樂、歡欣 (5)負責、可靠 (6)誠實、有信用、公平、正直 (7)有幽默感 (8)有理想 (9)自信、自我接納 (10)聰明、有智慧	3.個人特質 (1)殘暴、敵意、不感興趣 (2)好辯、蠻橫、脾氣不佳、支配、發牢騷 (3)不考慮別人、不可靠 (4)說謊、欺騙、不公平 (5)不能開玩笑、沒有幽默感 (6)心地不好 (7)欺詐、虛榮

資料來源：F. P. Rice, 1984. *The Adolescent: Development, Relationships, and Culture*.，引自劉秀娟（1997），頁240。

剛柔並濟的時代兩性

堅持「男女有別」觀念的人，認為一個人若具備了陽剛的男性化特質，就不可能也具備了陰柔的女性化特質。三十年前的心理學家也持相同的信念，以為陽剛和陰柔是一元兩極化，互相衝突的人格屬性。然而後來為數不少的研究顯示事實不然，陽剛和陰柔是分屬多元向度的特質，這兩種屬性是可能出現在同一個人身上（李美枝，1991）。也有學者發現，理性女權運動者所主張的新女性，其人格特徵竟與心理健康者及優秀的領導風格者不謀而合，即所謂剛柔並濟的雙性化者（李美枝，1991）。心理學家榮格（C. G. Jung, 1969）認為，人的潛意識性別層次有兩種原型是陽性基質（animus）和陰性基質（anima），每一個女人的人格包括了陽性基質，即是男性特質，每一個男人的人格包括了陰性基質，即是女性特質。這在與異性成功的交往中是很重要的，因為它們提供了一定程度的認同和同理心（empathy）（孫丕琳譯，1994）。從人格研究、性別研究及人格理論都支持一個人可以同時兼具陽剛特質和陰性特質，擁有剛柔並濟特質的人不但是心理健康者也是優秀的領導者，更是有利於兩性的成功交往。

在人們的生活經驗裡，對傳統家庭主婦的形象似乎有這樣的感受：任勞任怨，終其一生為家庭、兒女獻出她的青春、一生，但卻非「毫無怨言」。我們對傳統一家之長的男人形象，也覺得他早出晚歸，不可親近，唯恐稍有不慎冒犯了他的威儀，他常沉默不語，獨自面對排山倒海的內外壓力。

傳統的社會化歷程讓女性揚柔抑剛，讓男人揚剛抑柔，這兩種都是有所缺憾的人格組型。從心理學的觀點解釋這揚柔抑剛及揚剛抑柔現象，是因為傳統的男性社會化過程把男人訓練得情緒壓力往心裡面放，以表現出自己的「強」，不善於表現或善用關係向度的特質，使男人過多的情緒與工作壓力無處宣洩；傳統對於女人的期待較低，讓女人容易在失敗時接受自己的「弱」，但這樣的社會期待也讓女人「害怕成功」，害怕搶了男人的風頭。因此突破傳統性別角色的框框與限制，讓兩性可以更自然的同時培養陽剛和陰柔特質，做一個「人」，對兩性而言皆爲可喜之事。

但是要掙脫傳統的束縛，是一件相當具挑戰的事，在傳統與現代轉型期間的婦女，一方面想努力摒棄上一代母親或祖母傳統婦女的命運，一方面也在工作、家務、育兒、自我成長之間分身乏術、筋疲力竭、有心無力。男人繼續躲在剛強的外表下獨自面對脆弱時的自己。我們看見缺乏另一半的支持、了解和配合，要掙脫傳統的框框是困難重重的事。

兩性在社會地位、經濟能力、教育程度等客觀條件上的逐漸相同，及主體對傳統文化價値的重新思量，是使兩性逐漸改變其兩性角色和行爲的主要力量。另一方面，正視人與人之間的差異有時大於性別之間的差異，充分了解自己的特質和潛能，也是一股重要的改變力量。這兩股力量有利於讓兩性往剛柔並濟的新好男人與新好女人邁進。

愛情迷思探索

對於愛情，我們有時候會有一些存在內心，不知不覺反應在思考邏輯或行為上卻不自知，請看看下面五個敘述句：

1.如果沒有觸電的感覺就不是愛情。

2.世界上有一個完全適合我的人與我共譜戀曲。

3.愛，就是什麼都不必說，對方會了解的。

4.愛的力量可以克服一切。

5.愛，就是你濃我濃，鎮日廝守。

小組分享討論：

1.對於上面五個敘述句，你相信嗎？如果相信，為什麼呢？說說你的想法和理由。如果不相信，又為什麼不相信呢？說說你的想法和理由。
2.你是不是有上述這樣的經驗或不同的經驗？
3.和你的同學、或同性朋友、或異性朋友、或男朋友女朋友一起看這五個敘述句，分別說說彼此的看法與意見，別爭執，只是溝通與分享。

相處迷思探索

在戀愛相處的過程中，有時一些似是而非的想法，會不自覺的自動化運作，影響我們的行為和期待。克服迷思需要練習思辨和澄清，以下有17題，請於各題下方嘗試寫出你的省思和想法，然後和同學討論分享。

1.我必須在各方面都很好，對方才會喜歡我。
省思與想法：

2.男女朋友之間不應該有秘密沒向對方說。
省思與想法：
3.男女朋友應該做什麼事都一起行動。
省思與想法：
4.若是拒絕你（男女朋友）的請求，那我就對不起你，甚至會失去你。
省思與想法：
5.妳如果跟我要好，就不能跟其他異性有較為熱切的接觸，否則就是對我不忠。
省思與想法：
6.如果你愛我，你應該知道我的想法和感受。
省思與想法：
7.如果你愛我，你應該想辦法滿足我的需求，否則你就是不在乎我。
省思與想法：
8.如果你在乎我，你會記得我跟你說過的話。
省思與想法：
9.如果你在乎我們之間的感情，你應該記得我們之間特別的日子，並慶祝。
省思與想法：
10.如果你忘了我們之間特別的日子，那表示你不重視我，你不愛我。
省思與想法：

11.如果你愛我，你會常常陪著我。
省思與想法：

12.如果你愛我，你會常常要我陪著你。
省思與想法：

13.我要你陪，你卻想獨處，這表示你不愛我。
省思與想法：

14.如果讓你知道我真正的樣子，你一定不會喜歡我。
省思與想法：

15.如果我讓你親近我，你會發現我的秘密、恐懼及究竟我有多差勁，這樣你就不會愛我了，所以我必須和你保持距離。
省思與想法：

16.男女朋友應該所有的想法、行為都一樣，如果不一樣，表示我們不適合當男女朋友。
省思與想法：

17.男人不應該做一些不像男人的事，女人不應該做一些不像女人的事。
省思與想法：

愛情價值觀大拍賣

愛情中對象的挑選也反映個人不同的價值觀。找朋友一起玩「愛情價值觀大拍賣」遊戲，在輕鬆的氣氛下做自我探索。人不要太多，以免分享的程度不深或不能放心的分享；人也不要太少，以免氣氛不夠熱絡。約找六到十位左右的朋友最合適，最好男女各半。

步驟如下：

1. 每個人拿一張紙一隻筆，各自在自己的紙上寫上自己在愛情中重視的，包括愛情關係和對方的特質。
2. 各自將自己所寫的這些項目依自己認為的重要性由1到10排序。
3. 準備一張大海報和一隻麥克筆，大家一起陸續將自認為重要的特質說出來，由一人負責寫在海報上。讓每個人紙上所列的前五項左右的特質都能出現在海報上。
4. 每個人有一百萬，每樣特質底標是五萬，開始競標海報上的特質，喊三次無人競標，則由最高價者得標，並在該特質旁註明得標者姓名和價格。這個時候氣氛會相當刺激。
5. 在競標過程中，多注意哪些人常和你一起競標？哪些人花了相當高的代價競標才標得某特質？哪些特質競標者眾？
6. 拍賣完畢後，大家一起分享競標過程中的心情。這個時候你會感受到彼此間的真情真性。
7. 如果有時間，可以在分享心情之後，來個交換、說服、釋出等重新盤整的活動。

活動2-4

你有性別刻板印象嗎？

以下是有關於男性與女性的描述：

1.請依序寫下您個人對於各項描述之贊同或不贊同：

「**A**」（**Agree**）　表示您對此項描述贊同的程度大於不贊同

「**D**」（**Disagree**）表示您對此項描述的不同意程度大於同意程度

另外，請填在下表中的左邊的空格中，僅依個人意見做評定。

2.右邊的空格，請依您周遭之多數同性友伴的意見為評定依據。

3.分組討論。

	有關男性的描述	
個人		多數友伴
	a.男人是經由成就來肯定自己的。	
	b.男人天生具有攻擊性。	
	c.男人有優越感的需求。	
	d.男人應比女人具有較多的社交自由。	
	e.男人應該時常表現其勇氣和強壯的一面。	
	f.男人應該要保護女人。	
	g.男人基本上會關心世界的活動。	
	h.男人應該使女人感覺到她的重要性。	
	i.男人應該是較為理性的，而非情緒性的。	
	j.男人有競爭力的基本需求。	
	有關女性的描述	
個人		多數友伴
	a.女人天生具有生小孩及照顧小孩的需求。	
	b.女人應該要比男人較不活潑。	
	c.女人是經由付出與對他人的照顧來肯定自己的。	

	d.女人應該視家庭為其首要的工作。	
	e.女人應該使男人覺得他很重要。	
	f.女人不應該有自己的事業，如果其事業危及家庭的話。	
	g.女人應該終其一生對男人忠誠。	
	h.女人很容易受到傷害。	
	i.女人天生是比較情緒化，而非邏輯的。	
	j.女人不應該太有自己的主張，也不應該具攻擊性。	

小組分享討論：

1.現在請比較您與其他同學的答案，有關男性與女性的描述，彼此是否有很多不同的地方？或者看法相同的地方？

2.雖然以上關於男女兩性的印象，其描述皆是迷思的觀念。但生活中這些觀點卻存在於觀念或評價之中，討論您對於性別角色的態度，有多少程度是受外在環境的影響？

男女兩性的差異		
個人		多數友伴
	a.女人比男人更容易被說服。	
	b.女人對具有壓力的情境，要比男人更情緒化。	
	c.女人比男人更為被動。	
	d.女人對「人」較有興趣，而男人對「事物」較有興趣。	
	e.女人比男人更依賴受的關係。	
	f.女人對他人感受的察覺比男人更為敏銳。	
	g.女人對非語言訊息的了解，要比男人更正確。	
	h.女人對性的興趣不及男人。	
	i.女人較具孕育和養育的能力。	
	j.女人傾向較不具攻擊性。	

小組分享討論：

1.現在請比較您與其他同學的答案，有關兩性差異的描述，彼此是否有很多不同的地方？或者看法相同的地方？

2.統計一下，各項目同意的人數和不同意的人數，並聽聽彼此的原因和看法。生活中這些觀點的存在與否，如何影響兩性之間的互動？

學理補充說明

以上是普遍的性別刻板印象，惠頓（Weiten, 1986）發現，有些研究結果支持「c」、「f」、「g」和「j」的描述，但不支持「a」、「b」、「d」、「e」、「h」及「i」的說法。惠頓說明，性別刻板化印象可能導致錯誤的社會知覺，事實上，男女之間的同質性大於異質性。

資料來源：Corey, G. & Corey, M. S.(1990)原著，引自黃天中著《生涯與生活》，活動改寫：柯淑敏（2006）。

你有哪些性別特質？

李美枝在其所著的《女性心理學》一書中，提及一項經過T考驗的中文人格特質形容詞，分為男性項目、女性項目和中性項目三類，筆者將之轉換為**活動2-5**「你有哪些性別特質？」。

請將您認為適合您的男性及女性特質形容詞勾出，再勾下您認為適合自己的中性化特質，再依您個人的喜好，寫下您認為理想的異性（他或她），其人格特質應該具備的性別特質有哪些？中性化特質有哪些？

經過T考驗後所選取的男性、女性、中性項目表如下：

我	他／她	男性項目	我	他／她	女性項目	我	他／她	中性項目
□	□	粗獷的	□	□	溫暖的	□	□	易聽信別人的
□	□	剛強的	□	□	整潔的	□	□	守信的
□	□	個人主義的	□	□	敏感的	□	□	識趣的
□	□	偏激的	□	□	順從的	□	□	機靈的
□	□	靠自己的	□	□	純潔的	□	□	多疑的
□	□	隨便的	□	□	心細的	□	□	負責的
□	□	冒險的	□	□	伶俐的	□	□	健忘的
□	□	冒失的	□	□	動人的	□	□	聰明的
□	□	獨立的	□	□	富同情心的	□	□	老實的
□	□	武斷的	□	□	保守的	□	□	讓步的
□	□	浮躁的	□	□	膽小的	□	□	誠懇的
□	□	有主見的	□	□	討人喜歡的	□	□	挑剔的
□	□	深沉的	□	□	文靜的	□	□	親熱的
□	□	自誇的	□	□	親切的	□	□	任性的
□	□	競爭的	□	□	愛美的	□	□	可奉承的
□	□	膽大的	□	□	慈善的	□	□	沒有系統的
□	□	好鬥的	□	□	甜蜜的	□	□	靈活的
□	□	豪放的	□	□	溫柔的	□	□	大方的
□	□	穩健的	□	□	被動的	□	□	風趣的
□	□	自立更生的	□	□	端莊的	□	□	理智的
□	□	善謀的	□	□	文雅的	□	□	愛國的
□	□	有雄心的	□	□	依賴的	□	□	和氣的
□	□	幹練的	□	□	純情的	□	□	鎮靜的
□	□	頑固的	□	□	輕聲細語的	□	□	樂觀的
□	□	嚴肅的	□	□	拘謹的	□	□	成熟的
□	□	主動的	□	□	天真的	□	□	幽默的
□	□	行動像領袖的	□	□	矜持的	□	□	熱情的
□	□	粗鹵的	□	□	愛小孩的	□	□	好奇的
□	□	有領導才能的	□	□	害羞的	□	□	偏心的
□	□	好支配的	□	□	善感的	□	□	空談的

經研究結果顯示，男性項目主要由工具性特質組成，女性項目主要由關係性特質組成，包含體恤特質和氣質特質。工具性特質有助於個人事業成就的發展，體恤、氣質特質與

事業發展的關係少，而與親密的人際感情的發展關係較大。

小組分享討論：

1.我是男性特質多還是女性特質多？
2.我所認為理想的他／她是具有哪些男性、女性與中性特質？可能的原因是什麼？
3.我的特質和我認為理想異性特質之間有何相似或互補之處？

資料來源：取材自李美枝（1984），《女性心理學》，台北市：大洋出版社，頁11-13。活動改寫：柯淑敏（2000）。

延伸閱讀

影片名稱	《花木蘭》（迪士尼經典動畫）
片　　長	80分鐘
劇情簡介	本片是迪士尼第36部經典動畫，取材自對中國人而言家喻戶曉、耳熟能詳的「花木蘭代父從軍」的故事。花木蘭在家中是老大，從小練就了一副好身手，逢匈奴來犯，國家大舉徵兵，父親雖是軍官卻已年邁，弟弟尚年幼，花木蘭決定代父從軍，她有能力卻因為性別而遭遇許多困難和質疑。本片除了畫面如中國山水畫般柔美，音樂頗有中國風味之外，動畫家們更親赴中國大陸考察，更重要的是，片中有許多花木蘭對於性別困境的省思、吶喊與內心對話。例如「為什麼？我不能夠成為好新娘，傷了所有的人」。「我知道，如果我再執意作我自己，我會失去所有人」。「敞開我的胸懷，去追尋！去吶喊！釋放真情的自我！讓煩惱不再。釋放真情的自我！讓煩惱不再。」再例如，「仔細地看著波光中清晰的倒影，是另一個自己。它屬於，我最真實的表情」。「我心中的自己，每一秒都願意，為愛放手去追尋，用心去珍惜，隱藏在心中每一個真實的心情，現在釋放出去」。「我想要呈

劇情簡介	現在世界面前的是，更有力量的、更有勇氣的生命」。「我眼中的自己，每一天都相信，活得越來越像我愛的自己」。
影片討論	1.如果你是花木蘭的父母親，且是具有性別意識覺醒的父母親，你會怎麼做？ 2.影片中有哪些片段出現了性別歧視與性別刻板印象？表現出哪些女性主義或兩性平權的意識和對話？ 3.如果你是花木蘭，你會像她一樣「代父從軍」嗎？或是你會有其他做法？ 4.小組共同編導花木蘭和李翔的感情的後續發展？他們可能會遇到哪些與性別有關的議題？

學習重點

1.迷思（myth）。

2.六種愛情類型。

3.價值觀。

4.性別刻板印象（sex-role stereotype）。

5.性別角色行爲（sex role behavior）。

6.性別特質（gender traits）。

7.剛柔並濟的人格特質。

8.陽性基質（animus）和陰性基質（anima）。

討論與分享

1.運用三個學習理論，想一想，當你爲人父母時，你要在生活中怎樣培養孩子具有「剛柔並濟」的人格特質，以讓他在工作和感情生活上更快樂？

2.案例：「眞眞今年十二歲，從沒做過生日，家中只有男生才做生日，只有哥哥和爸爸生日時，祖母才會準備紅蛋和生日麵線，眞眞開始覺得不公平，向母親抗議，母親偷偷買了一個小海綿蛋糕要眞眞躲在房間裡吃」，對這件事情你有什麼看法？這件事情是否也讓你回想到自己的某些生活經驗，讓你明顯感受到生活在性別的差別待遇中？或讓你覺得你生活在比較男女平等的待遇裡？

3.你想「眞眞的生日故事」接下來會如何發展？請你寫下「眞眞生日故事續集」；或者以小組故事接龍的方式完成「眞眞生日故事續集」。然後上台發表與分享。

4.小孩生病了，你和你的另一半是誰要請假帶小孩去看醫生或照顧他？爲什麼？

5.你認爲怎樣才是新好男人和新好女人？你如果要成爲新好男人或新好女人你要做些什麼努力或改變？

第三章

愛情理論與關係發展

本章要從心理學的角度談愛和愛情。主要內容包括分辨愛和喜歡、了解異性交友的階段、了解愛情的發展階段和過程、覺察與掌握愛情的危機與轉機。

愛情期中考

荷雅為人就像她的名字一樣，如荷花般優雅清新，家裡也像她的名字一樣是有錢（台語）人。衣食無虞長大，也學了許多才藝，身上散發和氣優雅的氣質。

賓先則是一位彬彬有禮、溫文儒雅的大男孩，唸的是理工，喜歡文學也愛好運動。

荷雅和賓先在同學的眼裡是一對進行式中的情侶，一起上課、一起吃飯、一起上圖書館、一起去看電影、一起消磨假日時光。

這半年，兩個人卻漸漸不如剛交往的前半年這麼有話聊，好像該說的、該聊的，都已經說完、聊光了，在一起已不如之前這麼甜蜜和珍惜，比較像習慣成自然的模式。

對於這樣平靜自然的互動情況，荷雅和賓先各自心裡都有著一個疑問：「這樣對兩人的關係發展到底是好現象，還是壞現象呢？」

他們很想先找好朋友來分享這樣的感受和討論一下這個疑惑，然後再來和對方一起面對。如果你是荷雅、賓先的好朋友，你會怎麼做？你會提供怎樣的建議或你會如何分析這樣的現象？

小組分享討論：

1.請小組成員輪流說說：「如果我是荷雅或賓先的好朋友，我會怎麼做？」
2.我會詢問或多了解荷雅和賓先關係的哪些資訊？
3.我會提供什麼樣的建議？
4.我是如何分析這樣的現象？
5.小組討論下來，我的收穫和學習有哪些？

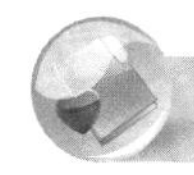

第一節　愛與愛情

愛

在所有的人際關係中，沒有一個像「愛」那麼重要，「我們都是因爲愛而出生」，著名的英國首相Disraeli如是說（沈慧聲譯，1988）。

「愛」不單只是男女間的情愛，愛的範圍很廣，包括了情人之愛、親子之愛、手足之愛、夫妻之愛、朋友之愛、神佛的愛。心理學家William Schutz（1966）指出，人類有三種基本的人際需求：愛、歸屬和控制，其中「愛」居第一位，「愛」是人類第一個最基本的人際需求。佛洛姆（Erich Fromm, 1963）在《愛的藝術》一書中認爲「愛」有四項特質：

1.奉獻（labor）：一個人願意爲其所愛的人工作並付出所有。

2.責任（responsibility）：一個人不斷的考慮自己的行為可能對對方產生怎樣的後果，當所愛的人有了困難時，願意立即去幫助他們。

3.尊敬（respect）：一個人要抑制自己利用他人的衝動，避免害人利己。

4.了解（understanding）：一個人嘗試推己及人，設身處地為對方著想。

「愛」在我們的生活中被需求、被渴望，卻也被誤用，例如有人在性行為前告訴對方「愛我，就要給我」，著實違背了愛的意義。「愛」需同時具備以上四項特質，只要求對方奉獻，卻不尊重對方的意願，沒有為對方設身處地著想，不尊重對方，不了解對方，也沒有考慮性行為所需負的責任，眞是誤解了愛的眞意。再如，有父母在子女夜歸後，一進門就大聲責罵，雖然充分傳達了焦慮和擔心，卻忽略了先去了解原因及子女的內心世界，責罵反而把子女從身邊推得更遠，無法讓對方感受到父母的「愛」和「被愛」的感覺。「愛」是簡單的一個字，卻是我們一生必須去努力體會、學習和最基本的需求。

愛情

人類對複雜多樣的事物喜歡用隱喻（metaphor）或象徵意義來表達，因此有人說「愛情」是「琴、棋、書、畫、詩、酒、花」、有人說「愛情」是「酸、甜、苦、辣」、有人說「愛情」是「霧裡看花」，你呢？你會用什麼隱喻來象徵愛情呢？

「問世間，情是何物，直教生死相許。」這是南宋元好問的詞「摸魚兒」，傳頌至今已是七、八百年，大家還是朗朗上口。愛情，從開天闢地，西方有亞當與夏娃，東方有「盤古開天、女媧補天」的時候，就在生活裡展開，愛情在生活和詩詞歌賦裡常是主角，中外亦然，美國詩人愛默生對愛情曾經這樣詮釋：「兩性之間的愛是一種魔力最大的符咒，任何巫術魔法都不得不對它讓步。」中國最早紀錄先民歌唱的書《詩經》，開始的第一篇也是描寫著一位周朝的公子哥兒去訪求他心目中美女的經過：「關關雎鳩，在河之洲。窈窕淑女，君子好逑。參差荇菜，左右流之。窈窕淑女，寤寐逑之。求之不得，寤寐思服。悠哉悠哉，輾轉反側。參差荇菜，左右采之。窈窕淑女，琴瑟友之。參差荇菜，左右芼之。窈窕淑女，鐘鼓樂之」。這篇三千多年前描寫男女戀愛的情況，現在看來還是栩栩如生，就像週遭正在發生的戀情一樣，牽動人心裡深深的渴望和期待。但是每個人對愛情的渴望與期待卻又不盡相同，簡簡單單的「愛情」兩個字，在不同人心裡有不同的期待與渴望，也暗示愛情過程的複雜性。有了這樣的心理準備，當愛情不如意時，能以建設性的態度和積極正向思考的方式來面對；當愛情得意時，也能用心珍惜與積極經營。

第二節　心理學家對愛情的研究

儘管人間有愛情的歷史很長。但你如果問關於愛情的研究有多久，可能會很訝異，因爲在心理學學術領域裡談愛情是近一百年的事情，魯賓（Z. Rubin）是研究愛情的祖師爺，他從1970年開始累積有關「愛」和「親密關係」的研究，例如，探討愛的本質、愛和喜歡的差別及測量等等。在魯賓之前，有一位心理學家Heider（1958）簡單的說：「愛是強烈的喜歡」，意味著愛和喜歡兩者之間只有量而無質的差別，但許多心理學家並不認爲如此。後續有李約翰（John Lee, 1977）調查及訪問大學生之後，用顏色來比喻愛情，即所謂的「三原愛」（primary love），三原愛調和成六種常見的愛情類型。最後有史登柏格（Robert J. Sternberg, 1986）提出愛的三角型理論，愛情理論發展至此已較為完備。以下分別介紹Rubin、John Lee、Berscheid & Walster、以及Sternberg四人對愛情所做的研究和結果。

愛與喜歡的研究

魯賓（1970）曾經設計一種紙筆測驗，來測量所謂的愛情（love），可說是研究愛情的初步，此測驗已普遍為人所接受，認為是有效的問卷。愛情量表與喜歡量表（見**專欄3-1**）都包含三個成分。愛情的三個成分是：(1)關懷（caring）；(2)依附（attachment）；(3)親密（intimacy）。喜歡的三個成分是：(1)對對方有很好的評價（admiration）；(2)尊敬（respect）；(3)覺得與對方相似（similarity）。魯賓發現，兩人若是在愛情量表上得分高，則兩人相互注視的時間較長，次數較多，也表示他們正在戀愛和將來會結婚，並且測量的六個月後他們仍然在一起。國內李美枝（1983）也曾以這兩套量表進行多項研究，發現國內大學生也有類似魯賓的研究結果（丁興祥等，1988）。

愛與喜歡量表

「喜歡」與「愛情」你分辨得出來嗎？不管你是否戀愛，試著依照自己的情況或想法勾選下列符合自己目前戀愛

狀況或對戀愛憧憬的項目：（可複選）

□	1.他情緒低落的時候，我覺得很重要的職責就是使他快樂起來。
□	2.在所有的事件上我都可以信賴他。
□	3.我覺得要忽略他的過失是一件很容易的事情。
□	4.我願意為他做所有的事情。
□	5.對他，有一點占有慾。
□	6.若不能和他在一起，我覺得非常的不幸。
□	7.我孤寂時，首先想到的就是要去找他。
□	8.他幸福與否是我很關心的事。
□	9.我願意寬恕他所做的任何事。
□	10.我覺得他得到幸福是我的責任。
□	11.當和他在一起時，我發現我什麼事都不做，只是用眼睛看著他。
□	12.若我也能讓他百分之百的信賴，我覺得十分快樂。
□	13.沒有他，我覺得難以生活下去。
□	14.當和他在一起時，我發覺好像二人都想做相同的事情。
□	15.我認為他非常好。
□	16.我願意推薦他去做為人所尊敬的事。
□	17.以我看來，他特別成熟。
□	18.我對他有高度的信心。
□	19.我覺得不論什麼人和他相處，大部分都有很好的印象。
□	20.我覺得他和我很相似。
□	21.我願意在班上或團體中，做什麼事都投他一票。
□	22.我覺得他是許多人中，容易讓別人尊敬的一個。
□	23.我認為他是十二萬分聰明的。
□	24.我覺得他在我所有認識的人中，是非常討人喜歡的。
□	25.他是我很想學的那種人。
□	26.我覺得他非常容易贏得別人的好感。

結果分析

你的勾選項目若集中在1至13項者，表示你對他（她）的感情以「愛情」成分居多，而若多集中在14至26項者，表示你對他（她）的感情以「喜歡」成分居多。

資料來源：譯自Rubin(1973), *Liking and Loving*, p.216.

愛情三原色

李約翰（1988）調查訪問自認已經進入愛情穩定狀態的大學生，經分析後，認爲愛情有三原愛，即情慾愛、遊戲愛和友誼愛；這「三原愛」有如顏色中的三原色（primary color），可以調成不同類型的愛，其中較常見的六種愛情類型如**表3-1**。

表**3-1　John Lee**較常見的六種愛情類型

常見的愛情類型	特性
情慾之愛	是一種建立在美麗的外表，重視羅曼蒂克與激情的愛情。
遊戲之愛	是一種以獲得異性青睞為目的的愛情，視愛情是一種挑戰與遊戲，通常當事人會刻意的避免情感投入。
友誼之愛	是一種細水長流、慢慢發展的愛情，有時當事人是在不知不覺中發展愛情關係。
神經之愛	是一種以佔有、滿足個人需求的愛情，通常會造成雙方的壓力與束縛。
現實之愛	是一種有條件的愛情，以現實利益為發展愛情的第一考量。
利他之愛	是一種犧牲、奉獻、不求回報的愛情。

資料來源：John Lee（1988）。

愛情二類別論

Ellen Berscheid和Elaine Walster（1985）分析指出，愛情包括激情的愛（passionate love）和友誼的愛（companionate love）。激情的愛非常羅曼蒂克和強烈，激情中的人有高度的歡樂和悲傷，情緒變化大；激情的愛是耗神的，有頻繁的性接觸，對方是生活的重心，所有的心思和經歷都放在那個人身上；激情的愛是令人興奮的，但是激情的愛很少持續著。反之，友誼愛可能較持久，那份愛通常以不同的方式顯示出來，也比較不強烈，比較平靜和緩，他們的性接觸雖沒有激情愛的多與強烈，但他們十分滿足於他們的性接觸。信任通常是這類友誼愛的基礎，友誼愛的愛侶也比較忠誠於他們的承諾（曾端眞、曾玲珉譯，1996）。

愛的三角形理論

史登柏格的愛情理論算是目前對愛情研究得最完整的理論，因爲他區分出愛情的向度和各元素的特性，對愛情的分析兼具「量」與「質」，較之以前只做愛情的分類或只偏重親密因素的愛情研究來得完整。史登柏格是耶魯大學的心理學教授，從高中起他冷眼旁觀同學的生活以後，體悟出了他一生研究生涯的方向：「腦和性是人生中眞正重要的兩件大事。」他前半生研究「腦」，提出了「智力三元論」，認爲智力包含：經驗智力、內容智力和前後關聯性智力。他說後半生要研究「性」，提出了「愛情三角形理論」。他研究的過程中採用魯賓（Z. Rubin）的愛與喜歡量表，也配合使用李文傑（George Levinger）製訂的人際參與量表來探究「愛」。藉著分析各類關係和重新檢定，他發展出「愛的三角形」理論，認爲「愛」有三個基本元素，各屬於三個不同的向度：(1)親密（intimacy），一種親近的、連結的、心與心交流的感情經驗，屬於情感向度；(2)激情（passion），混著浪漫、外表吸引力和性驅力的動力，屬於動機向度；(3)承諾（commitment / decision），包括短期的決定去愛一個人和長期的承諾去維持愛的關係，屬於認知向度。這三個基本元素有不同的特性，承諾的穩定性高，激情的穩定性低；但激情的短期效果強，而承諾和親密則較具長期的效果。

因此我們可以理解，戀情剛開始時有浪漫的氣氛，經過特別修飾的外表和青春期的荷爾蒙分泌的作用，讓在初戀當中的人如癡如醉，然而維持一份細水長流歷久彌新的愛情，卻需要在情感向度的親密和認知向度的承諾或決定上，多花時間培養和相互分享討論。

史登柏格這三向度三元素形成他的「愛的三角形理論」，也同時可以闡明愛的種種面貌，改變三角形的任一邊都將造成形狀互異的三角形或不同類型的愛，如**圖3-1**。在各種愛的關係中，親密是核心元素，其他兩元素則視特定關係而定，例如在男女之間的愛情，激情的程度就高，而在親子之間的親情，激情的成分就低。另外，這三個向度的相對強弱，可以組合成八種不同類型的愛情，如**表3-2**及**圖3-2**。

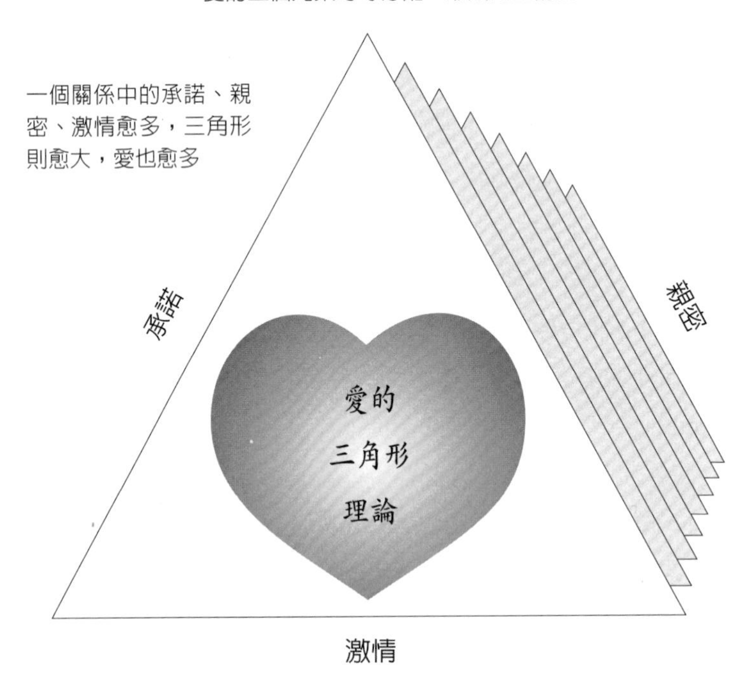

圖3-1 愛的三角形理論

資料來源：Robert J. Sternberg（1986）。

表3-2　愛情的八種面貌說明

完整之愛 ＼ 向度／元素	情感向度 親密元素	動機向度 激情元素	認知向度 承諾元素
完整之愛	高	高	高
空愛	低	低	高
喜歡	高	低	低
迷戀	低	高	低
友誼之愛	高	低	高
浪漫之愛	高	高	低
荒唐之愛	低	高	高
無愛	低	低	低

資料來源：Robert J. Sternberg（1986）。

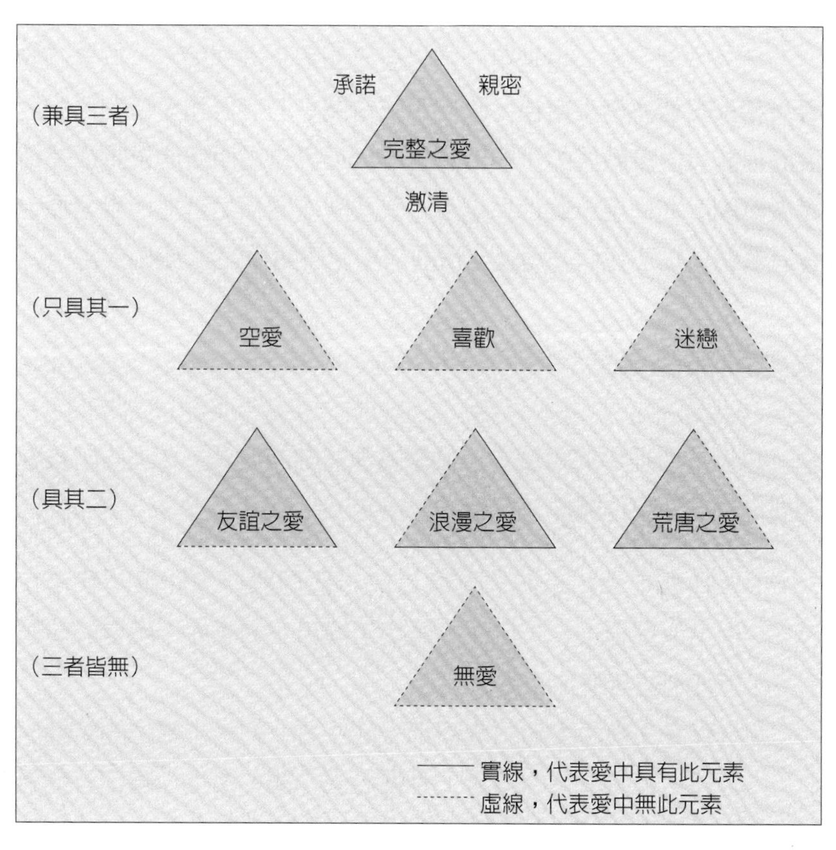

圖3-2　愛情的八種面貌

資料來源：Robert J. Sternberg（1986）。

第三節　友情與愛情的發展

友情與愛情，在人的一生當中都是非常重要的人際關係，尤其在十幾和二十幾歲的青少年期、青年期，此階段中的青少年們逐漸脫離家庭關係的範圍，建立屬於自己的人際關係網絡，逐漸不喜歡和父母親出門，覺得和父母親出門像是小孩子，沒長大；而和朋友出去玩比較有趣和新鮮，也覺得自己逐漸可以獨當一面，有自主權、有屬於自己的生活圈、有長大了的感覺。

另一方面，由於這是第一次以自己的角色去交朋友，以自己的眼光和人際能力與人交往，因此對友情關係的發展和愛情關係的發展歷程能有一鳥瞰式的了解，實有助於反思自己所處的友誼或愛情發展階段，在檢視彼此行爲是否合宜及考慮關係是否進一步發展也會有幫助。以下我們分別就友情關係和愛情關係的發展做描述。

友伴關係的發展

以發展心理學的角度看，個體隨著年齡的成長，在不同階段會發展出不同的友伴關係（黃惠惠，1998，頁101）：

1. **無性期**：大約是四、五歲以前。他們雖口裡能說「我是女生，他是男生」，但並不眞切了解男女的意義，玩耍的時候對性別並無特殊的選擇。
2. **同性群友期**：大約六歲到十一歲左右，約是小學生的年齡。對性別已有清楚的意識，喜歡男生一國，女生一國，分壘對抗或玩各自屬於自己性別的遊戲。

3.**同性密友期**：大約十二歲到十七歲左右，約是國中到高中的年齡。喜歡在同性友伴中找到幾位志同道合的朋友成爲至交或死黨，彼此了解較深，常常相互傾訴，分享與支持，也常一起行動，情感也較深厚。

4.**異性群友期**：大約十七歲到二十二歲，約是高中到大學生的年齡。常有聯誼、郊遊、烤肉等活動。

5.**異性密友期**：大約二十歲左右以後。異性朋友中特別處得來或特別相互吸引的就形成異性密友，進入戀愛階段。

異性交友四部曲

也有人將異性群友期到異性密友期更詳細的加以分階段，並用不同的舞來比喻（吳秀碧主講，1993）：

1.**土風舞期——大團體約會期**：男生和女生之間的來往是團體與團體的互動，例如甲校的甲班和乙校的乙班一起去烤肉。這個時期要學習的是男、女交往的禮儀，相互了解男、女的想法和看法。

2.**方塊舞期——小團體約會期**：一小群男生和一小群女生一起出去玩，我的死黨和你的死黨一起去郊遊、烤肉、跳舞。這個時期要學習更進一步的男女社交和友誼關係的溝通與相處技巧。

3.**宮廷舞期——不固定約會期**：像宮廷舞一樣，乍看之下好像一對一，不過是要交換舞伴的，並沒有和特定的某一異性穩定交往；也有人稱此時期爲逛櫥窗期，還在逛一逛，看一看哪些是中意的，但還沒有決定要買哪一個。這個時期也是較渾沌或模糊的階段，可以給彼此更多的機會互相了解，坦承相處。

4.**華爾茲舞期——固定約會期**：已進入穩定的一對一固定交往時期，可以先別急著進入這階段，前面的舞曲跳熟了，學會了，有準備了才進入這時期，因爲它是雙人舞，相互的體貼了解和尊重是需要學習的，也才可以避免不必要的痛苦與困擾。

感情三部曲

也有人用樂曲來比喻愛情的過程，黃素菲（1992）將兩性間的感情分爲三部曲，她所描述的階段比較類同於上述的宮廷舞期到華爾茲舞期的階段：

1.**追逐**：在傳統的中國社會，女人是最沒有權力的，連在兩性相處的追求上也都鼓勵男人主動，抑制女性有所表態；連要不要嫁給某人，即便心裡同意，也要說：「人家不來了！」或「一切由爹娘做主！」不過，東西文化的衝擊，讓現在的兩性關係有更多的自主，選擇一個雙方可以接受的方式，做清楚的表達，並接納對方的回應，是滿實際的做法。

2.**抉擇**：不是選一個最好的人，而是選擇一個適合的人。兩人是否在生活目標、價值觀、興趣、態度、背景上相似？交往過程中是否經常吵架且結果是不了了之？彼此在性別角色的期望上是否協調？在彼此面前是否覺得自在舒坦沒有壓力感？另外，旁觀者清，親人朋友的看法也值得參考。

3.**交往**：愛情過程中，常常很能反映出個人的全面狀況，平時自己覺得理所當然的事情或許在對方的習慣裡是那麼的奇怪。多聽他眞正的意思，多尊重彼此差異的優缺點，開放心胸接納不同，協助彼此為共同的目標努力。萬一要分手，能看到彼此的不適合，也是情感過程中很好的學習。

兩性情感發展的階段

當兩人要發展一段戀情或走向戀愛的這條路，眞實的過程並不像「白雪公主與白馬王子」般一見傾心，然後從此過著幸福快樂的日子，眞實的戀情可能會有爭執、痛苦、沮喪、灰心等等因人、因對象、因時間而不同的故事。一般而言，戀情大約會經過下面五個階段：

1. **萌芽期**：愛苗會不會遇到合適的土壤而發芽？大約有幾個讓愛苗類似於陽光、空氣、水之於植物發芽的因素，那就是創造見面或接觸的機會、外顯特質如外貌及內蘊特質如個性的相互吸引。這階段常會因不知如何跨出第一步或不知對方是否喜歡自己而困擾，不過請告訴自己：「誠心邀請是我的權利，體認對方也有拒絕的權利。自然是最高原則，邀約不成情義在。」
2. **發展期**：這顆愛苗發芽之後會不會長大？當過了「情人眼裡出西施或情人面前裝西施」的印象整飾時期之後，加深彼此的了解，在投入感情的同時，保持理智認清對方，甜言蜜語之外，要多觀察多注意對方的行為品行。
3. **質疑期**：當雙方都相當熟悉，知道對方的長處與優點，也發現對方的短處與缺點，再想想自己的優缺點長短處，可能會問「他或她是不是我最適合的人？以後會不會遇到比他更適合我的人？」如果能緩一緩，給彼此更多時間思考及誠懇面對可能存在的問題說出來溝通，烏雲可能會散去，如果疑惑一直無法釋除或各自放在心裡，可能會阻礙感情的發展。

4.**適應期**：當接受了優缺點，釋除了疑惑，為求感情健康發展，雙方需誠心調整與學習，這對彼此而言都是挑戰，也是在感情中學習成熟與成長的機會，這階段真誠的溝通更不可少。

5.**承諾期**：當雙方適應良好，也逐漸建立起良好的溝通模式和習慣，雖然仍會有摩擦出現，但已進入較穩實的階段，雙方對自己和彼此更具信心也更能接納，而願彼此承諾，各種人生計畫中也將對方考慮進來，共組家庭的可能性增高。（修改自黃惠惠，1998）

兩性交往的步驟

師大晏涵文教授（1992）則對兩性交往過程做一個較巨觀的總結，認為健康的兩性交往是要循序漸進的，其步驟最好是：

1.**自我認識**：你對自己有多少了解？又是否接納自己的真面目？通常自我認識的程度影響關係品質極大。學習做一個成熟的人，懂得負責與尊重他人。

2.**人際交往**：人際交往包括與父母、兄弟姊妹、同性和異性的交往。學習如何在人群中表現自己、不忌妒別人、肯與他人共同分享。

3.**認識異性**：包括生理、心理、社交三方面的認識與學習，避免因不了解或誤解引發的困擾。

4.**團體活動**：多參加各種團體活動，在團體活動中自然與坦然的彼此認識，發展友誼。

5.**團體約會**：有益於更進一步認識，對進入一對一的戀情有緩衝的時間與空間。

6.**單獨約會**：有更多彼此間的心靈互動，學習認識「愛」與「慾」的不同。

7.**固定對象**：這時期要避免離群老是兩人獨處，不妨有些共同朋友及私人時間。

8.**訂婚**：是較正式的向親戚朋友宣佈與承諾將共組家庭，學習心理上和生活上的逐漸調整。

9.**結婚**：是另一個階段的開始，學習共同經營家庭生活，互相扶持與分擔。

然而時代在變遷，或許兩性交往的節奏比以前快，或許跳略過某個階段，或者順序上不那麼一致或不太相同，或許不必那麼拘泥於步驟，但卻必須了解兩個不同的個體，各自有自己十幾二十年生活歷史與生長背景的人，要在一起快樂的生活是需要彼此長時間持續的了解、尊重、協調和用心經營的。

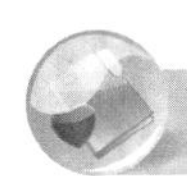

第四節　愛情發展路徑

成功的愛情發展路徑

史登柏格（Sternberg, 1986）對愛情成功發展的路徑有一個清楚的圖形描繪，如**圖3-3**愛情成功的發展路徑，他認爲以時間向度來看，在愛情初期，激情因素發揮很大的作用，這激情包括剛開始見面的臉紅心跳、牽手、擁抱、接吻和性的需求等等。但隨著時間加長，親密感必須不斷的加強，心與心的交流不斷在進展和深入，以至到後期承諾的出現，讓關係進入穩定的狀況。在不同的時期每個

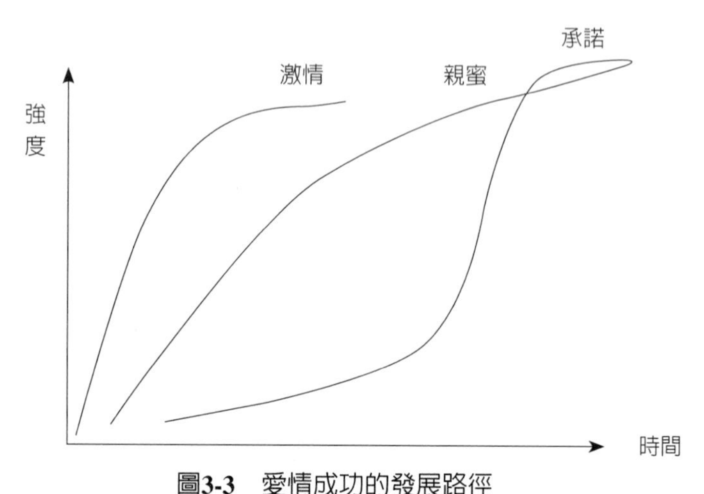

圖3-3 愛情成功的發展路徑

資料來源：Robert J. Sternberg（1986）。

因素的強度及所佔的比例有所差別，但親密是核心元素，它影響著愛情的品質。史登柏格（Sternberg, 1986）同時也分析，隨著時間的進展這三個基本元素在關係中的變化、危機與失敗，如**圖3-4**三元素在愛情關係中的變化與危機。

從「成功愛情發展路徑」和「三元素在愛情關係中的變化與危機」，讓人意識到要擁有一個甜蜜的愛情並不是那麼容易，不但要素得齊全，愛情的路上還充滿危機；在現實生活中情侶間的衝突或分手並不罕見，有的情侶「愈吵愈好」，有的「一直吵架，後來就分手了」，有的情侶「看他們蠻好的，可是後來聽說父母反對，就分手了」，「他們吵了又和，和了又吵，越吵越凶，結果拿刀相向」。「危機」會不會是「轉機」呢？端視這「危」可不可「轉」。接受「變才是正常」、「惟一不變的道理就是會變」、「戀中藏變」等的事實，並以積極的態度面對問題和發展，或許是邁向成功愛情可以做的事。

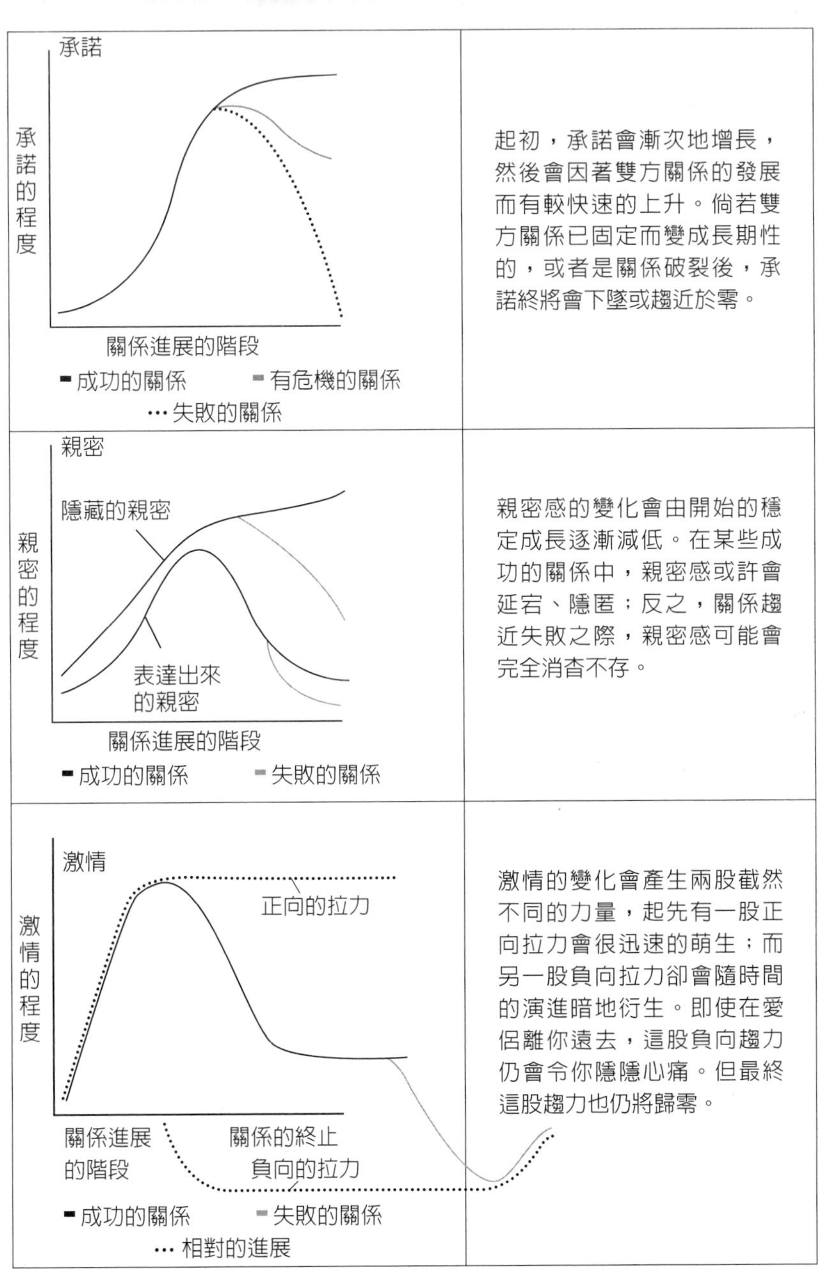

圖3-4　三元素在愛情關係中的變化與危機

資料來源：Robert J. Sternberg（1986）。

現代人的愛情危機

愛情既夢幻又現實，既甜蜜又充滿危機。報紙社會版常常出現「爲情跳樓」、「雙雙飲藥殉情」、「在情人住處自殺」、「潑情人硫酸」、「又見情殺」等標題，不禁要問「在觀念和行爲上出了什麼錯？」、「現代人的愛情發生什麼危機？」：

問世間情是何物，豈叫人生死相逼

有人「問世間情是何物，直叫人生死相許」，愛一個人的時候願意相守一生；卻也有非理性的人用性命來威脅逼迫對方、自己和愛情，請想一想，威脅逼迫而得來的愛情會是原本所期待的愛情嗎？

進退失序的愛情觀

何時該進，何時該退？該離開的時候卻強留，該退出卻留戀，其實愛情機會來了能夠把握，愛情走了也不強留，眞是需要智慧、理性和勇氣。

搶情人或為面子

當在你爭我奪的情況下時，問問自己「現在是搶情人還是搶面子？」把她／他搶回來是爲了面子，還是因爲你愛她／他？如果是爲了面子，那麼是不是違背了你愛他／她的初衷？如果是因爲你愛她／他，那麼是否該聽聽她／他的想法和感受，尊重她／他的決定？

速配、速食、狼吞虎嚥

很快地在一起，很快地把愛情初期的激情消化完，然後覺得對方味如嚼蠟，很快地又分開。要知道愛情的品質主要決定於史登柏格（Sternberg）所稱的「親密」元素，而親密是需要長期且用心經營的。

跟著感覺走

在愛情裡，有感覺是很重要的，不可否認沒有感覺是談不了戀愛的，但是更重要的是，愛情除了感覺還需要理性，就像人有感性和理性一樣，千萬別用半個人去談戀愛。用感性去感受愛情，也用理性去判斷愛情。

考場的資優，情場的低能

這是典型的高IQ低EQ情況之一。在學業或工作上表現優秀，對感情概念的理解和解題技巧卻所知不多，加上又不會尋求專業協助，矇著頭處理，傷了自己更傷了別人，不幸的還造成永不可收拾的悲劇。功課不懂，會找比較懂的同學問、找教那一科的老師問、找補習班、找家教，工作上有困境會找資深的同事討論、找好朋友說、跟主管適度的反映溝通；感情的事找心理諮商專業人員也是一樣的道理。另外，台灣的學校教育、家庭教育和社會教育亦應調整對IQ和EQ的重視程度與態度。

愛情寶寶學

同時有多個情人，把每個情人都叫「寶寶或寶貝」，不會因爲情人太多一時把暱稱叫錯。把每個情人當成「寶寶」，也要情人當一個「寶寶」，當她什麼都不懂，要她如寶寶般「單純」、「不會邏輯思考，不會問」、「當你擁抱她的時候，她全然依賴在你懷裡」。醒醒吧！別以爲自己是神通廣大，別以爲別人都退化，對愛情對象的尊重是重要的品德。

不知如何面對結束

一段感情的結束會讓人失落、難過、傷心、痛苦、甚至生氣，你可以讓自己有一段時間去難過、生氣、傷心和回憶，不斷的告訴自己並且記得一段感情的「結束」只是一次失敗的經驗，並不代表整個人的「失敗」，同時失敗的經驗裡有正向的學習和成長機會，那會讓失敗經驗變得更有意義，而不再只是失敗的經驗而已，擁有更成熟的感情觀和感情處理態度會是最值得擁有的人生經驗。

愛慾解離

「愛」與「慾」互爲表裡自成一體，愛慾結合成爲人生美妙的經驗，然而「網路一夜情」的現象似乎透露「愛」與「慾」的解離危機，正隨著網路文化漫燒出去。現代人把時間花在工作上，人際間情感的交流少，內心寂寞卻想用短暫肉體的生理結合來替代長期經營的表達性情感是不可能的。

整個社會由傳統農業社會進入到工業社會，再進入到後現代社會，相較於以前，現代人對愛情和選擇戀愛對象有更多的自主權和決定權，但也需要比以前更多的智慧和處理技巧。

現代人的愛情功課

面對以上現代人的愛情危機，有幾項功課是現代人談感情必須修習的：

1.在信念上建立：至情眞愛不是熊熊烈火，愛是需要學習的情感。

2.學習的方法：勤修EQ，不當愛情後段班的學生，了解愛情沒有標準答案，看得透，想得開，拿得起，放得下，才是「畢業生」。

3.**在面對和處理情感危機時**：千萬要提醒自己學習理性面對，愈是危機愈不能草草處理或怕人知道，仔細沙盤推演和尋求身邊值得信任的長輩或專業人員和社會資源的協助是有必要的。

4.**眞愛是需要了解、溝通和經營的**：決定要完全投入感情之前，要多一些彼此的相互了解，包括愛情觀、金錢觀、家庭觀、人格特質、品德、人際關係、家庭環境、工作資歷、習慣、嗜好、興趣、健康等等。其次，交往的過程中多溝通，學習溝通的技巧和態度，把握溝通的各種機會。最後，是花心思去經營，像經營你的職業生涯一樣，長期去經營一份值得你投入的感情生涯。

愛與喜歡

自己心中先選定一位你想澄清「對她／他是愛或喜歡」疑惑的人：

1.小組成員各自完成**專欄3-1**「愛與喜歡量表」。
2.輪流將自己對愛和喜歡的疑惑與作答結果作分享。
3.在尊重對方隱私和意願的前提下，其他成員可以回饋和提問，多做交流。
4.對題目中關於愛和喜歡的陳述與差異點作討論。

愛情曲線圖

請想一段自己曾經發生過的愛情（包括暗戀、單戀）：

1.以橫座標為時間軸，以縱座標為情感好壞強度軸，將過程中的情感好壞感受，順著時間軸畫出一條曲線。
2.在曲線上下起伏的轉折點，註明發生事件和當時感受。
3.小組成員分享讓感情起伏變化的事件與感受。
4.討論哪些事情可以促進感情的深度和互相了解？
5.面對情感中的各種事件，討論其他可能、可行的處理的方法。

延伸閱讀

影片名稱	《今生有約》（*Forever Young*）
影片簡要	102分鐘　普遍級　劇情片美片
導　　演	史提夫邁納（Steve Miner）
主　　演	梅爾吉勃遜（Mel Gibson）　潔美李寇蒂斯（Jamie Lee Curtis） 伊萊亞伍德（Elijah Wood）

劇情簡介	1939年，美國一位飛行員丹尼，他因為心愛的女友車禍陷入昏迷，且在醫師判斷永遠醒不過來之際，丹尼傷心之餘請求沉迷於冷凍實驗的好友將他冷凍，以逃避心理的傷痛，待愛倫醒過來，才讓他也醒過來。沒想到好友的實驗工廠發生意外，好友意外死亡，而又逢第二次世界大戰爆發，沒人去注意這個私人實驗室。五十年後一個頑皮的男孩無意間打開冷凍庫，丹尼甦醒過來，發現人事全非，而可怕的是，他在經過五十年冷凍甦醒之後，身體竟然開始快速老化，丹尼除了必須吸收半世紀以來時代變遷的衝擊外，另一方面更急於尋找他的唯一真愛——愛倫的下落。最後，兩位七十多歲的老人在驚懼中重逢，於海岸邊相擁，丹尼終於說出五十年前吞吐於口中的一句話：「妳願意嫁給我嗎？」
影片討論	1.如果我「心愛的女友／男友因車禍而陷入昏迷，醫師判斷永遠醒不過來」，我會怎麼辦？ 2.當我垂垂老矣，回顧我生命中的人物，我最想和哪些人共渡晚年？ 3.對於兩性情感「口拙」的男性，我有什麼樣的建議？ 4.如果我心愛的女友／男友在我車禍後失蹤，我的感受與想法可能是如何？

學習重點

1.人類三種基本人際需求。

2.佛洛姆（Erich Fromm）的「愛」的四項特質。

3.魯賓（Rubin）所研究認爲的「愛情的三個成分」與「喜歡的三個成分」。

4.愛情顏色理論。

5.愛情二類別論。

6.愛的三角形理論。

7.友伴關係的發展。

8.異性交友四部曲。

9.兩性情感發展的階段。

10.愛情成功的發展路徑。

討論與分享

1.沒有一個字像「愛」一樣擁有如此分歧的個人意義，請你以你的生活經驗爲基礎，你覺得愛像什麼？愛情像什麼？

2.試著用三種愛情的理論來檢視自己的愛情，是否具備心理學家所說的愛情要素？那是屬於哪一種愛情類型？你的愛情過程曲線如何？

3.你現在是處於哪一個異性交友階段或愛情階段中？這個階段主要學習的是什麼？你覺得對你來說這階段主要的難題或疑惑是什麼？

4.和小組同學一起討論「愛情過程中可能的變數」有哪些？如何面對這些變數或處理呢？

5.你看到或聽過什麼樣的網路愛情危機或騙局？說出來作爲相互的提醒和預防。

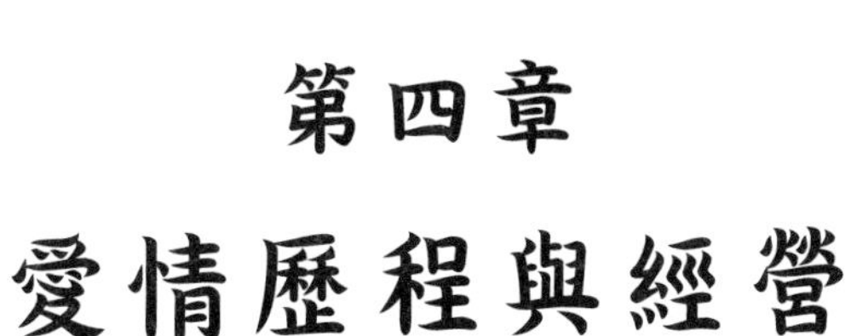

第四章
愛情歷程與經營

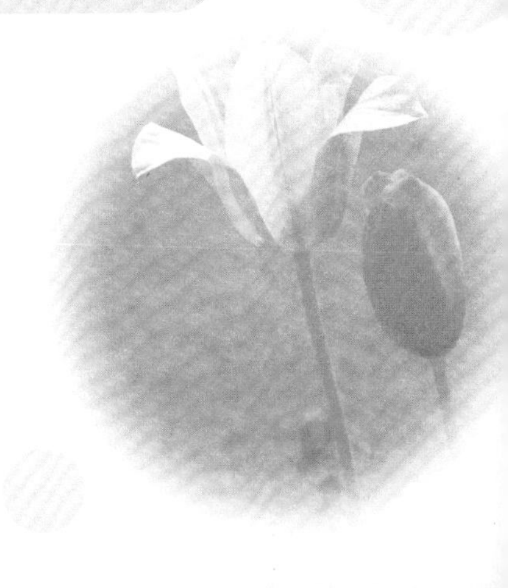

本章將從一般的人際吸引談到兩性之間的吸引與愛情歷程。內容包括人際關係如何開始，一般人際吸引的因素有哪些，爲什麼第一印象特別重要，人際關係的發展階段等等，還有兩性關係與愛情的單戀、暗戀；主動還是被動；如何表白；約會去哪裡；約會的禮儀；約會的安全；如何增進感情等等兩性交往初期的疑惑與經營等等，讓青年學子對於人際的交往與兩性關係的相處有一個時間性和內容性的了解及掌握。

愛情的現實條件

念大學的恩希回南部老家過年，看見小堂弟在跟鄰居小朋友玩耍，嘴裡大聲開心的念著：「身高不是距離，年齡不是問題，學歷不用在意，性別沒有關係……」。

他在想：其實真的是距離，是問題，要在意，也有關係吧！過去這二年半的大學生活，讓他嚐盡了兩性之間的各種現實條件對愛情考驗的酸甜苦辣。

他學著探索自己，了解自己的特質、愛情觀、愛情類型、吸收愛情的理論、知道愛情的要素和發展歷程，可是他還是在現實生活的愛情中跌跤！

他大一時，追一個漂亮高挑的同班同學，沒成功，因為太多人追，女同學說：「我暫時還不想定下來。」大二時，他追一個大三的學姊，學姊長得嬌小可愛、個性又好，也沒成功，學姊告訴他：「我喜歡年紀大一些，成熟穩重的男生」。中間，他也在網路上認識一些學校附近正在念高職的小女生，見面幾次，卻發現生活圈很不一樣，很多話題只能他說她聽，或她說他聽，熱絡不起來，沒有所謂「心的交流」，他不想玩玩，因為他知道自己不是遊戲愛型的男生。也有同志對自己表示好感，他雖錯愕，但也儘量以平靜的心情和用尊重的態度向對方明確表明自己只喜歡女生。

恩希很想告訴小堂弟：「身高是距離，年齡是問題，學歷要在意，性別有關係。」可是又覺得這樣太簡化，不是大學生程度的兩性關係觀點。

小組分享討論：

1.我對「身高不是距離」所牽涉到的戀愛對象間「外表」上的差異，看法是如何？我在現實生活中所見所聞的經驗是如何？
2.我對「年齡不是問題」所牽涉到的戀愛對象間「成熟」上的差異，看法是如何？我在現實生活中所見所聞的經驗是如何？
3.我對「學歷不用在意」所牽涉到的戀愛對象間「學歷」上的差異，看法是如何？我在現實生活中所見所聞的經驗是如何？
4.我對「性別不是問題」所牽涉到的戀愛對象間「性別」上的差異，看法是如何？我在現實生活中所見所聞的經驗是如何？
5.除了以上四項現實條件之外，還有哪些現實條件也是常出現的？
6.說出本案例小組討論，我的收穫和感謝。

第一節　人際關係的基本概念

「我爲他／她心動，但卻不知如何行動」、「爲什麼別人男女朋友一個一個的換，愛情一回過了又一回，而我尋尋覓覓卻難找到一個愛我的人，而我也愛她的人？」、「爲什麼我尋尋覓覓就是找不到Miss Right or Mr. Right？」其實，這樣的心聲很多，原因也會因個別的情況而有不同，可能的影響原因包括適當與主動的創造機會、個人內外在的特質、表達的技巧、合宜的言談舉止及雙方的相似性與互補性等等。其次，有一些人際認知的心理現象，如月暈效果和初始效應也會對關係的發展產生效果。最後，關係不會一直順利發展，在關係的每個階段都有機會往更深的階段發展或退回先前較弱的階段或停留在某階段，嘗試學著敏感於每個階段的特殊訊息，將有助於推進關係或將關係維持在某一階段。

影響人際吸引的因素

想想看你和好朋友是如何開始友誼的？是怎樣彼此有好感的？根據心理學家的研究，影響人相互吸引成為朋友的因素，有下列四項：

1. **接近性**：所謂接近性是指時間和空間的接近性，在相同的時間出現在某一共同的空間裡。比如，同一年在相同的學校或社團；某一個夏天剛好參加同一個營隊；去同學家剛好他妹妹也帶同學回家，一起吃飯聊天。接近性是第一個條件，創造認識的機會，古語所謂「近水樓台先得月」就是時空的接近性，創造了優勢的機會。
2. **熟悉度**：所謂熟悉度是指曝光率，除了時空的接近性之外還要有互動，在彼此面前曝光、留下印象，這表示互動越頻繁的人越容易留下印象，這也是社會心理學的曝光效應（mere exposure）（Aronson, Wilson & Akert, 2004）。所謂「一回生，二回熟」就是熟悉度、曝光率造成的效果。接近性和熟悉度都屬於情境因素，它們創造了尋覓與被尋覓的優勢機會。

3.**個人吸引度**：包括外表、人格特質和能力。初次個人的吸引力多來自第一印象，而第一印象的形成有一個很重要的因素是外表的吸引力，亞里斯多德（Aristotle）說：「美麗比一封介紹信更具有推薦力。」因此讓自己看起來舒服順眼是人際吸引的基本功夫。其次是令人愉悅的人格特質，例如言談間的基本禮貌和尊重是最重要的，還有好的情緒管理和壓力調適。第三是有一些能力但也不是很完美，這會讓人有機會欣賞到你的優點，但也不會覺得你太完美，你也和我一樣是平常人的可親近感覺。

4.**兩人的相似性和互補性**：相似性指兩個人態度相似，志同道合，可以一起分享看法、興趣與快樂。心理學家Aboud 和 Mendelson （1996）的研究報告發現，態度相似的人傾向互相做朋友，在重要事務上持相同觀點的人更互相吸引。互補性是指兩個人個性上可滿足相互的需求，也有心理學家指出，性格特質互補的人，會增加彼此的吸引力（Pilkington & Lydon, 1997）。例如，一個人較成熟穩重，另一個人較活潑開朗，兩人互相欣賞彼此的個性，不但能享受對方特質帶來的愉快，同時認知上也認爲對方擁有這樣的個性很符合自己的理想。

因此多創造時空的接近性，多增加曝光率，增加個人內外在吸引度，保有自己的特色，爲自己加分，樂於與人分享興趣與快樂，欣賞別人的特色，是擴展一般人際關係與友誼的好方法。

月暈效果

月暈效果或稱之爲「光環效用」（halo-effect），意思是說，當某個人有一些正面的特質，我們往往也會推斷他也擁有其他正面的特質。例如，某個人長得好看，我們往往也認爲他似乎比較聰明、比較能幹、生活比較快樂。再如，一個功課名列前茅的學生，我們往往也認爲他聰明、品行良好、有禮貌等等。想想在兩性交往的大團體約會階段，每次聯誼後，接到最多信或邀約的人是不是都是外表具吸引力的人？這是因爲月暈效果或光環效應，使得人們心理自然推斷長得漂亮或者帥的人，其他方面應該也不錯。另外，也有所謂「反光環效果」，即你知道某人擁有一些負面的特質，我們會推斷他也有其他負面的特性。例如，一個講話小聲的人，我們會認爲他做事沒魄力，也沒能力擔當重任。然而，每個人可能都有這樣類似的經驗，一個外表不具吸引力的人，你會因逐漸發現他的優點而喜歡他；一個你本來覺得不錯的人，後來才發現他不如你原本認爲的那麼好。因此，認識月暈效果或光環效應在人際關係上所發生的作用，有助於我們對人的眞實面不那麼快做定論，並保留更多彼此深入認識的彈性空間。

初始效應

初始效應（primacy effect）意思是說，我們有順著對一個人最初的印象來解釋新訊息的趨勢。典型的研究是 Sollman Asch（1946）看了一群學生列的一連串形容詞，發覺到順序的效果是很重要的，一個人被描述爲「聰明的、勤奮的、任性的、吹毛求疵的、固執的和忌妒心強的」，是比被描述爲「忌妒心強的、固執的、吹毛求疵的、任性的、勤奮的和聰明的」較使人有正面評價。（沈慧聲譯，1998）。其實形容詞完全相同，只是次序完全顚倒，前者是正向形容詞放前面，後者是負向形容詞放前面，如此而已。這似乎也說明爲什麼「第一印象」的好壞會影響後續人際交往的意願和互動了。Sollmon Asch（1946）的實驗讓我們驚覺到初始效應的作用，以及對一個人有客觀評價的不容易和考驗，也讓我們意識到人際關係中的初始效應往往會讓我們曲解或忽略後來的不一致訊息。換句話說，覺察到這兩個效用的運作也是我們通過「知人識人」考驗的重要一步。

人際關係的特性

愛情是親密關係的一種，親密關係又是人際關係的一種，因此在兩性交往的過程中，我們也有必要對人際關係的特性有所了解和認識。一般人際關係所具備的特性有六（陳皎眉，1995；Devito, 2001）：

1.變（ever changing）：人際關係的第一個特性就是不斷在改變，不管是變得更好或變得更壞，但是不會始終不變。難怪父母會說兒女長大了，不像以前願意和父母一起出去，現在寧可自己在家；我們自己以前連上廁所都要一起去的朋友會因爲讀不同的學校，沒多久就失去聯絡。我們可得多關心怎樣可以使我們重視的關係變好。

2.**人際關係的發展階段**：人際關係有其發展階段，關係的發展可能由深到淺，也可能由淺到深，可能到某階段就結束，也可能在某階段待很久，浮浮沉沉時好時壞（J. A. Devito, 2001）。

3.**溝通**（communication）：人際關係是經由良性有效的溝通來建立和維持的，無論是語言或非語言的溝通都是非常重要的；然而，溝通是一件不容易的事，否則「無法溝通」不會名列分手原因的前三名排行榜。也因爲溝通的不容易，本書將於第五章專談兩性溝通。

4.**多向度**（multi-dimensional）：包含不同類型與層面。類型是指針對不同群體或對象，例如「愛」可以是父母之愛、兄弟之愛、上帝之愛、異性之愛等不同類型對象。層面是指和人的情感、身體或智能等不同層面發生比較深的關聯，例如紅顏知己是情感上的關聯、一夜春宵是身體上的關聯、學術之交是智能上的關聯。當然，一般人際關係並不會如此截然劃分清楚，而是某些層面較重，某些層面較少。

5.**複雜**：每個人都是獨特的個體，有其特殊的經驗、思想、能力、需求、害怕、慾望等，而這些都會影響他如何與他人互動。兩個獨特不同的個體，互相影響，彼此又各自不斷在改變，這種關係自然就非常複雜了。

6.**深度與廣度**：深度與廣度是指人際交談時所涉及的主題多寡（廣度）和個人涉入的深淺（深度）。社會滲透理論（Theory of Social Penetration）認為，溝通話題的深度與廣度反映了彼此關係的親密度。人際關係的初期，話題廣度較窄，話題深度較淺，當兩人的關係逐漸發展之後，彼此談論的主題會增加，而且談得也比較深入，往往可以達到個人內在的感覺、價值觀、態度等。

人際關係的階段

我們無法離群索居，自出生甚至更早的胚胎時期我們已經開始了人與人之間的人際關係。各種關係對不同的人有不同的功能，一般我們期待在人際關係中減少孤獨的感覺，獲得激勵，增進自我了解和自尊，以及增加快樂的感覺。

圖4-1顯示了大部分關係的主要發展階段。一般而言，關係發展有六個時期，各期都有退出關係、往更深階段或往更弱階段、及回到先前階段的機會與可能。六個階段或時期說明如下（J. A. Devito；沈慧聲譯，1998）：

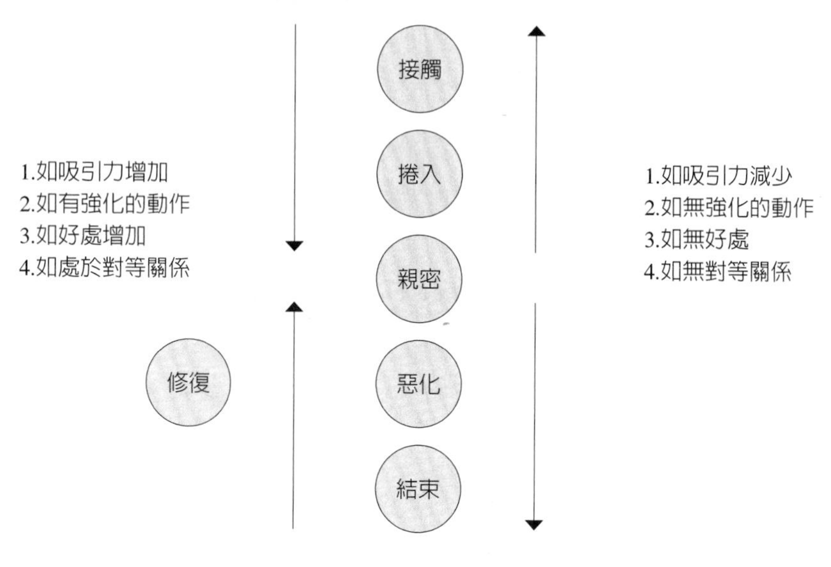

圖4-1　人際關係的主要發展六階段

資料來源：沈慧聲譯（1998），J. A. Devito著，《人際傳播》，頁345。

1.**接觸**：透過感官的接觸，如看、聽、聞，獲得一個生理上的概念，如性別、年齡、身高、體重等等。然後交換基本資料是任何更深關係投入的開端。此階段有如兩性交往中的約會階段。

2.**投入**：你會試著對別人有更多了解，嘗試問一些問題，也會開始揭露自己，一種相互連結的感覺會產生。在投入的最初階段，人們可能會採取試探行為來了解對方對這段關係的感受或重視程度，可能的策略有：(1)直接：如直接問對方的感覺；(2)忍耐：讓對方遭受不好的行為，如果對方忍受，表示他對這段關係是認真的；(3)間接暗示：如開玩笑要共享未來；(4)公開表現：如帶對方出席聚會，介紹對方是男朋友或女朋友；(5)分離：如果對方打電話來，就表示他對這段關係有意思繼續；(6)第三人：問共同的朋友，打聽對方的感覺和意向；(7)假三角關係：如說某甲對他有意思，看對方反應如何。因爲不確定，所以想試探是自然的，然而，適可而止也是必須的。此階段有如兩性交往中的戀愛階段。

3.**親密**：進入親密階段的人可能是親密的朋友、愛人或配偶。親密階段通常可分爲兩個階段：一個是人際許諾階段，此階段兩人以某種私人的方式彼此互相許諾；一個是社會約束階段，此階段許諾是由大家來認定，可能是家人認定或一大群人認定或法律認定。你和你的另一半被視爲一個單位，可定義的一對。當然也不是所有的人都想要親密關係，對某些人而言，關係上的親密是極大的冒險，不會輕易進入親密關係。

4.**惡化**：特徵是關係人之間的連結變弱。關係惡化的第一步通常是個人內在的不滿，開始覺得這段關係不如原先那麼重要，且對和對方的未來持否定的態度。如果不滿持續增加就進入惡化的第二步：人際間的惡化，會退卻並愈來愈想獨處，當你們在一起時會出現尷尬不語、少自我揭露、少身體接觸及缺少心理親近感的情況。衝突會變得愈來愈平常且愈來愈難解決。

5.**修好**：修好可以是「預防性」的也可以是「改正性」的。預防關係變不好，保持關係，改善目前不良的或不滿意的部分。有些關係雙方在關係惡化時才會停下來檢視問題並試圖修復彼此的關係，有些人則想也不想就任由關係解除。修好的第一步是個人自身的修復，即你開始分析哪裡出錯並思考如何解決你們關係中的困難，如改變你的行爲、調整你對另一方的期待。你也會評估現有關係的好處及關係結束後的好處。如果決定修復，會進入第二步協商新共識和新行爲，並和對方討論，討論關係中的問題、你希望可以改正的事情、以及你願意做的事和你希望對方做的事。方式可能是自己解決你們的問題或向家人朋友尋求建議或進行專業的諮商。

6.解除：特徵是切斷人與人之間的關係。此階段通常是由人際間的分離開始，此時你可能搬進單身公寓，而且開始脫離以彼此為中心的生活。如果這種分離可以被自己接受，同時如果原本的關係沒有修好，你就進入社會或公衆分離的階段。分開的雙方開始將自己視為個體，而非和另一人是一對，而且尋求建立一個全新的且不一樣的生活，不論是獨自一人或和別人在一起。有些人在物理空間上分離，但在心理上還活在已解除的關係中，他們常流連以往約會的地方、重讀過去的情書、想像所有美好的時光，無法抽身。

第二節　暗戀與單戀

有人說「暗戀是一種很美、很刺激又很矛盾的情緒歷程」，因為它保存著我們對愛情完美的想像和與對方保持著有距離的美感；因為沒讓對方知道，所以我們把情愫藏心底，在面對對方時表面平靜，心中波濤洶湧；暗戀一段時間後會掙扎矛盾，因為想讓對方知道又害怕對方知道。以下談談暗戀和單戀相關的心理與社會層面議題：

暗戀

有人覺得暗戀就是不要讓對方知道，才叫做暗戀。應該靜下來默默地慢慢地去咀嚼暗戀的滋味，才能在暗戀裡體會自己純粹的心情變化和喜惡。從心理學的角度來說，這是一個認識自己的機會，心理學家艾瑞克森（E. H. Erikson）說：「年輕人的戀愛，本質上是一種將自己混亂的自我形象，投射到另一個人身上，再由逐漸清晰的反射中來看見自己。」

處於暗戀中的人，最大的心理掙扎與矛盾是一方面想讓對方知道自己的愛意，一方面又害怕他不喜歡自己，而且一旦向對方告白，又要面對成功或失敗的謎底揭曉；如果不告白，怕遲了就錯失機會，自己更傷心，告白之後，如果答案是要面對失敗，有人寧可享受暗戀的滋味。什麼時候要放棄暗戀，每個人的答案和情況不同，有人是享受暗戀，有人是直到自己喜歡上另一個人，有人是直到對方愛上另一個人，有人是永遠暗戀，怎樣最好呢？想想暗戀的目的吧！

單戀

愛一個人，而不能被愛，愛上一個不愛我的人，這時要選擇執著或選擇放棄？感情的事，有時「憾恨無從解」的情形也是多見，告訴自己，放棄要灑脫，執著要無怨無悔，過程中，給自己「重新做決定」的機會和彈性，也有能力為自己的決定負責和承擔。

理想與幻想、愛與欣賞

當我們遇見一個看來符合自己理想的對象時，距離產生的美感，容易將對方美化，容易有所幻想，這不表示眞實的他符合我們的理想，不代表眞實的他可以和我們相處融洽。欣賞一個人是認知上的贊同、情緒上的喜歡，但並不等於愛。

孤單與獨處

獨處（solitude）是正面的孤單，撤除防衛，重新檢視自己、透視自己。獨處和與人接觸都可以豐富人生，我們應學習取得平衡（A. Arkoff, 1980；蘇宜芬，1991）。時常在孤單的時候，希望有個知心的人陪伴。然而，許多時候，卻不得不自己面對孤單。陳金燕（1995）認爲，「孤單是生命中的存有，獨處是生活中的存在」，我們常在說話，卻很少說給自己聽；我們常在聽話，卻很少聽自己說；我們常努力去了解、洞悉別人，卻少有機會了解、洞悉自己。不把孤單與寂寞蕭條或無所依靠等概念連結在一起，積極地學習與自己同行，願意與自己相處，獨處並非是否定人我關係，乃是希望透對獨處的重視，建立得以獨處的能力，肯定自我的積極發展避免流於疏離或依賴的人我關係。如果我們能發揮獨處的正向意義，就能受益於獨處在個人人格獨立成熟上的幫助和生活適應的能力。Morgan（1986）亦提出，獨處有利於個人精神與心理的健康，亦是完成個人整體的好處所。

孤單與寂寞

寂寞（loneliness）是負面的孤單（aloneness），通常包含一些負面的分離經驗。寂寞經驗的存在，無古今之分、無中外之別、無年齡之差（Aronson, 1978；許維素，1991）；Aronson認爲，「幼兒有人際互動的需求，係因幼兒可能感到寂寞」；Brennan & Auslander（1979）對九百名青少年的調查發現，10%到15%的青少年「重度寂寞」、45%青少年「長期慢性寂寞」、54%青少年在晤談中自陳「常感寂寞」。黃光國（1979）對台北市民的調查中發現，因應生活壓力的症狀中尚包括「感到寂寞」。此外，「家庭空巢期」的父母及退休後的老人也是易感到寂寞的一群人（許維素，1991）。

寂寞的排遣需依寂寞的類型、寂寞者的情緒、認知和行爲及寂寞的成因來對症下藥，綜合各專家學者所提出的建議，概略可分爲三大方向（Salder, 1982；胡景雲，1989；吳靜吉，1984；許維素，1991）：

1.**增進自我覺察，進而建立良好的自我概念**：寂寞的人常感到自己不被他人所了解與接納，如果寂寞者能更了解自己的個性、情緒、認知和行爲表現，進一步接納自己並突破自己的弱點，那麼自己對自己會愈來愈了解、對自己愈來愈有正面的看法、對自己愈來愈有自信，當然也就愈來愈改善因個人因素引起的寂寞。

2.**了解寂寞的本質，並面對自己的寂寞**：讓自己快樂的方法，還是要求助於自己。做自己的好朋友，忍受暫時的寂寞，把寂寞轉化成獨處的時間，去接近眞實的自己，去投入於自己最想做的事。

3.**增進社交技巧，擴展生活空間**：人際困擾是寂寞感的主要來源，創造並且把握交友的機會，在正當的娛樂場所，輕鬆自然的認識許多人，並且跟他們做朋友。在人際互動中，懂得自我坦露，在適當的場合讓人更了解你、認識你，同時你也會有機會更認識別人、了解別人，學習多注意與人溝通的口語和非口語線索與技巧，創造人際吸引力。

害羞

害羞（shyness）是避免社交場合，不能適當地參加社會交往，以及在人際互動中感受到焦慮、苦惱和沉重的負擔之傾向（P. Zimpardo）。會有生理、心理和行為三方面的表現，生理上包含心跳加快、臉紅、脈搏加快、顫抖、冒汗、口乾、疲倦、反胃等；心理的感受和想法有想到別人正在評估我、想到別人對自己以前的害羞印象、對自己有消極的想法、思緒集中在當時緊張的情境上等；行為方面的表現包括不敢接觸別人的眼睛、沉默、想逃避當時的情境、語無倫次、說話的聲音很小、避開別人等。害羞的好處是給人謙虛具有吸引力的印象、有機會在背後觀察人，能夠謹慎小心地做事、身分隱密、幫助你避開人際間的衝突、讓對方覺得沒有威脅感等；害羞的壞處有別人只注意到你的害羞行為，忽略你的優點，減少別人鼓勵你的機會、減少建立社會資源網的機會、不容易表現適當的果斷、引起社交上的問題、阻礙你的思考等（吳靜吉，1984）。

如何面對自己這個害羞的特性呢？吳靜吉（1984）建議分三方面：

1. **了解自己的害羞程度，以及你的害羞跟別人比較是怎樣**：從害羞會有的生理、心理和行為表現三方面，來評估自己的害羞程度。
2. **你的害羞對你來講是好還是壞**：如果是好的，善用它；如果是不好的，希望你能設法克服，而且改變它。
3. **克服害羞的方法**：

   (1)提醒自己，每一件事情都有不同的觀點，別人只是和我觀點不同，並不是討厭我或拒絕我。

(2)不要無緣無故把自己形容成壞人，做錯一件事就只是做錯一件事，並不代表你整個人不好。

(3)面對別人的批評，以探索求知的態度，打破沙鍋問到底，了解批評的原意。

(4)懂得享受獨處的快樂，放鬆自己，傾聽自己的聲音，享受自己喜歡的活動，安排自己的時間做想做的事。

(5)不要過分在意自己的言行，不需要以爲別人都在注意你。

(6)清楚自己的優點和缺點，把可以忽略的缺點刪去，發揮優點。

(7)角色扮演，先在家裡練習一番。

(8)敏感遞減法，先學習放鬆自己，然後將自己害羞的程度分成十個等級。當你完全放鬆時，先想最不緊張的等級，一級一級來，當開始有點害羞時，重新再放鬆自己。

第三節　愛情初期的困惑

在愛情交往初期，自然而然會受過去從小說或從眞實生活聽到、看到的觀念所影響，當自己眞要踏入兩性愛情交往的時候，對於這些疑惑和情況的答案可能沒有一定或絕對，但多加深入思考則有利於做出當下最適合的行動。

主動或被動

在傳統的兩性交往模式中，男生主動追求，女生被追求。這種固定的模式，讓男生完全承擔「非得我主動不可」的壓力，「如果我不主動，這段戀情永遠不知道會不會成功？可是我主動，也不一定會成功」，有等著被宣判的無奈心情。相對的，女生只能等著被追，不管對對方有無好感，男生不主動來表明心跡，一切就「沒有開始就結束」。

用權力的角度來看，這是不平權的，爲何只有男生可以主動追求，爲何只有女生可以享受被追求；用性別角色來看，這樣的角色太固著，爲何男生只能擔任追求者的角色，爲何女生只能擔任被追求者的角色。在不斷強調男女平權的時代，男生是人，女生也是人，他們同時都享有追求和被追求的權利，人的權利不應該因爲性別而被剝奪。個人有完全的決定權，決定他要不要追求或擁有被追求的權利，而不是被規範只能使用其中一種權利。因此，人在感情上的主體性是很重要的，女人完全可以像男人一樣的追求、投入、維繫和離開感情，女性可以在感情的所有面向上有更高的自我、主體性（王雅各，1997）；相同的，男性也有被追求的權利，也毋需單方承受主動追求所帶來的壓力。

男追女隔層山，女追男隔層紗

有人用「男追女隔層山，女追男隔層紗」來形容男生追女生有如移動一座山般的困難，而女生追男生有如突破一面輕紗般的容易。男生追女生眞的如此困難？女生追男生是不是眞的比較容易呢？社會文化鼓勵男生採取主動，鼓勵女生要多多矜持，使得男生追女生的困難度增加。在鼓勵男追女的傳統固定交往模式中，女生追男生要有更多的勇氣和預期的勝算才會採取行動，所以比起來成功的機率就比較高。反之，女生主動追求男生有時是要承擔比男生主動追求女生的情況多出一些的風險，這多出來的風險多寡或有無第一要看這位男性對被追求者有無「送上門的，不吃白不吃」的心態，第二要看當時社會對女性的主權尊重和壓抑程度，這兩點也是讓女性猶豫是否要主動之時所背負的包袱。

兔子不吃窩邊草，好馬不吃回頭草

要不要追同班同學或辦公室的同事，主要的困擾來源是週遭人的關心有時會造成壓力，如果分手可能還得天天見面，添增了分手後調適的困難度。但是，因爲怕有壓力或擔心以後分手又常常見面會尷尬，而放棄可能的緣份，不也是很可惜嗎？反過來想，你們共同的努力和加上旁人的鼓勵，或許還會使你們的戀情更加穩固呢！總而言之，如果你喜歡對方，對方也對你有好感，雙方有心理準備和討論共同的應對之道，認清這種情況可能的好處和壞處之後，就勇敢地去面對和經營彼此內心眞摯的情感吧！

至於要不要和過去的情人重敘舊情呢？不管當初是主動提分手的人還是被動分手的人，都得更理性的三思而後行，給自己也給對方更長的時間去思考清楚，茲就以下問題提供思考的方向依據：

1.分手有多久了？如果還不超過半年到一年，請再冷靜一陣子，可能只是不習慣沒有人陪的日子，可能只是受不了別人知道你沒有男女朋友的事實，而不是問題已經清處地解決或消除了。

2.雙方目前有沒有固定的情人？如果有，這樣情況會更複雜，捲入的人更多，受傷的人也將更多，新舊問題攪成一團，煩都來不及，如何能感受到愛情的美和珍貴！

3.當初分手的原因是什麼？現在那個原因已經消除了嗎？現在對當初的原因還在意嗎？如果原因未消除，還要在一起嗎？如果還在意當初的原因，要如何在一起？

4.回頭的目的是什麼？動機是什麼？想和對方恢復以前的關係是因爲寂寞、空虛、需要「性」？還是已經思考出或已經解決當初分手的原因？

5.眞正面對過去所存在的問題，不要因爲要重新開始，而假設過去那些問題不存在，因爲要面對的是相同的一個人，勇敢的正視所有過去存在的問題才是明智之舉，也才是現實。

6.如果現在覺得當初分手的原因不是問題，而回想起以前也都是甜蜜的事和感覺比較多，這時候把甜蜜的感覺打一點折扣吧！請記得心理學家的提醒：「回憶往往都比較脫離現實和美好」。

7.如果前面六個問題已經有了肯定的答案，當初阻礙的原因也已經獲得圓滿的解決，雙方個性也因爲年歲和世事經歷而變得更圓融，雙方都有意願再共同努力，那麼再續前緣是一件值得祝福的事情。

8.如果前面六個問題的答案是負向的，不願意再續前緣，一定要對心裡的自己說清楚之所以不願意復合和重新來過的理由，讓自己心裡有穩定踏實的感覺，並且以清楚堅定的態度和語氣告訴對方自己沒有復合的意願。

身高與年齡

「他有點矮，跟我走在一起，兩個人差不多高，我都不能穿高跟鞋」，一般人有男生要比女生高的謬思，身高只是對方外表的其中之一而已，想一想你是要和他這個人交往，還是要跟他的身高交往？外表是我們建立印象的第一個來源，但不是全部。對一個人的愛和喜歡除了外表的吸引力，有一個很重要的吸引力是來自對方的內蘊特質，愛情不是建立在身高上面的。

我們通常會注意生理年齡的大小，認為男生要比女生大一些或一樣，如果女生年紀比男生大，最好不要大太多的觀念；其實我們更要注意的是心理年齡的成熟度彼此之間是否搭配得宜，生理年齡只是提供一個考慮心理成熟度的參考而已。

同時和多人交往

同時和多人交往要不要緊？可不可以同時交多個男女朋友？一般而言，在不固定約會期，彼此都尚未給承諾或認定彼此是男女朋友時，同時和幾位異性朋友保持來往是自然和正常的，但是如果已經是固定約會期或給過承諾，則不宜同時有多位男女朋友。這樣對自己和對方都比較尊重和沒有心理負擔。若同時有多個給過承諾的男女朋友，得先捫心自問：「自己有沒有能耐可以安頓好每一個男女朋友，時間安排得很妥當，不會穿幫，讓彼此不發現，或知道以後還會相安無事，不吃醋，不吵架？」很難，對吧？！許多人的醋罈子一翻，不酸死人也可以淹死人。

追不成，要不要打招呼

有人覺得當不成男女朋友還是可以做好朋友或普通朋友，沒有必要就避不見面或不說話。其實，如果可以做到變成普通朋友或好朋友，那是不錯，也是很難得的事情。但是，如果對方不願意或很難做到，那也不用勉強，因爲當初某一方就是想當男女朋友而不是想當好朋友或普通朋友，現在情況已與當初願望相違，放不下或做不來朋友間的互動是自然的事情，尊重對方會有尷尬感受和內心存在的遺憾是很重要的。或許其中一方心理會有怪怪的感覺，尤其原本是朋友、同學或同社團等，彼此常有互相交集的生活圈時，會覺得因爲當不成男女朋友就形同陌路有點奇怪時，或許可以把感覺找個適當的機會讓對方知道，並清楚表達想法，但最後仍要尊重對方的決定或給彼此一段調適期。

情人面前要不要裝一下

在剛開始約會的那段時間，男生會刻意讓自己表現出許多傳統刻板印象中的男性特質，如主動邀約、追求、付錢、找話題、多說話，讓自己有男人氣概；女生也刻意稍加打扮，讓自己有女人味。交往初期，稍作自我印象整飾，讓對方留下好印象是很自然的事情。只不過別太背離原本自己的個性，如果自己是個活潑中性的女性，就別讓自己有多文靜害羞；如果自己是個斯文的男性，也沒必要強裝粗獷。自自然然的自己加上一些人際間相處的禮儀即可。畢竟愛情是常常久久經營的事情，長期僞裝或扭曲自己，那就不是自己在談戀愛了，也享受不到愛情中眞我交會的親密與光亮，多麼可惜。因此在情人面前適當的整飾自己是不錯的，但是千萬別扭曲自己、太過配合對方或符合傳統性別刻板印象的要求，勇敢做自己，並在共識下經營兩人的情感品質才是重要的。

不宜快速進入感情的對象

如果我們對一個人心動，但是當對方在以下三種狀況之下時，專家會建議稍加延後，不宜快速和對方進入感情：

1.**對方剛結束一段感情**：陪伴一位情場失意的朋友是非常重要和珍貴的情誼，但不宜快速和對方進入一對一的談感情階段，因爲一段感情的結束，需要有時間整理、回顧、緬懷與沉澱。到底要距離上一段感情多久時間才適當呢？其實，沒有一定的標準，時間的長短會因這個人情緒紓解的能力、行爲態度的成熟度，及對這段感情投入的程度而有不同。如果依據分手的恢復期來看，大約至少隔三個月至半年。

2.**對方正處於潦倒頹喪的狀況**：人在潦倒頹喪時刻和平時是不一樣的。人在潦倒頹喪的時刻，心理是比較脆弱，容易被感動，情緒可能彼此間混淆，分辨不清是感激、感動還是愛。反之，面對潦倒頹喪時的朋友，也會有要多付出、多關心、多忍讓的心情。因此等雙方都回復到正常的生活軌道和秩序時，對對方有更多的認識，再來決定是否談感情是比較適宜的。

3.**對方帶給你壓力**：比如和他說話老是在回答他一連串的問題，沒有發表自己看法的互動機會；或自己在他面前根本無法自信自在的說話；或看到他就全身的肌肉開始緊張起來，坐姿和站姿也僵硬；或是你覺得他很有氣勢，而這樣的氣勢讓你退縮，都較不宜快速談感情。因爲兩性互動關係重要的是尊重和平等，如果他帶給你壓力，那麼你便處於關係中的弱勢，弱勢的一方常無法有「主體性」和被壓抑。或許可以等交往觀察一段時間之後，如果和對方在一起已經比較自在和能表達自己的意見看法且可以相互尊重時，再來談感情比較合宜一些。

第四節　邀請與拒絕

根據部分研究，在最初互動的開始四分鐘內，人們便決定是否繼續這段關係（Zuin and Zuin, 1972）。在接觸階段，身體的外表格外重要，因為那是最容易被看見的。再則，語言和非語言的訊息，如友善、溫暖、開朗和活力的特質也很重要（沈慧聲譯，1998）。

因此，想要建立良好的第一印象，把握最開始的幾分鐘是非常重要的。你想整體散發出給人怎樣的感受，是親切？是權威？還是有個性？是要從衣著、髮型、鞋子等外表，到臉部表情、說話的用詞態度及肢體動作等各方面加以留意的。以一般的社交情境而言，穿著打扮整齊、乾淨、自然即可；臉部的表情親切微笑，眼神柔和的接觸對方；講話的速度不宜太快或太慢，音調不宜太高或太低，隨著講話內容有些抑揚頓挫，同時讓對方有回應的機會；另外，在肢體動作上，放輕鬆、不僵硬、不抖腳。換句話說，自然、不作做、誠懇和尊重是社交的基本原則。

好感與愛的暗示

兩性交往的過程中，不同的性別可能會說不同的話或做不同的行動來表達好感或愛的暗示，來傳達友善的立場及作為進一步交往的可能性試探。這些話語或行動有哪些？隨著性別自主的觀念和資訊科技的發達，傳達好感的方式，有些是歷久彌新，有的方式隨著時代有所更替，茲列舉如下供參考之：

男生覺得女生表達好感的話語	女生覺得男生表達好感的話語
你目前有沒有較好的女朋友？	你有沒有男朋友？
真希望今年的聖誕節不要一個人過。	你今天晚上有沒有空？
有部電影很好看，要不要一起去看？	最近覺得好孤單，好想找個人陪我聊天。
有人說我們有夫妻臉，你覺得呢？	妳看起來總是那麼漂亮。
你的星座和我的星座很配。	
和你聊天都很愉快、很自在。	
我很欣賞你。	
男生覺得女生是表達好感的行動	**女生覺得男生是表達好感的行動**
說話時對我撒嬌。	過馬路時牽著我的手。
時常望著我，對我微笑。	用認真的眼神看著我。
幫我擦額頭上的汗。	輕摸我的頭髮。
幫我整理衣領和頭髮。	走路時幫我提包包。
坐我機車時，故意摟著我的腰、靠著我。	經常送我一些小禮物。
常打電話陪我聊天。	常常約我吃飯。
買禮物送給我。	陪我一起上下課。
幫我寫作業。	放假時約我出去玩。
煮東西給我吃。	常打電話陪我聊天。
約我出去玩。	網路上聊很久。
藉故搭我便車。	常跟我借筆記。
網路上陪我聊很久。	幫我寫作業。
常幫我買早餐。	很願意幫我修電腦。
	常幫我買早餐。
	常問我需不需要幫忙。

交往的初步交談

人際關係是一連串的歷程，建立關係的第一步就是鼓起勇氣找話說，否則不管那個人多吸引你，你們都是陌生人。至於如何開始交談，說些什麼呢？

1.放鬆自己。並在心中肯定交談的積極性和必要性。

2.正式或非正式的介紹你自己。

3.談談物理環境。因為這類話題比較不涉及個人性或威脅性、爭議性，可作為試探對方態度的參考。

4.以分享的角度，談談你的想法、感覺、興趣。

5.談談你們共同認識的人。

6.談談最近的大事。

7.探詢共同的興趣。

8.Good Ending：表示對談話的欣喜與繼續交往的期待。

邀請的方法

如果初次的交談或印象還不錯，希望能和對方有進一步相互了解和交往的機會是非常自然的人際互動歷程，所以邀請也是一件自然的事情。

男女交往的邀請，首先，在心態上先不要設定我一定要和對方成為男女朋友，而是主動創造有更多相處和彼此了解的機會而已。其次，邀請的方式可以打電話，也可以寫卡片，也可以用電子郵件，當然更可以當面邀請，或者多管其下，多個方式搭配一起用。最後，在邀請的技巧上，有七點原則：

1.以誠懇的語氣說明目的。

2.提供多個約會活動內容和時間的選擇。

3.把活動內容說得生動、吸引人一些。

4.讓對方作決定，尊重對方的選擇。

5.傳達自己想和對方一起去的強烈希望。

6.重複約定的時間、地點和活動。

7.強調對方能答應，自己很高興。

拒絕的方法

有許多時候很難說「不」，不好意思說「不」，擔心拒絕會傷害對方，但是如果答應得心不甘情不願，去得很勉強，不是很投入，這樣的約會，不見得會愉快，對邀請的人而言，何嘗不是另一種傷害。因此委婉的拒絕，讓對方知道拒絕邀請，只是沒有要和他出去而已，不是拒絕他整個人，不是他整個人沒有價値。如何拒絕又不傷害對方呢？以下五點，可作爲參考：

1.感謝對方的邀請。
2.溫和而堅定地說明自己沒有意願。
3.讚美對方邀請過程中的優點。
4.說明自己可以接受對方當朋友的程度。
5.說明自己可以接受的互動方式。

此外，如果你的拒絕是所謂的女性的矜持，那麼要留一些彈性空間和後路給對方，讓對方有再次邀請的機會和希望。例如：

1.感謝對方的邀請。
2.告訴對方你這次不行，但什麼時候會比較有空。
3.讚美對方的優點，表達自己對這些優點的欣賞。
4.分享自己有興趣的活動和事物。
5.順著對方的話題聊一下天，說一些自己的看法和感受。
6.對拒絕對方表示抱歉，或許下次有機會。

第五節　約會

一般來說，青少年階段是約會的初探，研究指出有一半的青少年在十二歲即開始了約會的活動（黃德祥，1995）。並且透過約會發展自我及學習兩性互動（劉秀娟，1997）。換句話說，約會對青少年或青年人有發展自我及學習兩性互動的正向功能，但必須對約會的禮儀與禁忌有所了解和準備的前提下方可能達成。

表白

要向一個人說「我愛你」，或向一個人說「我希望你可以當我的女／男朋友」或「我們當男女朋友好不好」，對許多人來說是很不容易說出口，或在心裡揣摩好久還拿捏不準到底什麼時候說比較好。

1. **表白時機**：一般來說，不宜在認識不久就提出這樣的邀請，會嚇到對方或讓對方感到唐突，「你對我了解有多少？怎麼就說這種話。」同時也會給人造成自己是冒失、衝動、急躁、不成熟的印象。因此，一般比較建議相處一段時間之後，對彼此有一些了解，兩人彼此互動的經驗感受也都不錯，比較有理由說服自己「你為什麼喜歡他」，不是只是外表的吸引力作祟，再提出來。
2. **表白情境及方式的選擇**：可以約出來在安靜、氣氛也不錯的地方說，也可以用精挑細選的卡片來傳達，也可以放一首表達情意的歌曲創造氣氛之後告訴他，也可以在兩人都熟悉的團體中當衆表達；情境是要選擇兩人私下場合還是當衆表達，方式是要用說的還是用寫的，可評估自己和對方的個性以及自己較擅長口語還是文字的表達方式來決定。

3.心態：要有「我有權提出我的邀請，對方也有權作屬於他／她的決定」的健康心態，傾聽自己心中的聲音也尊重對方的決定。你個人的價值不會因爲被拒絕而消失，對方也不會因爲拒絕你而有罪。反之亦然。

克服第一次約會的不自在

第一次的約會是很讓人緊張、期待和興奮的，見面的一剎那欣喜對方的出現卻又伴隨著不自在，「不知道該先說些什麼，或做什麼表情才比較好？」其實，微笑是最好的見面禮；而且也沒有「應該」說什麼的標準對話，如果有「標準對話」，每個人的約會不就都一樣，你的約會不就也沒什麼特別和趣味了嗎？因此放輕鬆是最好的策略，平常心是最佳的應對之道。可以參考怎樣開始交談的八點建議，並加入目前你們約會情境裡看到的、聽到的事物風景，分享訊息和感受。不要擔心沉默，約會是兩個人的事情，沒有其中一個人要負責一直說話的道理，留一些說話機會給對方，也留一些時間一起看看風景、聽聽風聲、聞聞花香，感受陽光的溫度，放鬆自己。

約會的禮儀

約會的禮儀，除了遵守一般社交禮儀之外，以下有十個絕招，提供約會交往上的參考：

1.**注意基本禮貌**：要遵守人際交往的基本禮貌，例如：穿著和打扮可以有自己的特色，但以整齊乾淨為原則。要準時，它代表一種誠意與尊重。吃飯的時候遵守餐桌禮儀。走路遵守男生走外側讓女生走內側等走路禮儀。

2.**分擔約會開支**：一般還是以分擔開支為原則，但如果對方已經表明今天他要請客出錢付賬，理由正當，則可適度表達謝意並接受對方請客，否則，因為雙方都還是學生，經濟能力有限，都還要靠父母親提供經濟來源，因此彼此分擔約會費用是有必要的，也是體貼的人際行為之一。

3.**多參加團體活動**：對象之間需要一對一的單獨相處了解，其實也要多一起參加團體活動：一方面避免生活圈縮小；二方面可側面觀察對方的人際互動模式和行為；三方面也可以從別人的眼光檢視彼此的關係，增加彼此不同面向的了解。

4.**多溝通**：兩人之間的價值觀或作法有所不同，是很自然的事情，因為在尚未認識之前，各自有將近二十年的生活史。對於彼此的差異，不需要驚訝或害怕，要保持一顆願意多傾聽、多了解、多嘗試接納、多溝通的心。

5.**為他（她）帶來驚喜**：驚喜就有如約會過程中的煙火，可以創造浪漫和欣喜，創造驚喜需要個人的細心和創意。例如送貼心小禮物、設計專屬他（她）的生日卡片。

6.**體恤對方**：約會期間難免會碰到彼此考試期間、課業壓力大、社團忙碌的時候，不得不減少約會時間時，要能彼此體恤，別把不能約會等同於不想要這份關係。

7.**尊重對方**：彼此尊重立場和尊重對方立場上的意見或困難，或者一起想辦法解決。同時，顧及對方的面子也是重要的，千萬別讓他（她）在自己朋友面前沒面子。

8.**坦誠**：要以坦誠的態度和對方交往，千萬別以虛偽的、欺騙的態度爲之，而增加對方覺得被背叛的感覺和傷害。

9.**態度意見明確**：能明確說「不」，就不要說「都可以」；能明確說「要」，就不要說「你決定」。建立起說「不」，就是「不」的共識。減少模糊溝通的機率。

10.**安全爲要**：不管是約會地點或是交通都以安全爲要。地點要讓彼此有安全感。騎車、走路的時候，都應注意交通安全，不超速，尤其在路口，以免愉快的約會變成終身的遺憾或傷痕。

此外，除了前述十項約會基本絕招，也有十個禁忌，值得提醒，並避免之：

1.**不整天言之無物**：如「天氣很好」之類的話題，對彼此了解的深度並無幫助。如何言之有物？可以多聊自己的成長經驗，傾聽對方的感受；也可以多聊生活上遇到的事情和看法，聽聽對方的意見；可以分享自己的興趣或收藏，聊這些興趣和收藏的相關知識與過程等等，都能讓見面談話的品質提升，促進彼此的了解。

2.**不要常遲到**：準時是必要的約會禮儀，如果眞預估會遲到，宜先打電話告知對方，並告知遲到的原因，請對方諒解，讓對方有心理準備和覺得被尊重。如果不得已要爽約，那就更應事先告知對方，並向對方道歉。

3.**不強迫對方扮演你心目中的「白雪公主」或「白馬王子」**：在交往前有一些對象的理想想像，是很自然的事。但千萬別硬要強迫對方扮演心目中的「白雪公主」或「白馬王子」，要別人失去自我獨特性，也是一種權力控制與壓迫。

4.**別太縱容對方**：對方不好的習慣、嗜好或行爲模式，別爲了要追他或怕對方生氣而縱容。等到感情穩定，許多不好的習慣養成，要改非常難，加上彼此的互動模式在感情穩定後也已經定型，更沒輒。如果對方有一些習慣或嗜好、行爲是你無法接受和贊同的，也要看清事實，別一相情願以爲自己可以改變他。

5.不亂發脾氣：發脾氣不能解決問題，亂發脾氣就更無理，小發脾氣可能是撒嬌或爭取對方的重視，但亂發脾氣則會失去和平溝通的可能性。亂發脾氣也是低情緒智商的行爲，對於情感的增進只是反效果。

6.別朝秦暮楚：當在非固定約會期，多交朋友是無妨，但當和對方進入固定約會期，雙方都應對感情的投入負一份責任，花心或腳踏多條船都是對感情不負責任的態度。

7.不放縱情慾：情慾在愛情的發展過程中是自然的事情，情慾的程度須依著心靈親密關係的發展而來，放縱情慾讓情慾與感情不成正比，如同蹺蹺板失去平衡。

8.不矯情造作：讓自己作假，如同戴著面具在談感情。自己的心不但被隱藏，對方更接觸不到你的心，虛有表面的感情如同沙上造屋。

9.不固執己見：青年期的兩性交往，有一個最大的學習和磨練就是學習聽懂對方的感受和意見，學習表達也學習協調和商量，那麼就會在聽懂對方的意見與感受時，打開世界的另一扇窗。

10.不荒廢課業：學生的基本義務和責任就是課業。愛情、社團、打工和課業同列大學生的四大學分，若顧此失彼，則要檢討自己的時間分配和檢視價值觀。

約會的地點

約會地點的選擇與考慮是非常重要的，宜依據交往的深淺及約會目的的不同，選擇適合的約會地點。

基本上可以參考**圖4-2**，做以下的說明和分析：

1. 甲區：由於安靜，適合彼此心靈的溝通，在交往初期，有助彼此了解。
2. 乙區：因無旁人干擾，約會氣氛常由約會者自行塑造發展，較容易發生越級的親密行爲。若是在戶外空間，因外在環境較難掌握，也容易發生突如其來的干擾或恐嚇威脅等危險事件，約會應儘可能避免到這類場所，除非你對環境非常熟悉和安全上沒有顧慮。

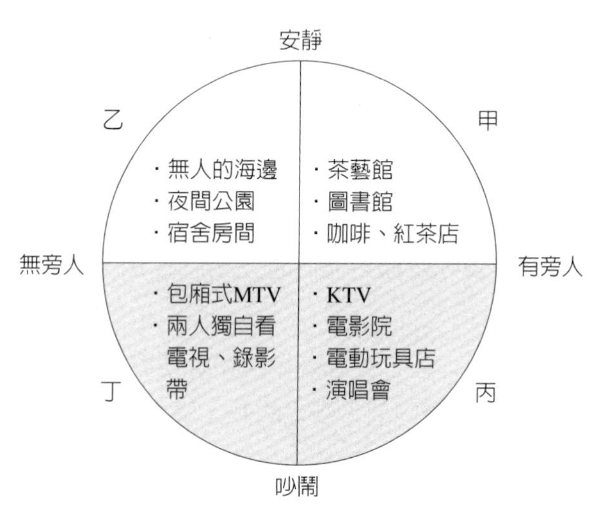

圖4-2　約會地點分類

資料來源：摘自《愛情起步走》，教育部訓委會發行，嶺東商專主編。

3.**丙區**：屬於公共場所，交往初期可藉外在環境的表演、活動、遊戲、事件等來舒緩沒話題或尷尬的氣氛。其缺點是人多吵雜，聊天的層面廣但不容易深入。

4.**丁區**：雖無旁人但吵鬧，可達到共同參與活動作伴的功能，但不太能達到心靈溝通的目的。

交往時期，儘量避免到安靜又無旁人的地點，一方面可顧及兩人的安全，一方面也較能避免在情境的促發下發生性關係。在安靜無旁人的戶外地點，已經屢次發生「抽戀愛稅」或情侶遭騷擾、威脅的不幸事件。男生避免帶女生到安靜又無旁人的地點，可顯示男性體恤和紳士風度。男女生都可以**圖4-2**的說明和分類，提高自己對約會環境安全的敏感度和表達對約會地點的建議。

約會安全

「約會」是一件浪漫的事情，可是浪漫的背後潛藏著危機，如果我們能注意約會安全，會讓約會更浪漫。約會安全可分約會前及約會中兩方面：

1.**約會前**：

(1)儘可能將約會對象、時間、地點及預定回家時間告訴家人或親近的朋友、室友。

(2)赴約前要對整個約會的行程充分了解，對不恰當或不妥的地點應予坦誠拒絕或提議去自己熟悉的地方。

(3)注意約會的時間不要過早或過晚。

(4)注意約會的地點要正派、安全，避免隱密幽暗的地方。

(5)對第一次約會對象的基本資料要有所了解。

(6)與不熟的人約會，可找朋友陪伴赴約。

2.約會中：

(1)共進餐宴或慶祝的活動，儘量不要飲酒。

(2)不要喝對方單獨去買且打開好的飲料或食物。

(3)不要和對方單獨在其住宿地點或房間。

(4)若感覺不妥，應冷靜並馬上找理由離開。

(5)若臨時改變行程，應以安全為第一考量。

第六節　感情的經營與持續

大部分的人都希望感情長長久久，但是感情伴隨著生活在發生、經營和改變，生活中會有許多事件發生，兩人的生活內容和環境也會隨著年齡和人生發展階段而改變，希望感情一直維持原樣是「非理性」的想法，但我們卻可以經由認識和覺察促使感情發生改變的因素，進而掌握契機而讓感情隨著生涯的進程更親密、更穩固。

戀愛關係中的轉折點

戀愛關係也和一般的人際關係一樣，會面臨更好或更壞或退出關係的機會與抉擇，Baxter and Bullis（1986）提出了大學生在戀愛關係中的五個最經常發生的關係轉折點，如**表4-1**，這些主要的轉折點為關係如何發展提供了一個有趣的觀點（沈慧聲譯，1998）。這五個轉折點可能讓關係變好或變壞，戀愛中的情侶不妨珍惜這些轉折機會，覺察兩人關係所處的階段，兩人一起學習正向溝通，一起感受、分享與成長，以便掌握機會讓彼此關係更親密。

表4-1　戀愛關係中的轉折點

轉折點	例子
互相認識時期	第一次相遇、一起讀書、第一次約會
讓情侶重視對方及彼此關係的時期	造訪家人或一起離開
身體上的分離	因假期或商務旅行而暫別（非決裂）
外在競爭	新的或過去的情敵出現要求一同競爭
重聚	小別後相聚

資料來源：本表根據Baxter and Bullis（1986）的研究製成。

加深關係的策略

約會男女用以加深彼此關係的五個最受歡迎的策略（Tolhuizen, 1989；沈慧聲譯，1998）如下：

1.增加與另一半的接觸。
2.送另一半愛的象徵，例如禮物、溫馨卡片、花。
3.增加自身的吸引力，讓自己更有身價。
4.做能加深關係的事，如製造氣氛或讓對方高興。
5.變得更性感親密。

約會中的男女不妨適時適地的靈活運用以上五個策略。

另外，在情感發展的過程中會有「質疑期」，在對方不順自己的意或兩人意見不合吵架時，會有「我怎麼會選他／她？當初我如果選擇另外一個人，現在說不定非常美滿」、「他／她可能不適合我，我是不是要離開他／她？」越來愈了解眞正的對方時，可能會覺得對方不如當初想像的那麼美好，對方可能和自己原本所期待的情人不太一樣，這時，可回想看看，你們在一起的時光是否自在和快樂，如果是，何妨多溝通多調適，多給彼此一些正向回饋和鼓勵，珍惜有緣相處的人，總比空空等待一個完全符合自己理想的人到來要實際得多，何況「我相信世上一定有一個完全適合我的人」是愛情的迷思，即便有，也不見得會遇到，因爲世界上有二十億多人口呢。

塡補思念的方法

「知道我有多想你嗎？昨夜的記憶讓我陷入狂亂般的歡愉與渴望。在你甜蜜的氣息中，我如癡如醉迷失掉自己，你的熱吻尤其使我萬般喜悅。」這是茱麗葉特在文學家雨果離去後，隔了一夜仍不能擺脫她的思念所寫下的信。（蔡詩萍，《中國時報》，1999年10月1日）

在這情書的字裡行間似乎仍感覺到茱麗葉特的心跳、嗅得到他們甜蜜的氣息。每讀一遍，情緒又被挑逗。看到屬於他的字體，感覺流露於筆劃間的情愫，及特別挑選或別具意義的信封信紙，看完小心收好，忍不住又拿起來再看。

現在情侶已經不親筆手寫情書，但你是否感覺到情書的魅力？感覺到情書的纏綿？情書沒有那麼快的時效性，後作力卻很強。現在則有更多型式替代情書，傳遞情意與溝通，也塡補思念。

1.傳簡訊：手機小巧帶在身邊，幾乎隨時隨地可以互通訊息和現況，不但沒有空間限制，也沒有時間限制，隨時可以傳達愛意和信息。不過文字仍有其限制，就是傳遞不出抑揚頓挫的語調，而圖案的插入，則是一個不錯的心情訊息補充。
2.網路及時通：雖然需要電腦，體積大一些，但省錢方便。
3.網路視訊：有聲音有影像，幾乎只剩碰觸不到本人。
4.手機視訊電話：算是可以隨身攜帶的攝影機和電話的結合，能及時分享身邊的畫面和心情。

5.電話：打電話是可以立即聽聽對方的聲音，馬上知道對方現在的情形，事情可以馬上討論、處理；不過，打電話通常是打電話的人有事先的心理醞釀，準備好打電話的心情，另一位接電話的人可能正在忙，思緒中皆是功課或工作，兩人的心情層次上可能有落差；另外，打電話的人有時會覺得心情沒有被完全搭上線，有些不滿足；另一種情況是可能對方已經等電話等很久，心情是焦急混著生氣混著思念，打電話的人可能感受到複雜的情緒，卻摸不著頭緒。這時候騰出兩人都較有空的時間藉由語言、音調、說話速度來傾聽對方和表達自己就很重要。

6.電子郵件：寫電子信件可以快速的透過文字來傳遞心情表達思念，還可以附加卡片、圖片、笑話、檔案，很多樣化並增添許多生活趣味。電子檔案容易快速被複製和傳遞的特性是其優點也是缺點，它為情侶帶來許多便利性，也讓腳踏多條船的人省了許多寫信時間，聰明的你，在這便利的時代，知人識人的功夫要多學習。

7.交換相片：把相片帶在身邊，想念的時候可以馬上拿出來看，一方面可解暫時的相思，一方面也有伊人相伴的踏實感受。另外，有人說「睹物思人」，送禮物也有填補思念的功能，如果兩人結婚到年老的時候，還可以坐在搖椅上慢慢細數家珍，回憶當年送東西的歷史和典故，相互取笑一番，也是樂事一樁。不過，如果分手了，也得談及這些東西如何處理，尊重彼此的想法，達成共識並執行。

善用科技進步的方便，填補思念的方法已經多樣又方便，降低遠距離戀情的時空距離因素，但當事人雙方的眞誠溝通和實際的相處仍是遠距離戀情維繫不可忽視的重要因素。

我害怕親密關係嗎？

一、請勾選下列問題，問自己對下列說法的真正態度為何？

	總是	經常	普通	有時	很少
1.真的和人變親密是危險的。	□	□	□	□	□
2.我害怕和別人變親密是因為我會受傷。	□	□	□	□	□
3.我發現我很難相信別人。	□	□	□	□	□
4.考慮一段關係最重要的事情是我會不會受傷。	□	□	□	□	□

二、小組成員輪流分享自己對以上四項關於親密關係說法的態度、感受或經驗過的具體事件。

三、將(1)所能體會的不同態度的人的心情；(2)學習到的不同想法；加以分享並紀錄下來。

四、分享和討論如何協助自己或別人跨越害怕親密關係的方法。

學理說明

同意以上四個句子及相近說法的人認為：親密關係具有很大的風險（Pilkington and Richardson, 1988）。

這樣的人與認為親密關係沒有太大風險的人相較，親密的朋友較少、比較不喜歡投身愛情關係、比較不信任別人、約會程度較低、較不熱衷社交。

資料來源：活動改寫自柯淑敏（2006）。

探索親近與疏離

我們每個人有時隸屬於人群，有時遠離人群。想想生活中有哪些對你有影響力的人？他們是誰？你和他們的關係如何？請用畫圖的方式畫出你和他們之間的關係，可以用距離和位置的不同來呈現，也可以用植物、動物來做象徵。做這活動時，心情放輕鬆，在你心中浮現你和重要他人相處的情形，最後將情形畫於紙上。

小組分享討論：

1.輪流分享自己所畫的圖的內容。
2.討論和人親近時的心理狀態與和人疏離時的心理狀態有何不同？
3.與人親近時，有哪些行為、感受？
4.與人疏離時，有哪些行為、感受？

探索寂寞

寂寞是指因渴望某人或錯失某人而產生的寂寞，這個人可能是已經過世或情感疏遠的家人，可能是遠離的朋友，也可能是分手了的情人，或者是期待一個能分享生活經驗的知心朋友。

1.請寫下自己寂寞經驗、事件與感受，當時有哪些行為？

2.請寫下別人哪些行為表現時，你會認為他（她）是寂寞的？

小組分享討論：

1.小組成員輪流分享個人寫下的寂寞事件、感受、行為。

2.其他成員須專注的傾聽並給予回饋。

3.小組成員輪流說出別人哪些行為表現時，你會認為他（她）是寂寞的，請記錄整理成一張表。

4.分享當自己寂寞時需要什麼？

5.討論當發現親近的人寂寞時，可以怎麼做？

資料來源：活動改寫自柯淑敏（2000），271頁。

延伸閱讀

影片名稱	《艾瑪姑娘要出嫁》
導　　演	道格拉斯．麥格雷斯（Douclas Magrath）
劇情簡介	這是Jane Austen 的第六部小說《艾瑪》所改編，艾瑪希望自己身邊的人都能像她的家教老師一樣找到適合的對象，擁有美滿的姻緣，而到處點鴛鴦譜。這部片子把待嫁女兒心的糾結描寫得很真切，且片中人物各個個性宛如在真實生活中常遇到的一樣。
影片討論	1.當你覺得某人和某人很相配時，你會有想要點鴛鴦譜、介紹他們認識的衝動嗎？如果有，那是怎樣的心情？你會真的去做嗎？如果沒有，為什麼？ 2.當別人覺得你和某人很相配，想要介紹你們認識時，你會答應嗎？如果會答應，你的想法是如何？如果你不會答應，那是為什麼？

影片討論	3.當你左右為難，不知道要選哪一個的時候，你會找誰討論？找朋友？找同學？找爸爸或媽媽？找老師？可以全班統計一下各有多少人？哪一種比例最高？ 4.你猜想當你不知道你會選哪一個人的時候，怎麼辦比較周全和不傷害自己與別人？

學習重點

1.影響人際吸引的因素。

2.月暈效果或光環效應。

3.初始效應。

4.人際關係的特點。

5.關係的主要發展階段。

6.孤單。

7.獨處。

8.寂寞。

9.約會禮儀。

10.約會地點。

11.約會的安全。

12.加深關係的策略。

13.戀愛關係中的五個轉折點。

14.填補思念的方法。

討論與分享

1.如何應用人際吸引的四個因素開始建立同性朋友或異性朋友關係？

2.請說一說生活經驗中的月暈效果（halo-effect）或光環效應、初始效應？

3.孤單、寂寞、獨處時的心情及調適的方法？

4.請就本章愛情初期的幾個疑惑，發表你身邊所看到的或聽到的類似事情，和同組同學分享，並討論可能的處理方法。

5.請就如何邀請與拒絕的主題做實際練習，同組中分別以打電話及當面邀請的方式各進行一次情境演練，並輪流當主角。

6.當第一次到男女朋友家拜訪的時候，該注意些什麼事情？當第一次邀請男女朋友到家裡來時，該打點些什麼事情或人？

第五章
性別差異與性別平權

第一節　性別差異

第二節　友誼與愛情的性別差異

第三節　平權的性別關係與生活

第四節　同性戀

第五節　同志的困擾與壓力

性別之間的差異有優劣嗎？還是差異本身並沒有優劣，只是特性不同？人與人之間的差異大？還是性別之間的差異大？如何善用性別與個體間的差異？最重要的仍是回歸「人」的本位，對人與人之間的相似與差異能夠了解，然後彼此尊重，提升社會文化對性別平權與個人獨特性的多元觀點，具體落實於生活態度和社會制度，以成就個體，發揮「人」最大的潛能。

性別與個人特質

敏哲是國三的學生，他的標準動作是蓮花指，聲音比一般男孩細，他的書包放著食譜，立志長大後要往餐飲業發展。因為他的聲音和動作比較女性化，所以常被說：「你這個娘娘腔！」、「你不要那麼娘，好不好！」、「噁心！」、「死人妖」。甚至有時還被「看不過去」的同學圍毆，更讓他害怕的是，有時他會被拉去廁所脫褲「驗明正身」。

敏哲的媽媽很擔心，一方面擔心他的安全和校園生活的快樂，一方面擔心他是不是真的有問題。

小組分享討論：

1.敏哲是不是真的有問題？如果有，問題在哪裡？如果沒有，為什麼？
2.如果你是敏哲，你的感受是如何？想法是怎樣？你最需要什麼？
3.對別人的「娘娘腔！」、「你不要那麼娘」、「噁心！」、「死人妖」等批評和譏笑，要怎麼面對較好？

4.如果你是敏哲的哥哥姊姊，你可以做些什麼？
5.如果你也是國三，是敏哲的同學，你可以怎麼做？
6.如果你是敏哲的父母，你要怎麼做？
7.如果你是敏哲的老師，你可以做些什麼？
8.如果你是老闆，你要不要雇用類似敏哲這樣特質的人？你的理由什麼？

第一節　性別差異

男生女生大大不同嗎？還是男生與女生大同小異？本節從生理與心理差異、後天與先天差異、感情上的性別差異、溝通方式的性別差異等四方面來探討性別差異問題。

生理與心理差異

目前研究的結果，一致的認爲兩性在生理上有絕對的差異和相對的差異；而在心理上和行爲上都是相對性的差異，不是絕對性的差異。

表5-1列出了男女在生理和心理上的差異，可以清楚地看到男女在生理上的相對差異多過生理上的絕對差異，生理上的差異又多過心理上的差異。

具體的數據如下：從人口數上來看，2006年2月底止，台灣地區總人口數是22,703,376人，女性人數是11,180,990人，男性人數是11,522,386人，女性占總人口數是49.25%，男性占總人口數是50.75%。簡單說，整體而言男生的總人口數較多。

表5-1　男女在生理和心理上的差異

	男	女
一、生理上的絕對差異		
基因	XY染色體	XX染色體
器官	睪丸、輸精管、陰莖	卵巢、輸卵管、陰道、陰蒂
第二性徵	乳房平坦、喉結突出	乳房膨大
內分泌	男性荷爾蒙	女性荷爾蒙
二、生理上的相對差異		
身高	平均身高較高	平均身高較矮
體重	平均體重較重	平均體重較輕
肌肉力量	平均肌力較大	平均肌力較小
出生率	平均較高	平均較低
各年齡層存活率	平均較低	平均較高
壽命	平均較短	平均較長
三、心理上的相對差異		
語言能力	平均較差	平均較佳
空間能力	平均較佳	平均較差
行為	粗心、好動、攻擊	細心、文靜、柔順
價值觀	重視社會成就與地位	重視情感聯繫與家庭

資料來源：柯淑敏（2000）。

但從平均壽命來看，民國94年台閩地區女性的平均壽命是七十八歲，男性的平均壽命是七十三歲，而六十五歲以上女性喪偶的比例是46.9%（內政部統計處）；換句話說，女性的平均壽命比男性長。

又從出生嬰兒的比例上來看，歷年男嬰／女嬰比例皆在106以上，1997年則下降爲105.5，2005年再下降到男嬰／女嬰比爲103比100。雖有逐漸減緩出生率的趨勢，但男嬰的出生率仍高於女嬰。

如此看來，女性的生存機率無論在胚胎期、出生期或各年齡層存活率都是比男性高的。

爲什麼會有出生的男人多，活得夠久的男人少的現象呢？

從生理學觀點解釋，是因爲許多的隱性疾病存在男人身上，多一點的男人出生率，利於性別人口平衡。從父權社會文化的觀點解釋，則因「重男輕女」的觀念，會使用不同方法營造陰道和體質適合Y精子著床，也在人工受孕方式時挑選XY的授精胚胎植入母體，使得男嬰出生率較高。

台灣逐漸邁入老齡化的社會，有將近一半高齡婦女的晚年是無偶的狀態，因此要如何安排一個安全且身心無虞的晚年生活是另一個全民要關心的課題，無論是從社會福利制度努力，還是從個人家庭生活調整或是由個人生涯規劃開始納入規劃重點都是有必要的。

後天因素與先天因素

與先天因素或家庭遺傳因素較有關的疾病，如智障、自閉症、過動症、精神分裂症等，根據精神疾病流行病學資料，都是男性罹患率較女性高。例如，智障的罹患率約總人口數的1%，其中男女比是3比1或3比2；自閉症男童和女童的比例是4比1或5比1，但是和後天心理社會文化因素較有關係的憂鬱症，則女性的罹患率高於男性（陳淑惠，1999）。

就壓力而言，男性和女性的壓力其實差不多，只是壓力事件不同，女性的壓力多來自暴力事件、人際關係，而男性的壓力多來自競爭和成就。有一項對十歲兒童的研究發現，男童多將成功歸因於自己能力好，將失敗歸因為運氣不佳，女童則多將成功歸因於運氣好，將失敗歸因於能力不夠（陳淑惠，1999）。上述研究中，僅僅十歲的兒童受社會化的程度已如此顯著，在提倡性別平權的今日，不管生理上的男性或女性，社會文化實應多鼓勵每個人能自覺的發揮天賦本能並給予機會學習，開發自己和自我實現，強化自我肯定的能力，別讓女性在害怕成功或認定是自己能力不好，也讓男性別全部承擔競爭和成就的壓力。

兩性交往性別心理差異

兩性交往過程中，男性和女性似乎呈現三項心理行爲的差異：

1.對於性與愛的先後順序：

男生：先性而後愛，循「社交→體膚→情感→婚姻」的歷程。
女生：先愛而後性，循「社交→情感→體膚→婚姻」的歷程。

男生「先性後愛」對於體膚親密與性的需求比女性快，當意識到兩人有這樣的差別時，提出來溝通是有必要的，例如兩人認爲當感情進行到什麼階段可以有什麼樣的身體接觸；如果某一方覺得不適宜時，可以有什麼樣的表達方式不會傷害對方；男生可以有什麼樣的方式控制和舒緩自己的性衝動等等切身問題的溝通。

2.決策歷程：多數的男生是自動自主做決定，表現自己是個有定見的男人，多數的女生則會先商量再決定，先聽聽別人的意見再說，即使自己心裡已經有答案了，還是會以疑問句問對方的意見。例如如何安排星期天的活動，男生說：「星期天我帶你去海水浴場玩。」用肯定的語氣及句型表達決策的歷程。女生則說：「星期天我們去海水浴場玩，好不好？」用詢問的語氣與句型表達自己的意見並和對方商量。

3.溝通歷程：有句話說：「女人渴望的禮物是了解，而男人送給她的卻是建議。」這句話很能說出男女說話溝通目的的不同。女生說出困擾或心理的問題，有時只是希望對方能知道她目前的心情有多難過，問題或困擾並不見得一定要獲得馬上的處理或馬上解決掉，甚至並不想去處理這個問題，只是想說出來心裡會好過一些而已，你認眞聽她說話的過程，已經讓她心裡好過許多；而男生通常會直覺的想到要如何解決問題，給了一堆建議，並沒有接住女生失落或難過的情緒，搞得女生生氣了，而男生還莫名其妙，甚至認爲她不可理喻，兩人就吵起架來了。

其實，每個人都是獨一無二的個體，要共同經營兩人的感情，可得多尊重彼此的獨立性和獨特性，多了解彼此的差異和多溝通是拉近彼此關係的二項利器。

溝通是希望減少彼此之間的不了解，但是不了解彼此溝通方式差異的溝通卻帶來更多的誤解。了解男女語言表達方式的不同及男女對非語言訊息敏感度和解讀能力的差異，是開始進行兩性溝通前的重要準備功課。孫蒨如（1997）對男女溝通方式的差異有清楚的說明，茲摘述整理如下：

1.**語言的細微程度**：女性對人事物進行敘述時，通常內容較爲詳盡，並且會注意到細節。這種差異常成爲兩性溝通時衝突的來源，男性認爲女性太瑣碎，枝枝節節抓不住重點，而女性認爲男性太草率，粗枝大葉，思考不夠周延。

2.**形容詞的多寡程度**：女性在表達她們的看法或陳述事情時，會加入較多的形容詞，男性較少使用形容詞，通常使用較決定性的、絕對性的方式表達及強調其看法。這種差異，使男性的表達較簡單、理性，女性的表達較感性。

3.**語句型態的差異**：女性多採用試探性（包含附加問句、不確定開始語、祈使句三種）語句型態。例如加上附加問句：「這樣做比較好，對不對？」、「這樣不擇手段是不好的，對不對？」；加上不確定開始語詞：「或許……」、「我不知道這樣講對不對……」；加上祈使句：「如果不是太麻煩，你……」、「如果你不介意……」。男性的表達通常較爲果斷，沒有這些試探性語句。這樣的差異，顯示了女性的細心和禮貌，及鼓勵他人發表想法，進行意見交流的意味，但是也會讓人覺得她對自己所表達意見並不確定也沒有信心，容易將它當成耳邊風，忽略它的重要性。反之，男性果斷的溝通方式，顯得很有力量也很有主見，但是女性卻常常覺得這種說話方式不夠禮貌，忽略他人感受，因此會有不愉快的情緒反應。

4.**表達策略的差異**：女性在社會化過程中被教導要禮讓他人，要與他人和諧相處，不應多做要求，使得女性不習慣直接爭取自己想要的東西，而多半以迂迴的方式去獲取。相對的，在成長過程中，男性一直被訓練著要面對競爭，要努力爭取自己想要的東西。這樣的生存方式也反映在兩性的語言表達策略中，舉例而言，一句「我表現得很差勁」，從男性的口中說出來時，很可能只是單純地陳述一件當時他認爲的事實，而從女性的口中說出來時，她則很可能是希望對方反駁她的說法，給予她安慰與讚美。

5.**女性解讀非語言訊息優於男性**：非語言訊息包括眼光接觸、臉部表情、肢體語言和聲音線索四種。Rosenthal 等人（1976）發展一套非語言訊息敏感度測量的錄影帶來探討個人在這方面語言能力的差異。研究結果顯示女性解讀非語言訊息優於男性。換句話說，女性比男性更能清楚地了解他人所送出的各種複雜的非語言訊息。這種差異，可能造成類似這樣的對話：

「我覺得你好像有心事。」

「沒有。」

「明明就有，你看你回來都不說話，又愁眉苦臉，一副心事重重的樣子。」

「告訴你，沒有就沒有！」

6.**女性較易使用非語言管道表達個人的情緒感受**：女性對有些事情的看法並未訴諸言詞，但她的非語言行爲早已充分表達個人的意思了，而此時男性卻沒有回應或無法了解。

對於兩性的這些差異，心理學家試圖以社會角色的觀點來解釋。因爲在社會角色期待的影響下，女性多爲照顧者或配合者，發展出言詞委婉，很能察言觀色，一方面又借非語言訊息充分表達訊息，希望對方能了解；男性多居主導、開創的地位，發展出來的溝通方式是較直來直往的，因此他們較難體會女性溝通時特有的曲折迂迴，兩性相處時的溝通問題也就層出不窮（孫倩如，1997）。

第二節　友誼與愛情的性別差異

社會化的結果讓男性與女性處於關係中所呈現的特質並不相同，男性尋求實際的幫助和行動，多工作取向的話題，少個人性的話題。女性尋求心理的親密和關心，人際取向和個人性的話題較多。女人覺得兩個人在一起得要多說說話，說說彼此的生活和感受，男性覺得做事比較實際一點，男女需求的差異在這方面相當明顯。社會化的過程也讓男性和女性在關係中擔任不同的角色，男性多是主導者、決定者，女性多是照顧者與傾聽者。以下分別說明友誼與愛情兩種關係中的性別差異。

男性友誼

男人的友誼是「肩並肩」（side by side），一起去打球，一起去打拼事業。性別角色專家 Joseph Pleck（1975）認爲，男性的關係「可能是社交關係（sociability），未必是親密關係」。最近幾年的研究顯示，男性之間的友誼比較沒有所謂的「高度自我表露」。J. Wood and C. Inman（1993）指出，男人是「以實際的幫助、互相的協助和作伴來表示關心」。男人間的交談內容通常在主題性上，如政治、工作和事件，男性最常談論的、談得最深的主題是運動，其次年輕男性最常談論的主題是性（L. R. Arise and F. L. Johnson, 1983）。很少男人談論關係性和個人性的話題。從這些資料發現男人間的友誼有樂趣和忠誠，但少有理想的親密性。爲什麼男人間的親密度是低的呢？是什麼阻礙男性間表達高度親密呢？性別刻板印象中要求男性要具競爭性、討厭感情的脆弱與傾訴、同性相斥和缺乏角色典範爲其原因（R. A. Lewis, 1978）（曾端眞、曾玲珉譯，1996）。

爲何男人的隱私心裡話寧可找紅粉知己分享而不說與同性聽？郭麗安（1989）認爲以下四個原因或許可以解釋：

1.**競爭情結**：男性從小在社會化的過程中，吸納了這個社會所賦予男性的角色期待，獨立、超越、勇敢，隱私、心裡話、脆弱讓同爲男性朋友知道，恐怕會失去勇敢的形象及失去競爭力，而女性因不是競爭對手，沒有威脅感，較容易向對方傾吐。

2.**恐同性戀情結**：擔心身爲一個男性若與同性走得太近，或表現得過於親密會被別人認爲是同性戀者。結果便是「男人由於懼怕被標示爲同性戀者，而阻礙了自己與同性間親密友誼的發展」。

3.**鄙視脆弱與坦白兩種特質**：因爲脆弱容易被視爲娘娘腔，坦白容易被視爲無知的天眞，同時認爲脆弱與天眞是屬於女性的特質，要做個頂天立地的男子漢是不宜有這樣脆弱和天眞的表現與情緒的。如此一來，男性間缺乏情緒表達的關係也就難以發展出推心置腹的親密感了。

4.**缺乏角色範例**：多數的男性回憶兒時與父親相處的情形時表示，他們不記得在兒童時期，他們的父親是否擁抱過他們，或在一塊親密的分享心事。缺乏角色範例，讓男性對同性間親密沒有學習模仿的對象，和不知如何表現或不習慣表現出親密行動與話語。

女性友誼

女人的友誼是「面對面」（face to face），要面對面的講講話，才算表達了彼此的關心和情誼，見面不講話是不友善的訊息。女性特質讓女性高度親密的能力比男性強，女性交談的主題涵蓋主題性、關係性，如友誼本身，也涵蓋個人性，如自己的感覺想法，尤其以關係性和個人性的交談內容爲主，因此女性友誼發展比男性快且深。從人際的角度看，女性是較男性富足的，但因女性太在乎別人，因此對關係並非都滿意，也會導致過度相互依賴的關係（曾端眞、曾玲珉譯，1996）。

另外，相對於男性對女性的「紅粉知己」講心事，女性比較常對同性的「閨中密友」講心事，而且是互相講心事，互相是閨中密友，如果只有其中一個人在講心事，另一個人都不講自己的心事，那麼感情會逐漸變淡，「都只有我在講，她都不講」成了女性友誼交情變淡的主因。

友誼的性別差異

1. 男人的友誼是「肩並肩」，女人的友誼是「面對面」。
2. **女性比男性更善於自我表白**：男性較女性不常自我表白及較少有親密的說話內容。
3. **女性較男性更常和其朋友有情感上的行為**：男性在初期及維持親密友誼會有較大的困難，女性較男性更常和她們的朋友分享較多的親密與信任，更多的非正式溝通（Hays, 1989）。
4. **女性有較親密的同性友誼**：女性對自己的同性友誼在品質、親密度和樂趣上有較高的評價。男性的友誼通常是建立在共享的活動中，如球賽、玩牌，而女性的友誼是建立在情感的分享及支持。因此有人說男人的友誼是「side by side」，女人的友誼是「face to face」。
5. **中年男子較中年女子擁有較多朋友**：但女性擁有較多親密朋友（Fischer and Oliker, 1983）。

這些友誼中的性別差異，在幾年後或許會改變，或許有更大的差異或許更相似，如果這些差異是社會化的結果，當社會對男女角色的要求不是那麼的刻板僵化，男人與女人都可以表現自己眞正的特質，男人與女人也都可以認識眞正的對方，做眞正的自己，那麼這些差異就可能會改寫。

兩性親密認知與表現差異

兩性社會化的過程中，對於親密的內涵有不同的認知與表現方式，男性認爲親密是在一起幫忙做事或幫忙解決問題，女性認爲親密是要在一起分享、溝通。兩性關係常因男女在追求親密性上的差異而受挫（曾端眞、曾玲珉譯，1996）。因此，男人需要了解到對女人來說，「親密」是分享訊息、感情、秘密和想法，你除了想盡辦法幫她的忙之外，也要能有自我表露的分享，因爲對女人來說，面對面的講話、分享與溝通是很重要的。女人則需要了解到對男人來說，「親密」的定義是實際的幫助、互相協助和作伴，他幫你洗車、安裝電腦是以行動來表示親密，對男人來說陪你一起去某個地方、爲你做某件事情或一起去參與某個活動，已經是親密的具體表現了。當男女雙方以獨特的個體來看待對方，觀察對方表達的方式，也表達自己的方式和需求，重視和尊重彼此的差異，兩性關係是更容易經營。

另外，兩性之間除了愛情，也有異性友誼的存在。尤其在男性彼此間不容易分享親密話題或不習慣分享心裡的話，男性通常會將此類話題和感受跟親近的女性好朋友說，形成所謂的紅粉知己或青山知交。

愛情中的性別差異

在我們的文化中，男女在愛情中的確有一些差異，在詩、小說、電視劇中，對男女墜入愛河、被愛、與結束戀愛的關係都被描寫得有很大差異。在愛情中，女性通常被視爲是完全投入的；而男性則被認爲愛情對他們來說只是生活中的一部分。女人被認爲愛得很強烈，男人則是愛的不完全（沈慧聲譯，1998）。在學者的研究中也累積有以下四點差異：

1.**男性的異性愛強過同性愛**：俗語說的「重色輕友」，他對同性好朋友的付出會低於對異性密友的付出。女性對同性與異性密友的重視程度則相同。

2.**愛情類型不同**：男性在注重外表和性愛的浪漫愛及注重娛樂的遊戲愛得分較高，女性在神經愛、現實愛和友誼愛得分較高，至於奉獻愛則無差異。

3.**女性初戀年齡通常較男生早**：因異性交友談戀愛有男大女小的觀念，而有此結果。

4.**大學男生較相信一見鍾情**：大學男生比大學女生更相信一見鍾情，並深信愛情是克服障礙的基礎（Sprecher and Metts, 1989；沈慧聲譯，1998）。

以上這四點愛情中的性別差異現象，可能會因為我們逐漸鼓勵男女突破性別角色刻板印象，做剛柔並濟的人、做自己，及因為我們於生活中努力實踐兩性平等而有所改變和突破。

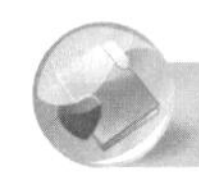

第三節　平權的性別關係與生活

兩性不平等是由於兩性差異造成的嗎？到目前為止，研究的結果都一致認為在兩性的生命發展過程中，除了生理上的差異，其他的差異大部分來自於我們建立自己身分認同過程中的社會學習。兩性不平等的社會現象也是社會化過程中累積學習的，既是學來的即有再學習與改變的可能，我們更可以經由學習，在生活中實踐兩性平等。

性別平權的誤解與願景

很多人誤以爲兩性平權是要拆解家庭結構、鼓勵大女人主義、主張仇視男性、反對結婚生育……，如此誤解，就連女性本身也未必支持。其實兩性平權的願景是要建立兩性平等互相尊重的家庭與和諧快樂的社會，人人可以自由充分的發展並成長。爲了實現這樣的願景，所以兩性平權的目標包括：(1)消除社會上各層面不平等的現象；(2)使社會大眾了解兩性差異的本質；(3)使社會大眾了解兩性不平等的現象與現況；(4)建立兩性平等互動正面積極的模式；(5)教育兩性共同建立美滿家庭的方法（魏慧娟，1998）。

傳統生活與性別平權

「性別」因素無所不在，從人出生到死亡的傳統觀念與生活中，就有許多因爲「性別」而有不同的地位和享有不同的對待。茲整理成五大面向：

1. **生命禮儀習俗**：從出生、做彌月、做週歲、婚禮、喪禮等習俗，可以發現「性別」是習俗中「要做些什麼」一個很重要的判斷依據。例如，生小孩，若生男生，稱之「弄璋」，璋是玉的一種；若生女生，稱之「弄瓦」，只是瓦片。生男生，送給大家吃的是彌月油飯，裡面有油飯有雞腿又有紅蛋；生女生不是沒送就是一盒小蛋糕。再如，喪禮中爲過逝者引路的「執幡」者，不是和過逝者情感最好的晚輩，而是子輩或孫輩的男性。
2. **年節習俗**：中國有許多傳統的節日要拜拜或團圓，春節、清明節、端午節、中秋節、重陽節……，這些節日無論拜拜或團圓都是以父系家族爲重心，例如，除夕是回夫家吃年夜飯；清明節是掃父系家族祖先的墓；端午、中秋、重陽也都是拜父系家族的祖先。

3.**顏色與玩具**：顏色和玩具也深受傳統性別刻板印象的影響。例如：讓小女生穿粉紅色系的衣服，給小男生穿藍色系的衣服；送小女生娃娃和家家酒玩具，幫小男生買車子和玩具兵。就心理健康的觀點，其實應同時提供陽剛和陰柔的玩具，讓孩子內在的陽剛特質和陰柔特質都得以培養和發展，將來更具有適應環境的能力與彈性，既能合作又能領導，領導的風格也較能兼容並蓄。

4.**生活教育**：父母長輩在教養孩子時，如果父母長輩沒有「性別覺醒」，那麼性別也可能在無形中影響著父母長輩對待孩子的方式和不同的要求。例如，聽到一個長輩在罵小孩說：「不可以哭！撞到門沒什麼好哭的，要勇敢！」就可以猜到那個撞到門的小孩是男生。再如，聽到一個長輩在碎碎唸：「你這麼懶惰，家事不做，菜不會煮，以後人家會怪我沒把你教好，你也幫幫忙，勤快一點，要留一點給人家打聽……」，就可以猜到他是在叨唸女兒的機率遠遠大於是在叨唸兒子。

5.**兩性交往**：兩性交往的所有過程中，從認識到分手或結束，也時時運作著性別刻板印象，例如，要由男生主動，擔心男生對主動的女生會比較看輕或不珍惜；約會要男生去付錢，不管錢是誰的，讓女生去付錢，男生會覺得沒面子；出去約會的行程內容由男生來安排，展現有能力和主導權。一般認爲符合性別刻板印象的男生或女生會比較容易吸引異性，所以交往初期都努力表現自己符合性別期待，隱藏眞正的自己。女生想拒絕卻不想太傷害男生，於是說「我們做朋友」，男生則想「做朋友表示還有機會」，最後是女生覺得男生死纏濫打，男生覺得女生「女人心海底針」太難捉摸。

6. **生涯發展**：生涯發展的重要意義在於自我實現和對社會文化的進步有所貢獻，自我實現須先認識眞正的自己而不是符合社會期待的自己，性別刻板印象也是社會期待之一，但卻是有必要檢討的社會期待。要更能不受性別刻板印象的限制，個人才更能發揮自己的特質、能力與興趣，發展更寬更廣更深的生涯路徑。例如，台灣的第一位女醫師——蔡阿信，在傳統以男性爲主的醫師職業中發揮自己對社會的貢獻；再如，台灣第一位女革命家——謝雪紅、台灣第一位女畫家——陳進、台灣第一位女市長——許世賢、台灣第一位女詩人——陳秀喜、台灣第一位女記者——楊千鶴、台灣第一位女地質學家——王執明、台灣第一位女指揮家——郭美貞等等。隨著時代變遷和平權觀念的推廣，愈來愈多行業突破性別刻板印象的限制，例如，攀登聖母峰的台灣女性江秀眞（1995年）、李美涼（2005年）；再如，越來越多女機師，分布在不同航空公司；越來越多男護士分布在不同醫療院所；台灣調查局也在2006年解除女性調查員限額20%的規定，這都是突破性別刻板印象和限制的模範。

性別的職業隔離

根據美國「觸媒」研究組織指出，1998年名列《財星雜誌》的五百大美國企業董事會中，女性董事所占的比例爲11.1%，較1997年的10.6%略爲增加，而依此成長速度，大約要到公元2064年，美國五百大企業女性董事的席次才會和男性一樣多（《中國時報》，

1998年10月18日）。也就是說在企業的最高決策圈中，女性是鳳毛麟角。

男女除了在決策層中的比例相差懸殊之外，較常從事的職業類型也呈現「性別的職業隔離」（sex segregation in occupation）現象，及男女性各集中於不同職業，而有典型的男性工作（例如工程師、建築師、外科醫師等），和典型的女性工作（例如小學老師、秘書、護士等）（徐富珍，1999）。

一般而言，典型的女性工作相較於典型的男性工作，有幾項特點：即薪資水準較低、行使權力的機會較少、在職訓練較少、較難有升遷機會（Treiman & Hartmann, 1981; Marini, 1989; Husrst, 1995）。即使男女從事相同的職業，女性多擔任助手、佐理或行政工作，男性多擔任專門性、主導或管理工作（Kay & Hagan, 1995; Wickwire & Kruper, 1996; Reskin & Roos,1990）。

根據行政院主計處的統計，近年來女性工作的比例約45%到47%之間，而歷年台灣地區人力運用統計報告顯示，女性薪資約是男性薪資的三分之二（行政院主計處，1997）。以這種薪水少又沒有決策權的女性職業生態來看，可推想多數投入職場的職業婦女一方面接受職業的性別歧視待遇，另一方面又處於比男性較少發言以爭取福利的機會，這環環相扣，惡性循環，讓女性在職場的合理待遇和表現機會大打折扣。期待「兩性平等工作法」的通過與實施，讓男女獲得平等的就業機會，去除性別歧視與不平等待遇，有一個更健康的職場環境。

校園性別平權

在各界的長期努力下，兩性平權教育近年在學校生活中有明顯的進步。在學校課程與教學方面，先是教科書的編輯工作納入較多的女性平權意識的學者專家，並將兩性平等理念納入教科書審定規準。其次是國中的「家政」與「工藝」課合併爲「家政與生活科技」，且爲男女必修課。第三是行政院教育改革委員會於民國85年所提的教育改革總諮議報告書，揭櫫了「落實兩性平等教育」的主張，使得兩性平等教育首度被確立爲官方教育政策的議題（黃政傑、張嘉育，1998）。

至於如何「落實兩性平等教育」，則包括課程設計、教材發展、師資培訓、行政配合、理念溝通、教學實施、評鑑回饋等整體的研究、發展與實踐。同時教育環境、硬體、制度及空間設計所形成的境教，及教育人員的身教所形成的潛在課程也是不可忽略的落實面向。落實的方式是無所不在的，例如在師生互動上應給予男女學生相同的關注、相同的發言機會與等待時間；有教室情境觀察研究（Sadler et al, 1986）發現，男學生往往獲得教師較多關注，在教室擁有較多發言機會，同時老師等待男生發表意見的時間較女生長，對男生的獎賞誇讚多是有見地、有想法、勇敢、有成就等，獎賞女生的多是守秩序、乾淨、聽話等。例如課程設計方面，應修正以男性角度建構知識的霸權，重組學校教學科目的知識主體、學科語言、教材內容與教學方法，提供男女學生批判與思考的空間和機會，容許學生詰問知識的眞假與有效性（Askew et al, 1989），其中對於有明顯性別界域的科系與學科，應避免完全以性別作爲分化的標準（黃政傑、張嘉育，1998）。同時，兩性平等教育需往下擴展到幼兒，因爲依據認知發展理論，五、六歲的小孩已有性別恆常（gender constancy）的概念，此時的幼兒已能知曉不管自己的裝扮如何改變，生理的性別都是不變的，她們會對相同性別的角色特別注意，並加以認同和模仿，童書讀物是兒童性別角色仿效的來源之一，兒童讀物影響兒童社會化及性別化甚鉅，兒童讀物或教材中的女性角色應加速現代化，除了加重其在讀物中的比重之外，女性角色的呈現也應跳脫傳統賢妻良母的窠臼而給予多樣化的面貌（張湘君，1998）。

另外，在潛在課程方面，鼓勵男女合校、男女合班、男女同組、座位混合；而幹部選拔、工作分配、活動指派、教學期待、場所使用規則或遊戲規則、評分標準等要去除性別刻板印象的干擾，避免落入性別角色刻板印象的窠臼中（黃政傑，1994；吳天泰、林美玲，1996；Measor and Sikes, 1992；魏慧娟，1998）。黑板高度不利身材嬌小女性老師書寫，而黑板高度和講台的存在最大的傷害是製造了一個老師和學生區隔的空間；校園女性廁所間數、空間和設備沒有考慮到男女生理基礎和社會文化的不同，是另一種對女性的歧視，而公共空間廁所最大歧視女性的地方在於安全的層面上，女學生的結伴上廁所，反映了對安全的眞實恐懼（王雅各，1998）。

家庭性別平權

家庭作爲每個人最早及最長久的棲身所在，其對自我認知及人際互動的影響最爲深遠（蘇芊玲，1998）。家庭中的性別平權包括父母親本身的性別觀念、父母親兩人之間的互動方式及分工程度、父母對子女的教育期待與態度。

首先，在家務的分工上，國內陳皎眉（1992）的研究，詢問婦女他們覺得每天應該要或希望能做的事情有哪些，各需多少時間，以及她們實際從事各項工作的時間爲何。結果發現不管是職業婦女還是非職業婦女，她們都是家務的主要負擔者，家人（包括先生、子女、同住的親友）給予的實際支援不到十分之一。林翠湄（1989）的研究發現，女性負責絕大部分的例行性家務（例如：買菜、煮飯、洗衣、接送小孩），而男性即使參與家務也是非例行性的工作（例如：修理器具、整理陽台），這種特性使女性家務時間遠超過男性，且使女性的家務工作顯得瑣碎、不重要、甚至不被看見。現在女性就業人口增加，使得男女一起主外，但仍然女主內，使性別不平等的現象更形嚴重（陳皎眉，1999）。最近美國的一項調查訪問受訪者，他們家中是誰做大部分家事，結果發現在先生的回答中，有14%的先生說是他們自己，86%說是太太做大部分家事，而在太太的回答中卻只有7%說是先生做大部分家事，93%認為是她們自己。可見對於「誰要做家事／誰做哪一些家事／怎樣叫做有做家事」可能所有家庭成員要互相體貼並「共知、共行、共守」才行。

其次，在孩子的養育與教育上，最近的研究仍發現（藍茜如，1994），無論母親是否工作，母親所盡的親職責任均多於父親。舉凡餵養孩子、生病照顧、買衣服、接送上下學、傾聽孩子、陪做功課、參加學校親職教育、家長座談會、義工等活動，都是媽媽做得多。父親較常參與的只是給零用錢、獎賞孩子或和孩子玩等玩票性質的工作，例行性的工作仍由母親負擔（陳皎眉，1999）。然而，許多有關性別差異的研究都肯定，男女一樣都具有關懷和照顧別人的陰性或柔性特質，因此母親多讓出機會，父親自己多製造機會，讓父親能有更多參與照顧子女和傾聽子女的生活和心事，那麼孩子會感受到更真實的愛，他們會用他們的成長來敘說父母在他們身上留下的愛。

第三，在子女人格、性向的期待與塑造上，要能突破「男性是有力量的性別，女性是美麗的性別」這種過時、截然劃分又侷限的性別框架，能從小就從提供孩子多元的玩具開始，拓展和開發孩子各方面的興趣與潛能，不再只是「女生玩娃娃，男生玩車子」的單一思考和無選擇。能鼓勵孩子多元智能發展，提供充分的刺激和選擇之後，尊重孩子是一個獨特的個體的獨特性，他有他的路要走，父母不能代替他走，父母只是協助者，不是控制者。

推動兩性平權的力量

台灣近年在推動兩性平權方面有長足的進步，不管在民間、在學術單位、在實務工作上都有一些具體的努力成果。民間單位中，較著名的有婦女新知基金會、現代婦女基金會。「婦女新知基金會」的前身是「婦女新知雜誌社」，是在台灣解嚴的那一年（民國76年）改組，並得以名正言順推動婦女運動，關心婦女議題，包括社會、政治、法律、教育及人身安全等，為追求兩性平等的社會而努力。在學術單位，有民國74年成立的台大人口研究中心婦女研究室，民國78年成立的清華大學社會人類研究所兩性與社會研究室，民國81年在高雄醫學院成立跨校性質的兩性研究中心，後續又有中央大學性／別研究室，台灣大學性別與空間研究室，世新大學性別與大眾傳播研究室，成功大學的兩性與文化研究室。在法律上，頒布「性侵害防治法」（民國86年1月22日頒布）、「家庭暴力防治法」（民國87年6月24日頒布）及修改刑法的第十六章妨害風化罪章改為妨害性自主章（民國88年4月21日修正）並修改部分條文以更尊重兩性之平等權利。其中性侵害犯罪防治法第八條還明文規定，各級中小學每學年應至少有四小時以上的性侵害防治教育課程，其所稱性侵害防治教育課程內容其中第一項就是兩性平等之教育。此外，在教育部有跨領域的「兩性平等教育委員會」，在行政院有「婦女權益促進委員會」，台北市教育局有「兩性教育與性教育委員會」，各縣市政府有「兩性平等教育委員會」，各高中、國中、國小設有「兩性平等教育教學資源中心學校」，由以上的訊息可以看出兩性平權教育是目前教育改革的重點之一，也是社會趨勢，為一可喜現象，期待如此實際投身努力能為兩性或每個人帶來更平權的生活品質。

平權的好處

實踐兩性平等對男性和女性都能爭取更彈性的生活型態與方式，因爲兩性平等是希望男性不再侷限於競爭、比力量（power）的窠臼中，其中包括有形與無形的競爭與權力力量，而能發揮男性原本就有的、卻被潛藏的照顧、關懷的陰性特質；同時也要讓女性有勇氣與能力從「三從四德」、「無才便是德」、「爲家庭、爲男人付出一切，沒有自我」的框框走出來，讓每一個「人」活出具有自己獨特性的「人」生，發展潛能及學習尊重他人。

第四節　同性戀

當喜歡上或愛上同性別對象時，許多人心中馬上會有一個困擾「我會不會是同性戀？」但是當喜歡上異性時，心中就不會有「我會不會是異性戀？」這樣的擔心或困擾。會擔心、會害怕自己是同性戀，而不會擔心、不會害怕自己是異性戀。爲什麼呢？因爲觀念上認爲同性戀是不好的、是不正常的，其實這樣的觀念並不恰當。「身高不是距離、年齡不是問題、性別沒有關係」這樣的話雖沒有對感情問題有深度的了解和犯了將複雜問題概化的危險，不過，「尊重不同的性傾向，不將同性戀污名化」卻是沒有錯的，因爲性傾向沒有對和不對的問題，只有認同和接納的問題。

同性戀、異性戀與雙性戀

過去由於人們對同性戀的不了解，而常常將「同性戀」（homosexual）和「不正常、變態、恐懼、害怕、不對的」連結在一起。也因爲社會文化主流較鼓勵異性戀，而強調「異性戀」（heterosexual）才是「正常的、對的、被接受的、光明正大的」。不過，透過對性傾向問題的不斷研究、調查、了解，現在則認爲同性戀、雙性戀與異性戀只是性取向或性傾向的不同或流動，是沒有本質上的「對和錯、正常和不正常」問題，需要的只是對自己性傾向的認同和彼此的了解、接納和尊重。

無論是在性傾向的什麼位置，我們都應該相互尊重與彼此友善對待。我們該在意的或許是一個人對感情的珍惜投入，而不是他的性傾向，更不應將一個人的性傾向污名化。無論對方是同性戀、雙性戀或異性戀，都有表達自己愛的權利和被尊重的權利，世界人權宣言中明確寫著「人人生而平等」，清楚說明人不分性別傾向，在各項社會權利上應享有平等的機會與空間，我們應打破對不同性傾向者的誤解與歧視，彼此了解，打開胸懷，接納不同性傾向族群。

一般社會科學都相信，在保守的社會，由於同性戀受到歧視與排斥，實際同性戀人口可能比統計結果還要來得高，可是不管佔人口的多少，是少數或極少數，都是不能忽視和歧視的少數。

同性戀

要爲同性戀下一個嚴謹的定義是很困難的事情，因爲不同的時代、不同立場的人、不同的學者有不同的說法，綜合國內外學者（Gadpille, 1989；劉明倫，2000；劉安眞，2000）對同性戀的定義或判定是否爲同性戀的標準，可綜合出以下六個指標：

1.有一種無法抑制想要與同性有親密行爲的想法。
2.情感與慾望的對象只限於同性，對異性不感興趣。
3.渴望與同性的互動，包括文字、書信、談話，並爲之神魂顚倒。
4.經常會感到孤獨及有較強的抑鬱，部分人尙有罪惡感、羞恥感。
5.是持續性而非情境性或偶發性的行爲。
6.年齡已滿二十或二十五歲。

其實這樣的標準是非常嚴格的判準，把同性戀縮小到非常小的範圍和人數，視同性戀爲「少數、固定的一群人」，背後藏著一個「同性戀是不好的」迷思，試想我們會把上述六個指標中「同性」的字眼改成「異性」，「異性」的字眼改成「同性」來作爲判別個人是否爲異性戀的標準嗎（劉安眞，2000）？這是很好的反思角度，因爲嘗試將「同性」替換「異性」的結果，就會發現讓許多異性戀者變成不是「眞的」異性戀，符合以上五個標準的異性戀者變成少數。也就是說，尊重不同的性傾向，不需要以異性戀爲中心思考來衍生同性戀不正常來污名同性戀者。

同性戀也是正常

回顧19、20世紀同性戀文獻、理論、調查及《精神疾病診斷與統計手冊》（*The Diagnostic and Statistical Manual of Mental Disorders, DSM*）對同性戀的看法，會發現對同性戀的界定和看法不斷在調整和改變。

Richardson（1983）文獻回顧中發現，早期的焦點是放在「誰是同性戀、同性戀的定義、爲何會形成同性戀與同性戀的成因」，但這樣的研究取向在一九七〇年代左右開始受到批評，認爲這樣的研究取向根本是「問錯了問題」，開始提出同性戀不是本質的問題而是社會建構來的，即在不同的時代和文化對同性戀有不同的定義和接納程度。

1950年之前的同性戀理論，認爲同性戀是「性別倒錯」（gender inversion），認爲同性戀的男生本質上是女性，而同性戀女生的本質上是男性，所以他們情慾的對象是同性，成爲同性戀。這樣的理論到了1968年Mary McIntosh 提出「同性戀角色理論」而有了突破性的不同解釋，認爲不同時空或不同社會文化脈絡對同性戀角色有著不同的詮釋，而不是跨時空的固定看法。

金賽（Kinsey）博士於1948到1953年的性學調查報告也爲過去對同性戀的僵化看法解套，他發現同性戀不是少數固定的一群人，有人「性傾向」（sexual orientation）是異性戀者，但「性幻想」的對象不一定是異性，同性戀和異性戀間的界線不是那麼絕對。

精神科從1869年開始以homosexual這個醫學名詞來界定同性戀行爲。1952年美國《精神疾病診斷與統計手冊》（*DSM*）第一版（*DSM-I*）將同性戀列爲社會病態人格中的性變態；1968年第二版（*DSM-II*）將同性戀列爲性格異常中的性變態；1974年經同性戀者不斷抗議與辯論，醫界終於不再視同性戀爲精神疾病，只是所謂的「性傾向偏差」；1980年的第三版（*DSM-III*）更進一步排除「性傾向偏差」的觀念，除非同性戀者本身無法接受和認同自己是同性戀並且想要改變，才被歸類爲心性障礙的「自厭性同性戀」；在1994年第四版（*DSM-IV*），也是目前使用的精神醫學的診斷統計手冊中已經看不到同性戀的字眼了，只有當患者對自己的性傾向感到持續而顯著的痛苦時，才列爲性疾患的分類下。從不同時期的精神醫學的診斷統計手冊可以反映出同性戀診斷觀念的改變，以目前的醫學觀點來看，同性戀只是個人性傾向不同，若自己能接納和認同就不是病態，同性戀者和一般人無異（劉明倫，2000）。

青少年時期的同性戀現象

判斷是否為同性戀的第六個標準寫著「年齡已滿二十或二十五歲」，這觀點是認為青少年的「性傾向」尚在發展中尚未固定，所以不能冒然判定該青少年是否為同性戀，而稱青少年時期的同性戀現象為「假性同性戀」。這樣的說法，以Block的「性別角色分化階段」為理論基礎（**表5-2**）。另外有一個名詞「情境性同性戀」用來指稱在全是同性的環境中短暫的同性戀現象，如女校、男校、軍中、監獄等等。保守嚴謹的看法認為這些都不是「眞正的」同性戀，而彈性開放的看法，認為沒有「眞的、假的」之辯，重要的是其內涵、個人認同、調適和人與人之間的相互尊重。

有的人會擔心「親密的同性友誼或和同性朋友太親近是不是比較容易轉變成同性戀關係呢？」有人因為這樣的想法而不敢和同性

表5-2　性別角色分化的階段

階段	性別角色概念
前社會期（出生～半歲）	尚缺
衝動期（半歲～三、四歲）	發展性別認定、自我肯定、自我表現、自我興趣
自我保護期（三歲～七歲）	自我擴展、性別角色內涵的擴充
規範（順從）期（七歲以後）	性別角色刻板印象
良知期（十五歲以後）	測試自己、以自己為一性別角色之示範者
自主期（無法用年齡做標準）	調適自我男性化、女性化之間的衝突
圓融（統整）期	達成個人定義的性別角色、自我男性化與女性化方面的統整

資料來源：Block，引自鄭玄藏（1993）。

朋友培養太親密的感情，擔心會被認爲是同性戀。這樣的想法，反映了對同性戀的不了解和歧視；同時，如此的擔心和焦慮也是沒有必要的，因爲是不是同性戀的主要因素還是在性傾向，不具同性戀的性傾向無法成爲同性戀；因此，不必因爲無謂的擔心而失去了接納或培養親密同性情誼的機會。

第五節　同志的困擾與壓力

目前所有的同性戀人口調查與研究，呈現的數字彼此之間不大相同，整體而言，發現同性戀人口大約是1%到10%，不過一般社會科學都相信，由於同性戀受到歧視與排斥，實際的同性戀人口可能會比統計所顯示的數目還要來得高。不管是1%還是10%，或者是更多，在社會上都已經是不能忽視的少數（林賢修，2000；劉明倫，2000），但其權益卻往往有意的被忽略，台灣目前情況也是如此。除了被歧視、排斥和污名之外，同性戀情與同志婚姻的被祝福與被接納度也較低，婚姻制度和賦稅制度也沒有對同志婚姻作平等的對待，基於人權平等的觀點，這些現象値得省思與檢討。

同性戀刻板印象

社會中以異性戀爲中心思考而衍生出對同性戀的刻板印象與污名化，是普遍存在的社會壓力。這些似是而非甚至荒謬的刻板印象包括：（參考修改自楊佳羚，2002，頁166-168）

1.**同性戀都是娘娘腔或男人婆**：所謂娘娘腔或男人婆，是指性別特質超越一般對男女傳統特質界定的人。而同性戀則指情慾對象是同性別的人。兩者並非完全等同。「性傾向」（sexual orientation）不是用外表判讀的，即便有些女同志比較有陽剛特質，有些男同志則比較有陰柔特質，但別誤以爲所有男同志都是娘娘腔，所有女同志都是男人婆。同性戀和異性戀一樣，包括各種不同型態的人。另外「娘娘腔」或「男人婆」都是不友善的稱呼，應該去除。

2. **同性戀都有不健全的家庭**：最普遍的想像就是「家裡有個沒用的爸爸」、「家裡有個跋扈的媽媽」、「家裡一定是性教育出了問題」、「家裡一定有什麼見不得人的事情，才會出了一個不正常的人」。其實，現實生活中，出現許多遇到家庭困境的男性會躲起來或消沉下去，而女性則展現強勢撐起一個家的故事，但是不見得家裡都有同性戀小孩。以上這些想像與預設，一方面不符合事實，一方面也顯現出事先就預設「同性戀是不好的、是有問題的」假設。
3. **同性戀都是因爲和異性交往受挫或對異性心生恐懼，才變成同性戀**：這個想法也是認爲「同性戀是不好的，是有問題的」，所以爲了「爲什麼會產生同性戀的問題」找答案。嘗試將「同性戀」替換成「異性戀」變成：「異性戀都是因爲和同性交往受挫或對同性心生恐懼，才變成異性戀」，是不是也很荒謬。可說是荒謬的假設和提問。
4. **你都還沒去交往過異性，怎能確定自己眞的是同性戀**：這隱藏著「用交異性男女朋友來治癒同性戀」的期待，性傾向是探索、了解而來，不是用交男女朋友治療來的。愛情也是探索、了解的過程，是勉強不來的。
5. **同性戀都是異裝扮者或變性者**：有人覺得自己是「在男人的身體裡，裝了女人的靈魂」，於是想透過變性手術成爲女性（反之亦同），這是「變性者」。「異裝扮者」是想做另一性別的裝扮，卻不一定想成爲那個性別。因此「變性者」、「異裝扮者」和同性戀是不一樣的。

6.**兩個同性戀者是俊美的組合才賞心悅目，否則就很噁心：**我們會祝福異性戀中的「俊男美女」組合，但不是俊男美女的組合也會祝福。異性戀中有美有醜，有各種體型，無論怎樣的組合我們都不會覺得噁心。同性戀者也是一樣有美有醜、有各種體型，只要他們相愛，都有追求性愛與幸福的權利。

自我認同的困擾

「自我認同」（self identity）是人心理發展過程中重要的議題，發生在青春期後期和成年期早期，發展良好則在心理上能自主導向，在行爲上則能自我肯定。依據E. Erikson的心理社會發展論，自我認同與統合是青年人格發展的中心任務，在青年群中能臻於自我統合者，他就會把自己對自我狀況、生理特徵、社會期待、以往經驗、現實環境、未來希望等六個層面的覺知，統而合之，形成一個完整而和諧的結構，使個人對「我是誰？」與「我將走向何方？」的問題不再感到迷失與徬徨（張春興，1989）。

同性戀者生活在以異性戀爲主並有意將同性戀隱形的社會，要自我狀況、生理特徵、社會期待、以往經驗、現實環境、未來希望等六個層面覺知並統而合之，因爲缺乏學習楷模、迫於社會負面評價、家庭期待、現實環境人們的接納度和社會制度的支持等，自我統合認同的難度遠高於一般異性戀者。

同時，從覺察自己的性傾向到接納認同自己的性傾向過程，相對於異性戀者的性傾向接納與認同是受到鼓勵與祝福的，同性戀者的覺察自我性傾向也因爲上述缺乏楷模和社會接納度等因素使過程中也較多不安、疑惑、焦慮、無助的感受。

反而也由於自我認同與統整的過程需要更多的自我認識和心理強度，當同性戀者臻於自我統合，其對自我的覺知似乎也較一般異性戀者深刻。

恐同情結壓力

「恐同情結」（homophobia）簡要的說就是「害怕同性戀、恐懼成爲同性戀」的心理。是一種不健康的心理和觀念，是對同性戀者認識不深，及受「同性戀是不好的」價值觀所影響。

當「恐同情結」表現在人與人的評價上時，就會讓同性戀者不願「出櫃」表達自己的同志身分，因爲他沒有必要因爲一個很自然的特質而遭貼上不好的標籤，此外還要面對異樣的眼光、不友善的態度。

當「恐同情結」表現在男性與男性之間的關係上時，就是阻礙了男性與同性間親密友誼的發展。當「恐同情結」表現在親子關係上時，父母情緒上常覺得羞愧和生氣，行動上甚至進行阻止和處罰。

其實，回到身爲「人」的權利上，任何一個人都沒有必要因爲自己是喜歡男生還是女生而承受歧視。

對同性戀認識不深或將同性戀污名化的觀點，需要一步一步從認識、了解、接納、尊重到行動，還給他們原有的權利。

愛滋病污名壓力

愛滋病的正式名稱爲「後天免疫缺乏症候群」，是一種病毒引起的疾病，進入體內之後，會有一段很長的潛伏期，病毒在這段潛伏期間慢慢破壞人體的免疫系統，直到人的免疫系統完全失去抵抗力，於是靠近任何病毒，都可能發作爲任何疾病。

許多人誤以爲愛滋病患者等於同性戀者，其實愛滋病不是同性戀者的疾病，愛滋病和同性戀之間的關係不是等號，愛滋病是進行危險性行爲的人比較容易感染的疾病；換句話說，沒有任何保護措施的性交行爲，沒有全程正確使用保險套的人，都是愛滋病的高危險群。愛滋病的主要傳染途徑是體液，包括精液和血液，愛滋病有85%是由於不安全（危險）的性關係所感染的，不安全（危險）的性關係包括嫖妓、非相互單一性伴侶、多重性關係等。其他的15%包括打針共用針頭、輸血及胎兒與母體間的垂直感染等（中華台灣誼光愛滋防治協會網站）。另外，平時和感染愛滋病患者日常生活相處，一起吃飯、握手、淺吻是不會感染愛滋病的，並不需要害怕得不敢跟他說話，或拒感染愛滋病者於千里之外。也就是說，安全的性關係才是避免感染愛滋病的有效途徑。什麼是安全的性關係呢？就是雙方維持相互單一性伴侶，且雙方都未感染愛滋病。不要和不熟的人發生性關係，不管是多次或一次，都是很危險的。

同性戀者之所以成爲愛滋病的危險群之一，乃因爲同性戀者在社會還無法坦然公開接納其性取向的心理壓力下，常用性來滿足親密的需求。但親密需求並不等於性需求，性滿足了不見得也有了親密的需求滿足。

愛滋病的另一些高危險群包括毒癮者、多重性伴侶者、嫖妓者。因爲毒癮者他們常使用共同針頭，造成血液傳染；而多重性伴侶者、嫖妓者，無法肯定對方是否染有愛滋病，尤其許多性行爲是在情境氣氛塑造下臨時起意或不預期下發生，並未全程使用保險套，造成性行爲過程體液傳染。

一般判斷是否感染愛滋病有以下三步驟：(1)是否有危險性行爲；(2)是否已過十二週的空窗期；(3)到醫院或指定機構檢查。同時建議同志半年到一年檢查一次；公娼則規定三個月檢查一次。

愛滋病的潛伏期和空窗期所指的是不同的時期。所謂「空窗期」是指病毒進入到確定感染期間，約十二週或三個月左右可確定是否感染；所謂「潛伏期」是指確定感染之後到發病期間，潛伏期由數月到數年或十年不等，平均約五到十年。一般而言，生活規律、不酗酒、不熬夜的人，其潛伏期可能延長，且越不易發病。

愛滋病空窗期最難度過的是心理上的擔心、焦慮和浮躁，此時可列出一張體力單，多做一些體力上的勞動來幫助自己宣洩情緒。

穩定親密關係較不易尋求或維持

作為少數族群，同性戀者的穩定親密關係也較不易尋求或維持。要在少數的人當中找到適合自己的人，本來就是一件較低機率的事。當步入親密關係，多數人都需要彼此更多認識、了解、調適和適應，同志的穩定親密關係通常還要面對家庭方面的有形、無形壓力。這些家庭、社會外在壓力也會對同志的親密關係的穩定性造成影響。希望能穩定，是所有相愛的人所期待和努力的。同志人數少，除了時間、空間交集的機率較低的現實情況之外，情感路上要遇到的考驗和一般戀情是一樣的，例如：自身對於自我特質和情感價值觀的掌握，兩人對情感經營的方法共識，也是兩人須一起修習的功課。此外，討論如何以一致的態度面對外在壓力彼此支持，則是不應承擔卻額外得承擔的。

同志婚姻的壓力

目前，同志婚姻無社會制度的承認或保障，當然更大的壓力來自社會大眾的排斥、歧視和不尊重。從婚姻關係的承認、賦稅制度的權益、領養小孩的限制、家族聚會的公開活動、婚姻困境心理壓力的諮詢等等，都明顯缺乏制度和資源的協助。

雖然大環境對同志婚姻不是那麼的友善和尊重，還是有許多經過努力的同性戀者，透過公開的儀式，向世人宣佈他們的婚姻關係，這對許多躲在暗處的同性戀者來說是一正向積極的力量，讓他們說出自己的需求，爭取屬於自己的權利。

同志的壓力因應

同性戀者有來自對於同志身分的自我困擾與社會壓力，也一樣有如其他人般的人生過程所需面對的困擾與壓力，壓力因應的大原則仍是遵循「生理心理社會」模式來思考和改善：

1.**生理**：生理上是否需要醫學的診斷或藥物的醫療。

2.**心理**：個人在想法、情緒和行為上，是否已經偏離一般常態，正常生活運作已經受影響。

3.**社會**：人際支持系統是否正向友善多於負向排斥，或人際支持系統薄弱。

如果有生理上的病痛，仍須經過醫學檢查和診斷，並給予治療。同時需關心個人心理層面，包括想法是負向思考多於正向思考、情緒是否持續低落或大起大落、行為表現是否已經和正常表現有明顯差異，如果是則應向心理專業人員尋求諮詢，討論改善想法、情緒與行為的具體措施。人面對壓力時，非常需要人際的支持，評估重要的人和朋友對自己的支持程度，向正向支持者尋求更多的心理支持或實際協助，暫時停止和負向支持者的頻繁接觸。

除了以上的三項大原則之外，個人的心態上也須做努力和改變：

1.**首先需誠實面對**：承認壓力與困擾的存在，面對問題，別鴕鳥或隱藏。

2. **正向的自我概念**：別認爲自己就是應該承擔比一般人更多的壓力。

3. **多參加同志活動和團體**：在過程中肯定自己，建立生活支持網路。

4. **分析壓力源與責任**：分析壓力的源頭與來源，與分析壓力的承擔者是自己或是不見得屬於自己卻是自己去攬來的責任壓力。

5. **願意求助**：當有情緒或生活調適上的困擾，不要排斥尋求同志諮詢熱線或對同志有深刻了解的諮商醫療專業人員協助。而非同性戀者對待同性戀者能以平常心，傾聽他們的聲音和表達出友善的態度，就是減低他們困擾和面對他們的好方法。

不同社會文化對同性戀的觀念影響著同性戀者困擾的程度，在對同性戀了解越多、越接納的國家，同性戀者的困擾、壓力較小，在對同性戀越不了解或誤解或不願了解的國家、地區，同性戀者的痛苦、壓力越大。台灣在各方面越來越自由和多元，實在也應給予這1%到10%的同性戀人口實質的尊重與友善的態度。

性別框框大突圍

當不是因為能力，只是因為性別，社會因而失去某領域的傑出人才，是不是太可惜了？

如果對「性別平權」有更多認識和覺察，能更具敏感度，對許許多多要發展非傳統性別特質和職業的個人來說，就會營造出一個很獲得支持的社會和心理環境，也會讓更多人在生命歷程和生涯發展上，創造出更多的空間、可能性和累積寶貴的經驗。

現在小組一起練習突破性別框架，練習突圍，為自己也為別人共創更寬廣的生命空間。

小組分享討論：

1.想想「我們會說甚麼，來告訴一位13歲的男生要像個男人？」寫在下表。
2.想想「我們會說甚麼，來告訴一位13歲的女生要像個女人？」寫在下表。
3.如果「你要和一個男性生活在一起，你會希望他擁有哪些特質？」寫在下表。
4.如果「你要和一個女性生活在一起，你會希望她擁有哪些特質？」寫在下表。
5.比較表中A與C框框中的類似與差異，說說為什麼會如此？
6.比較表中B與D框框中的類似與差異，說說為什麼會如此？
7.如果你可以重新培養，你希望擁有哪些性別特質？

性別框框大突圍	
A.我們會說以下這些話，來告訴一位13歲的男生要像個男人：	B.我們會說以下這些話，來告訴一位13歲的女生要像個女人：

C.生活在一起的男性，希望他擁有的特質：	D.生活在一起的女性，希望她擁有的特質：

參考語辭

強壯、不能哭、競爭、領導、果斷、衝動、冒險、好強、外向、積極、有自信、說話大聲、解決問題、不求人、權力、高社經地位、養家活口、不能害怕、不能像女人、好色的、溫柔、體貼、愛整潔、文靜、被動、有同情心、依賴、委婉、愛小動物、會撒嬌、會做許多較細膩的手工、講話輕聲細語、順從、小心眼、心機重、愛八卦。

性別平權大學習！

性別無所不在，從小時候出生的那一刻到死亡的喪禮，都有因為性別而有不同的習俗與儀式，從生涯的抉擇到生活上的吃飯穿衣，都有性別的因素。性別的存在是讓我們更學習覺察、了解與尊重，並轉化為成熟與智慧。

小組分享討論：

小組分享討論以下十五題，如果時間有限，可以任選其中幾題，透過分享與討論必定能幫助自己更有覺察、更具性別平權的觀點與態度：

1.小時候，你是怎樣分辨男生與女生的？
2.你有沒有錯認別人性別的尷尬經驗？
3.你認為小時候性別分類標準，可以增加些什麼，比較不會出現錯認性別的尷尬情況？
4.當一位身高160公分，體重45公斤的小姐，告訴你：「我太胖，正在減肥」時，你覺得她面臨了什麼樣的問題？她的體重壓力來自哪裡？
5.運動場上活動的是男生多還是女生多？小學、國中、高中、大學、社區的運動場上有無不同？可能的因素是什麼？
6.男生較常做的家事有哪些？女生較常做的家事有哪些？怎麼會如此？
7.你／妳成長的過程中，父母或長輩對男女的教養方式有沒有什麼不一樣？
8.隨意想三本耳熟能詳且主角是男生的童話故事，它的主要故事情節是什麼？
9.隨意想三本耳熟能詳且主角是女生的童話故事，它的主要故事情節是什麼？
10.以上兩種男女主角的童話故事主題內容，有沒有發現性別的刻板印象或期待？
11.小時候男生大多玩什麼樣的遊戲？女生多會玩什麼樣的遊戲？哪些遊戲是「比力氣」的競爭性遊戲？哪些是「合作」遊戲？
12.根據你的經驗，一群人在聚會，男生發言時間長還是女生？上課問問題的是男生多還是女生多？你認為可能的原因是什麼？
13.你聽過黃色笑話嗎？當時在場的男生多還是女生多？是誰講黃色笑話？男生的反應如何？女生的反應如何？你自己的感覺又如何？

14.你有沒有聽過或知道哪些成功反擊性騷擾的例子或方法？

15.你知道哪些中外的同志名人嗎？他們有哪些優點或專業、強項、成就？他們出櫃的方式和態度如何？

最後輪流說一說，分享討論之後的感受和學習。

延伸閱讀

影片名稱	《水男孩》（*Water Boies*）
影片簡要	91分鐘　普遍級　日片　劇情片
導演\編劇	矢口史靖
主　演	妻夫木聰、玉木宏、竹中直人
劇情簡介	一個有趣有活力又充滿性別平等觀念的寓教於樂影片，不但很適合大學生、高中生看，而且大人小孩皆宜，也很適合全家一起看。一所男子高中的游泳社只剩一名社員（鈴木）正面臨倒社，這時一位年輕貌美的游泳女教師來學校報到，吸引眾多學生加入游泳社，但是當女教師介紹她要教的是水上芭蕾時，又幾乎所有的人再度跑光，留下來的只剩五位社員。女教師興致勃勃的將水上芭蕾列入下學期校慶活動表演節目，卻驚覺自己懷孕許久，得準備待產，游泳社也就自然解散各自過暑假去了。偶然間，鈴木觀賞海豚表演時，發現賣魚的也是海豚訓練師，便請求海豚訓練師也訓練他們，於是一群男生便開始了他們好笑又有必要的各式各樣訓練，最後陰錯陽差的他們竟然到了女校的游泳場地去表演，掙扎與愛現的心情交錯在男孩的心裡，最後一大群跳水上芭蕾的高中男生決定結合力與美進行精采的演出，獲得同校男生與女校同學的熱烈迴響與仰慕。其中的過程有趣又有活力，讓人既興奮又能領悟性別平等的美好感受。

影片討論	1.除了水上巴蕾，還有哪些是較屬女性化的運動？ 2.哪些運動較屬男性化運動？ 3.影片中，你印象最深刻的是哪些，為什麼？ 4.如果你是片中游泳社的社員，而你不知道事情最後會如何發展，你會走嗎？你會在哪個時候走？還是你會有其他不同的做法？ 5.為什麼在運動場上較常看見男生，較少看見女生？

學習重點

1.男女在生理和心理上的差異。

2.男女心理行爲的差異。

3.兩性交往中的性別差異。

4.溝通方式的性別差異。

5.「肩並肩」（side by side）與「面對面」（face to face）。

6.「性別的職業隔離」。

7.同性戀、異性戀、雙性戀。

8.同性戀的標準。

9.同性戀的刻板印象。

10.恐同情結。

11.出櫃。

12.同志壓力因應。

討論與分享

1.就你個人成長的經驗，請說一說你感受過哪些生理上和心理上的性別差異？

2.就您個人的經驗，分析爲什麼男生比較多「肩並肩」（side by side）的友誼，女生比較多「面對面」（face to face）的友誼？

3.紀錄男女朋友之間的對話十分鐘，看看在溝通方式和內容上男女有無不同？

4.除了書上提到的性別職業隔離突破的例子，你身邊或你知道的還有哪些？

5.如果有同志跟你（異性戀）表白說：「我喜歡你」，你要如何回應？

6.如果有異性戀者跟你（同志）表白說：「我喜歡你」，你要如何回應？

第六章
兩性溝通與衝突管理

這一章從各種角度切入，企圖讓兩性溝通不再那麼「雞同鴨講」和挫敗。一方面吸收溝通理論，有助於鳥瞰和檢視溝通的層面與彼此關係；二方面，戀愛或兩性關係中吵架、衝突難以避免，對於衝突的認識和如何建設性的吵架才是必須被重視和關心的；第三，有正確的認知、合宜的態度及開闊彈性的理念之後，就是實踐和多練習；最後，要提醒的是，從相異到相知再到相惜是一段珍貴與值得喝采的過程，這過程中的努力和成果都相當不容易，千萬別輕言中途放棄；「不得已要放棄」，這也是努力過後的人才有資格說的話。

兩「性」溝通

大和和清芳交往半年多，大和覺得兩性交往的過程中許多事情男生要主動，於是，當初是他主動去牽清芳的手，清芳沒有拒絕；當初是他主動去擁抱清芳，清芳當時雖然掙扎了一下，但是還是讓大和擁她入懷；後來牽手、擁抱是常事。有一天晚上停電，清芳正好在大和租的住處看電視；停電，什麼也不能做，兩人只好藉著手電筒玩影子的遊戲，又玩猜拳的遊戲，玩到沒什麼好玩，大和開始逗弄清芳，搔她癢，清芳也反過來搔大和癢，大和又摸清芳身體，清芳直說：「不要啦！別鬧了！」可是，大和越來越覺得好玩，沒有停下來，一直到衣服被脫去了一件，清芳才意識到危險情境已經形成，就說：「不要這樣，我不喜歡！不要！」，發現大和並沒有停下來，還繼續玩，清芳就更大聲的說：「我不喜歡！我不要！請你停止！」這時……

小組分享討論：

1.請小組玩「故事接龍」，將故事完成，至少輪二圈。
2.小組接龍故事內容中，有哪些危機和轉機？
3.你所知道的分享「別的情侶是怎樣開始牽手的」？
4.你所知道的分享「別的情侶是怎樣開始擁抱的」？
5.你所知道的分享「別的情侶是怎樣談身體的界限的」？
6.你所知道的分享「兩性之間應該如何溝通關於身體的接觸和性關係」？

有人說男女來自不同的星球，所以常常男生心裡想什麼，女生不知道，女生心裡想什麼，男生也不知道。有人更具體的說男生是來自火星，女生是來自水星，難怪溝通起來水火不容。眞是這樣嗎？兩性溝通眞的如此困難嗎？

第一節　兩性溝通的理論

研究指出在建立和維持親密關係中溝通居重要的作用。不恰當的溝通使人感到無知和孤獨。歪曲或單向的溝通會導致嚴重的關係衝突，溝通的失敗會使關係結束（孫丕琳譯，1994）。可見溝通在一般人際關係及兩性關係中的重要性和重要地位，本節讓我們一起來學習溝通。

溝通的定義

Verderber & Verderbe（1995）對「溝通」有言簡易賅的定義和說明。他們認爲，所謂溝通（communication）是指有意義的互動歷程。在此定義中，包含三個重要的概念（曾端眞、曾玲珉譯，1986）：

1.溝通是一種歷程（process）。它是在一段時間中，有目的地進行的一系列行爲。

2.溝通的重點在於它是有意義（meaning）的歷程。意義是指溝通行爲的內容、意圖及其被賦予的重要性。內容（context）是指所傳遞出來的訊息，即要溝通「什麼」；意圖（intention）是指說話者顯現該行爲的理由，亦即「爲什麼」要溝通；重要性（significance）是指溝通的價值，亦即溝通有「多麼重要」。

3.互動的意思是雙方在溝通歷程中，彼此對於當時即溝通之後行程的意義均負有責任。

換句話說，溝通是雙方的事，溝通不是無目的的閒聊，必須重視溝通的重要價值。

社會滲透理論

以社會滲透理論（Theory of Social Penetration）的觀點來看，溝通話題的深度與廣度反映了彼此關係的親密度（如**圖6-1**）。讓我們將一個人以一個圓來表示，並將圓分成幾個部分來代表溝通的話題或溝通的廣度。並在心裡想像此圓是由多個同心圓所組成，代表

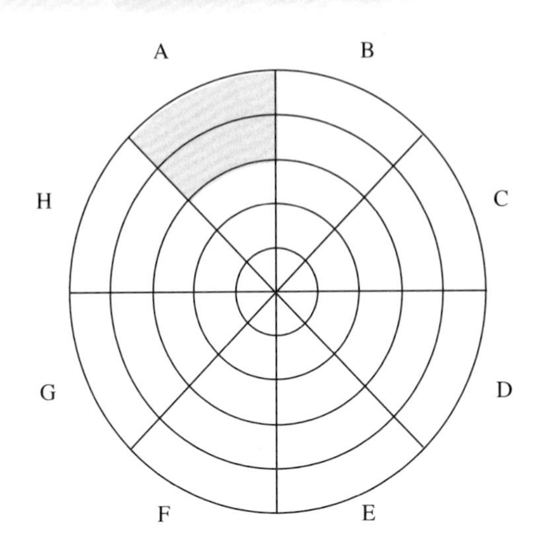

當關係愈親密，溝通的廣度愈廣，深度愈深

圖6-1　社會滲透理論（**Theory of Social Penetration**）

資料來源：Altman and Taylor, (1973).

不同層次的溝通或溝通的深度。**圖6-2**提供一個例子，每個圓分成八個話題區（由A到H）及五個親密層次（以同心圓表示）。在第一個圓中，只有三種話題被提及，其中有一個在第一層次，如「今天天氣好熱」，二個在第二層次，例如「你也喜歡烹飪嗎？」，這種關係可能是熟人。第二個圓代表一種較深的關係，談及的話題更廣且討論的層次較深，例如「我家裡有些困難」，這種關係可能是發生在和朋友的相處上。第三個圓代表更深的關係，有相當的廣度（八個中有七個區域被談及），及深度（大部分都處於較深的層次），例如「我愛你」、「我真的很沮喪」、「你從不傾聽我的需要」，這種關係應該是和愛人的關係（沈慧聲譯，1998）。換句話說，與愈親密的人之間自我揭露的廣度愈廣，自我揭露的深度愈深，見**圖6-3**。

這個滲透理論（Altman and Taylor, 1973）除了可以用來看愛情

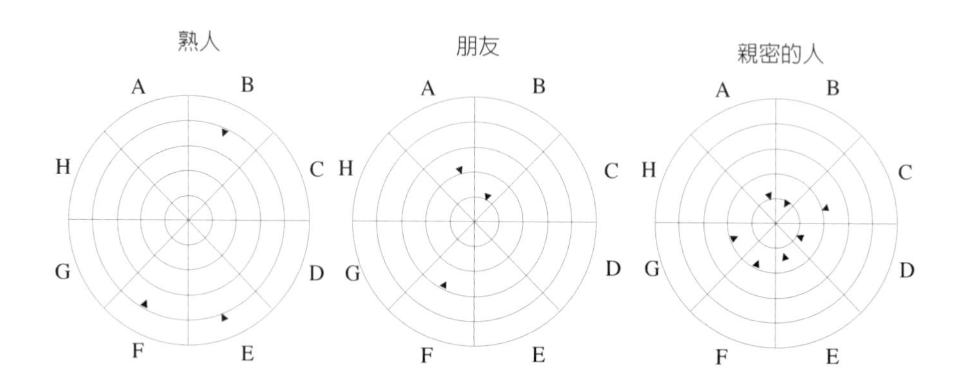

圖6-2 與熟人、朋友、親密的人之社會滲透

資料來源：沈慧聲譯（1998），J. A. Devito著，《人際傳播》，頁335。

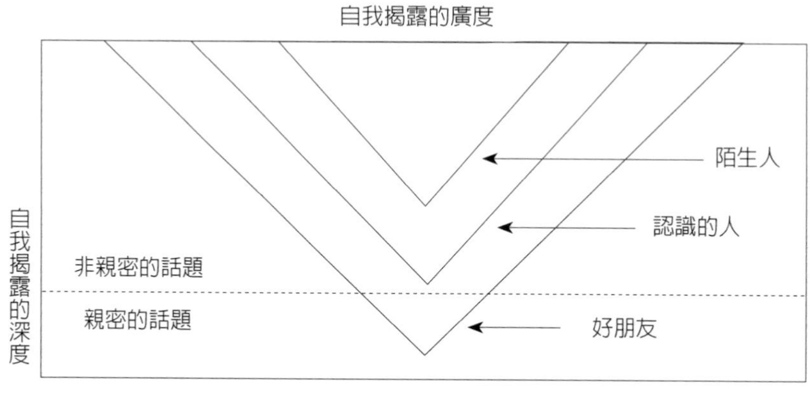

圖6-3 不同人際階段中自我揭露的深度與廣度

資料來源：林彥好、郭利百加等譯，《心理衛生》，第168頁。

關係也可以用來描述所有其他的人際關係，如友情、親子關係、兄弟姊妹關係。關係剛開始的特色爲狹隘的廣度及淺薄的深度，當關係加深或親密，廣度和深度逐漸增加，而且這些增加是在舒服、自然的過程中進行。

讓彼此溝通擴展廣度和加深深度的一個關鍵過程是：自我開

放或自我表露（self disclosure），即兩人彼此願意以語言的或非語言的方式開放和傳遞更多個人的相關訊息給對方，願意讓對方更了解自己，自己也願意對對方的開放和傳遞個人訊息給以積極正向的回應。例如，他告訴你小時候去抓蝴蝶的事，你聽得興趣盎然，感染到他當時的快樂；你告訴他被爸媽打的事和當時心中的難過、不平，他爲你感到難過並安慰你。類似這樣安全和自在的氣氛與相同深度的回饋，讓雙方都更願意自我揭露與對方分享許多內在的自我與經驗，於是溝通的廣度逐漸擴展，溝通的深度也逐漸加深。

不妨也藉滲透理論來了解愛情關係目前處於什麼的溝通廣度與深度，話題停留在表面的層次而無法深入的原因是什麼？是因爲害怕自我表露，害怕講太多自己的事情？還是對方老講他的觀點和理論、原則，生活的感受不常說出來？是什麼原因使人害怕講太多自己的事情？擔心什麼嗎？這些擔心有助於關係的改善與進展嗎？對方是壓抑情緒還是只是不習慣說出生活感受？用什麼方式可以引導對方多說一些心裡的話呢？兩人要積極面對關係但別太心急，記得這些溝通廣度與深度的增加是要在兩人都覺得舒服、自然的過程中進行，千萬別在對方心裡尚未準備好的時候硬逼著對方說，可以表達自己想知道的需求，但同時也要尊重對方是否要說的意願才好。

PAC理論

PAC理論是交流分析（transactional analysis）中的一個重要理論，它的創始人是Eric Burne。繼而有Murial James, Dorothy Jongeward和Thomes Harris等人將之發揚光大。PAC理論認爲人有三種自我狀態，即父母（Parent）、成人（Adult）和兒童（Child），這三種自我狀態會透過聽得到的語言和看得到的行爲表現出來。換句話說，我們可以由人表現出來的語言和行爲等來判斷此人此時的自我狀態，了解人溝通時的自我狀態，有助於了解和掌握溝通。而最有效的溝通是成人對成人的溝通，而這是可以練習學來的。茲將三種不同自我狀態介紹如下（林孟平，1888；Harris, 1973）：

1.**P**（Parent）—**父母狀態**：人生中一些重要人物，有大影響力者，尤其是孩提時所依賴和依靠的人的影響更爲深遠。例如：父母、兄姊、老師、褓母、電視等。例如，在行爲舉止上，有嚴厲的眼神、插腰伸指頭，輕撫頭頂、叮嚀備至的行動；在言語上，說話速度較快，語氣較嚴峻，命令式或指導式口吻。言語中或生活中的「必須」、「一定」、「應該」。

2.**A**（Adult）—**成人狀態**：例如，在行爲舉止上，集中注意力，堅閉嘴唇強忍痛苦等；在言語上，不急不徐，相當適當和溫和等。

3.**C**（Child）—**兒童狀態**：例如，在行爲舉止上，雀躍歡呼高叫，拍掌叫好或逃避困難等；在言語上，語調比較急促，語氣比較衝動、撒嬌或懇求或無助的語氣等。

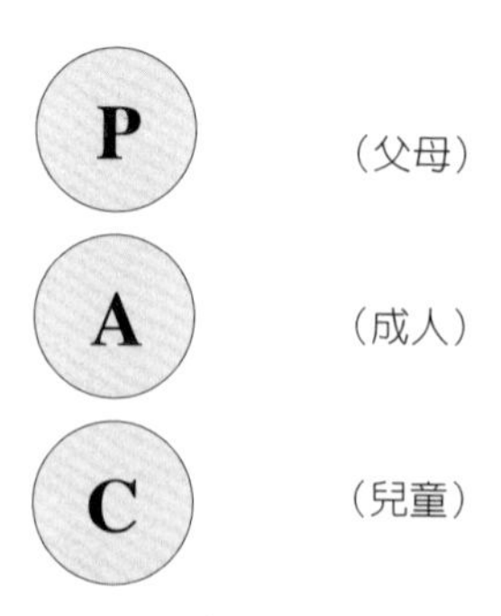

圖6-4　PAC理論——人的三個不同自我狀態

資料來源：Thomas A. Harris (1973).

PAC理論認爲A（成人）對A（成人）適用於理性的溝通，而許多戀愛中男女的對話多是C（兒童）對C（兒童）的溝通，最近很轟動的張艾嘉電影《心動》中的男女主角的對話就是很好的例子，說些別人聽來全是連篇的廢話，他們卻沉浸在其中，樂此不疲。其實，談戀愛有C（兒童）對C（兒童）的溝通會增加無名的樂趣，但是，愛情中遇到問題或困擾的時候，得兩人多學習和練習用A（成人）對A（成人）的溝通方式，方能解決問題，若一直停留在一貫的C（兒童）對C（兒童）的溝通，一個人說：「我不管，我就是要這樣！」另一個人說：「好，那我們就這樣，不管它。」逃避問題，沒有面對問題，也沒有解決問題，到最後，兩人的情感「被問題解決」。其實，「理性溝通習慣」的養成對戀愛中的人來說是一項修練的功課，它對關係的持久和品質是很有幫助的，記得多多練習，可在婚後減少許多無謂的非理性爭吵，增進婚姻品質。

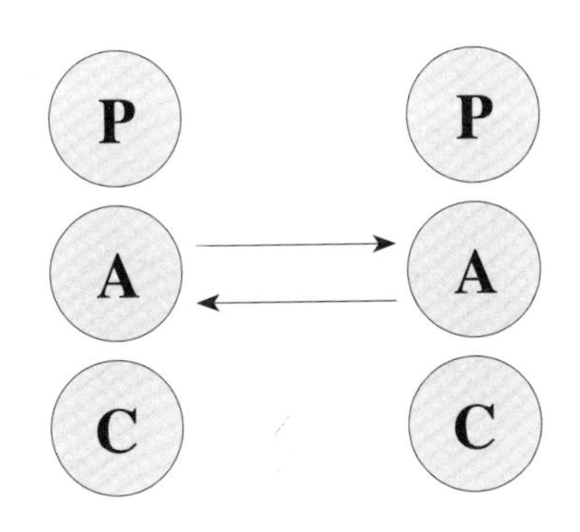

圖6-5　PAC理論——理性的溝通

資料來源：Thomas A. Harris (1973).

至於要怎樣修練和養成「理性的溝通習慣」呢？筆者有四項建議：首先是要先學會分辨什麼樣的話是P或A或C，可參考**專欄6-1**的PAC基本練習；第二，多練習A方式的對話；第三，邀請對方一起討論問題；討論問題時，除了討論事件和處理方法之外，記得要照顧到對方的情緒，和表達自己的感性面，即所謂的同理心，可參考本書對同理心和溝通的簡要描述並多加練習；最後，培養自己對副語言訊息（講話音調高低、音量大小、速度快慢及抑揚頓挫等）和非語言訊息（臉部表情、眼神、手、腳、動作等肢體語言）的溝通能力。如此，相信你會發現溝通是一種和諧的美妙經驗。

PAC理論基本練習

下面有六句話，請你猜猜看說話的人，真正的自我狀態是P（父母）或A（成人）或C（兒童）：

1. 女生對男生說：「你看，叫你多穿件毛衣你就不肯，現在感冒了吧！看你以後還敢不敢逞強」。
2. 男生對女生說：「好了，好了，不要再哭了，有什麼事說出來，我幫你想辦法解決」。
3. 男生對女生說：「你看，我很厲害吧！投籃這麼準」。
4. 女生對男生說：「我們來商量一下，這個春假要怎麼安排假期活動」。
5. 女生對男生說：「每次告訴你，你都叫人家等一下，己經等很久了，你到底幫不幫人家嘛！」。
6. 男生對女生說：「這件事很麻煩也很複雜，一下子沒辦法說清楚，明天下午我再把事情詳細告訴你」。

解答：1.P（父母）　2.P（父母）　3.C（兒童）
　　　4.A（成人）　5.C（兒童）　6.A（成人）

第二節　溝通的原則與技巧

溝通原則與技巧

說話的人

說事情，描述事情，對一般人來說都比較容易，事情說清楚講明白也較不困難；但是要表達情感，似乎就比較困難一些。除了中國文化比較不鼓勵情感的直接表達之外，缺乏練習也是原因之一。加上過去傳統的生活型態，讓人們彼此有較長的時間相處，相處的時間長，要猜測對方的心意或讓對方猜對自己的心意都比較容易；但是，現代人與人相處的時間越來越短，如果我們都還假設對方知道我們的感受，那可就比較強人所難了。沒有人理所當然要知道對方心裡的感受，如果我們要別人了解，就必須說出來，告訴對方自己的感受及對他的期待。說，是有一些原則和技巧的：

1. **描述情境、行為及事件**：客觀地描述，讓對方對事情有來龍去脈的認知。例如：「我打電話找你一整天，人不在辦公室，大哥大又沒開，答錄機留言也沒回」。
2. **表達情緒**：以我的訊息做開頭，例如：「我覺得很著急」、「我覺得很難過」、「我覺得很生氣。」不是辱罵或亂發脾氣，而是讓對方清楚了解你的感受。
3. **提出意見或期待**：讓對方明確知道你的意圖。例如：「我要你跟我道歉」、「我想知道，是怎麼回事？」
4. **徵詢討論**：不是事情說完，情緒表達完就結束，還要共同討論，以免同樣情況一再發生。例如：「下次如果我們其中一個人臨時有事，趕不及約會時間，要想辦法讓對方知道？先打個電話或在辦公室留言之類的。」

聽的人

聽，是溝通中很重要的功課，一個好的聽者，才會是一個好的溝通高手，因為一位好的聽者，不但可以聽出說者的主要意思，也可以聽出說者的情緒和需求，並聽出事件對說者的重要性和意義。人花在「聽」的時間很長（見**圖6-6**），何不讓「聽」發揮它最高的效能。「聽」，同樣也有一些原則和技巧的：

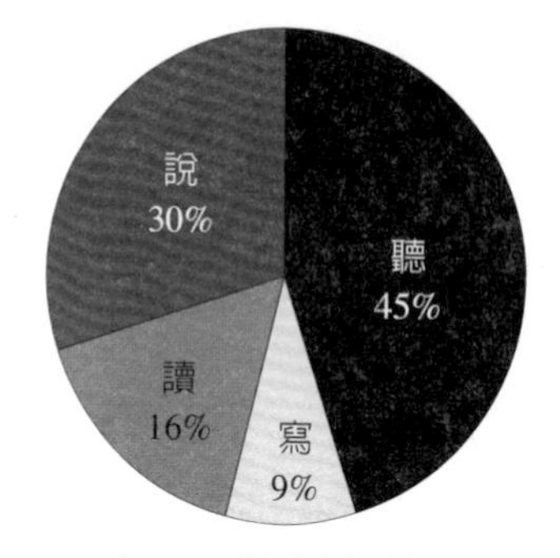

A（1929，以成人為對象）

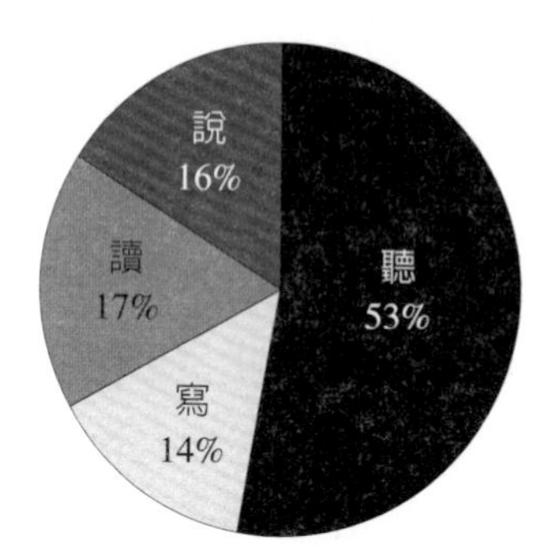

B（1980，以大學生為對象）

圖6-6 花在「聽、說、讀、寫」上面的時間百分比

資料來源：摘自沈慧聲譯（1998），J. A. Devito著，《人際傳播》，頁76。

1.先聽再說。

2.確實做到「聽到」、「聽完」、「聽懂」：當你這樣做時，你已經讓對方感受到你對他的尊重和確認對他的意見的了解。無形中，建立起良性關係基礎和安撫對方情緒。

3.積極傾聽：即做到「生理專注」和「心理專注」。所謂「生理專注」即身體面向對方和對方形成45度到90度的角度，身體的姿勢和態度是開放的，臉部表情和身體是放鬆的，身體適度前傾，然後有適當的眼神接觸。「心理專注」則是用「耳」、用「心」認真的聽，聽出對方的眞正意思和對這件事的情緒，適度對對方的話語給予了解性的回應。

4.同理心：當對方表達完他的意思，先將對方的話和情緒作簡短的摘要式回應和同理，表示你的了解和接納。例如：「對不起，讓你打一整天的電話，又找不到人，害你擔心。」接下來用PAC理論的A（成人）的方式表達自己的意見，例如：「你剛剛說的方法不錯，以後我們就先打電話或留言。」如果兩人是很親密的關係，還可以在A說話方式的後面加一點點C的表達方式，融合一下氣氛。

5.除了「語言」的訊息之外，對於「副語言」訊息（講話音調高低、音量大小、速度快慢及抑揚頓挫等）和「非語言訊息」（臉部表情、眼神、手、腳、動作等肢體語言）也應多加解讀和注意。根據語言心理學家莫菲的研究，非語言表達占了55%，副語言占了38%，而語言只占7%，見**圖6-7**。當語言訊息和非語言訊息不一致時，可能要相信非語言訊息，例

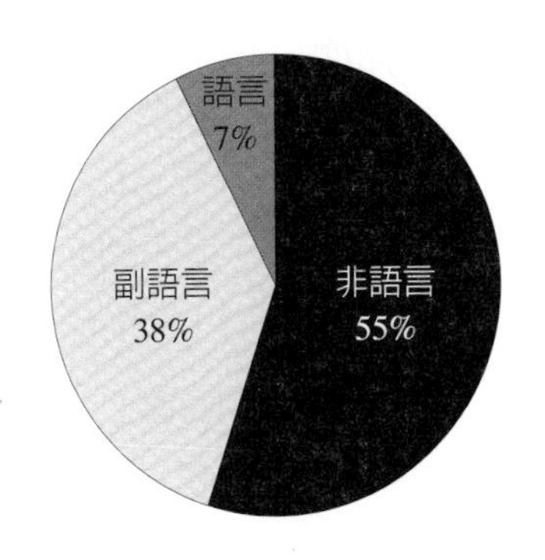

圖6-7　語言、副語言和非語言所表達的百分比

資料來源：摘自沈慧聲譯（1998），J. A. Devito著，《人際傳播》，頁76。

如女生嘟嘴皺眉說「沒關係」，其實透露這是「有關係的，她並不滿意或同意這樣的結果與決定」。當一個男生愁眉苦臉，但用堅定的語氣告訴你「沒事！」你可能知道他心裡是有事但現在並不想談這件讓他心煩的事情，那就尊重他，如果你眞的很關心他，很想幫忙，那麼就等一段時間，等他表情稍和緩了，再問問：「是不是心裡有事？需不需要幫忙？」

溝通的障礙

要達成有效理性的溝通，對溝通的障礙要有敏感度與覺察，並加以避免。就像病人要先知道哪裡出毛病，才能對症下藥一樣，對於溝通，我們一樣要先知道自己在溝通上出了什麼樣的障礙，以下介紹十二個溝通的障礙（Thomas Gordan；陳皎眉，1985），有的學者稱之爲十二個溝通的高危險反應。讀者可以依序看看自己是否有其中的一些高危險反應；若有，則請在前面打勾，提醒自己改善，少說這些高危險反應的話。這些高危險反應不是完全不好，只是過度的使用會導致溝通無法深入和進行，也會阻礙別人解決問題的能力和增加人際間情感的距離（陳皎眉，1985）。

1. **批評**：對他人的人格或行爲做完全的負面評價。例如：「你實在是一個很懶散的人」、「這一切都是你自找的。」
2. **命名**：給別人一個刻板的名稱。例如：「完美主義者」、「大男人」、「大女人」、「賤種」。
3. **診斷**：分析一個人爲什麼會這樣。例如：「我太了解你了，你這樣做是故意要氣我」、「其實你並不想和妳先生吵架，你是生氣他媽媽」。

4.**評價性的讚美**：讚美的話裡面是有評價標準的。例如：「你一向都是乖女孩，你會順從你父母的意見的，是吧？」、「你一向對機械都很行，修理這個音響沒問題吧？」。

5.**命令**：要另一個人馬上去做你要他們做的事。例如：「去洗澡」、「去做功課」、「馬上給我」、「我等一下就要」。

6.**說教**：告訴別人他應該如何做。例如：「你應該馬上跟他去」、「你應該出來工作」、「你不應該離婚」、「你下班就應該馬上回家」。

7.**威脅**：經由警告可能發生的後果試圖控制別人的行為。例如：「你再哭，就關進廁所」、「你出去，就斷絕父女關係」、「如果不道歉，就分手」。

8.**過多或不當的詢問**：過多對方可以用「是」、「不是」就回答完的問題。例如：「這是不是很困難？」、「你真的不喜歡上課？」、「你一定要出去？」。

9.**忠告**：對別人的問題，直接給一個答案。例如：「如果我是你，我一定會告訴他」、「這問題很簡單，你只要……就好了」、「聽我的話準沒錯，我是過來人」。

10.**安慰轉向**：由轉移的方法，把問題模糊掉。例如：「不要想太多」、「不要去想就好了」、「你這是小事一樁，別人有更慘的」。

11.**邏輯論證**：企圖用邏輯說服別人，忽視對方情緒。例如：「如果你乖乖去補習，就不會像現在考不上」、「如果你當初聽我的話，不要嫁給他，現在就不會這麼慘了」、「你就不聽，現在後悔了吧」。

12.**保證**：向人做保證，一定會怎樣。例如：「放心，你離婚沒關係，有我們在」、「我跟你保證，不會有事」、「不用擔心，這是黎明前的黑暗」。

這些方法用來和處於問題壓力下的人溝通，使人有被評價、被說教、被命令、被責難、被忽視的不舒服感受；其實，有效的溝通，不只是聽他說的話來提出個人意見而已，很重要的是要聽出和接收到說話者的心情感受，是要同時接納對方感受和聽懂對方說話的目的，才可能給予正確的回應的。以下我們要談如何正確有效溝通，如何聽懂「話」和「話背後的情緒」並給予接納和回應。

覺察人際需求

個人對人際的需求也會影響個人的溝通狀態，人際需求理論（William Shutz, 1966）主張，關係是否建立與維持全賴雙方所符合的人際需求程度。也就是說，如果對方的人際需求程度相當高，例如「熱切地想和每個人建立親密關係，把別人全當密友，對於剛見面的人立刻信任他，並希望每個人把我當成親密朋友」，這樣的人如果遇到和他一樣的人，兩人就很快因爲人際需求相同而成爲親密朋友，但是如果遇到的是「避免親密關係，很少對別人表示強烈情感，並且避免對他人表示情感」的人，那麼彼此會因爲人際需求的過大差異而不會在一起。人際需求包括三個層面：

1. **愛的需求**：想要愛人與被愛的需要。想要關係有多親近以及和多少人親近，因個人愛的需求而有所差異。
2. **隸屬的需求**：能屬於某些社團或某個組織團體。有的人隸屬需求低，不參與或不屬於社團或組織時不會不安，需要獨處；有的人隸屬需求高，喜歡參與組織社團或舉辦宴會、郊遊，需要有伴。
3. **控制的需求**：在人際關係中是否較喜歡做決定和事情由自己掌控。有的人控制需求低，較喜歡由別人做決定，自己順從即可；有的人控制需求高，喜歡事情狀況都在自己的掌握之中，必要時會駕馭別人。

學習一致型溝通

家庭治療大師Virginia Sartir相當注重人與人互動時的溝通，提出五種不同類型的人際溝通型態。同時她相信「人人都有改變、擴展與顯現成長的能力」，因此所有的人都可透過學習改善低自我價值和不平等的溝通型態，學習「一致型」的溝通方式，讓人與人之間的溝通更成熟也更平等尊重。以下分別對Virginia Sartir提出的五種溝通類型做說明。

討好型溝通型態

討好型的主要特質是會在人際相處上，處處以他人爲中心，討好他人，縱使心裡有不同需求或委屈，還是堆起笑臉，犧牲自己，成就他人、迎合他人、順從他人。例如：傳統的台灣媽媽或日本連續劇阿信，對於周遭人的需求和期待總是說：「好」。討好型的人很尊重他人和情境的需求，卻不尊重自己的內在需求感受，得到了「好媽媽、好媳婦、好太太、順從、善解人意、犧牲奉獻」的稱讚，卻付出了低自我價值的代價。

指責型溝通型態

指責型的溝通型態主要特質是在人際關係上，過度保護自己，處處指責別人，認爲做錯事的責任都在別人身上，使要和他建立關係的人感到恐懼、退卻、無奈、生氣，造成自己與他人心理的隔絕。例如：一天到晚亂罵人的老闆，讓員工不是儘量以少碰見他爲妙，就是想離職；例如：有事業成就卻一天到晚教訓兒子不成器的老爸，也讓兒子不想見到他或甚至想離家。指責型的人尊重自己與情境，擁有過度自我肯定的內在資源，卻犧牲、忽略了互動的人。

電腦型或超理智型溝通型態

超理智型的溝通型態主要特質是凡事都照規定，就事論事，認為只要保持理智處理所有事情，把道理講清楚，生活就會井然有序。例如：常說「根據統計數字來看，……」、「依據目前資料分析，……」、「依照過去慣例與規則，……」。超理智型的人過度在乎目前身處的情境以及情境客觀資訊，而忽略自我的感受與對他人的了解及尊重，過多的理智是他的內在資源，但會付出情感疏離的代價。

打岔型或混亂型溝通型態

打岔型的溝通型態主要特質是與人互動時常閃過重點，岔出不同的議題分散別人的注意力，例如，講笑話，無俚頭。此模式運用在好的方面或者內在資源就是會發散式思考、講笑話，讓人覺得他有創意、有自發性、有趣，但過度使用會讓人覺得他逃避問題、實問虛答、講話沒有保證、解決不了問題。打岔型的人將人抽離情境，也抽離自我感受和他人觀點，駝鳥般的消極逃避人際關係中的待解決問題，多讓時間沖淡一切。

一致型溝通型態或成熟型溝通型態

這是溝通類型中統整性最好的一類。認清不好的溝通型態，屏除拒人於千里之外的字眼，讓自己接觸自己，並與人產生連結與接觸，針對當下情境來回應，是一致型溝通主要的特色。

Virginia Sartir指出，認清舊規則，認清那些刺眼的字，決心要改變，學習將自己的呼吸、感覺、聲音、姿勢、經驗、改變的動能、時間、空間和其他的人，整合在一個完整的接觸裡，讓他們很和諧的配在一起（一致性），努力的教育自己，多多練習。要達到

「一致性」最好的姿勢是「兩個人維持一個手臂的距離，眼與眼平視，同時坐著或站著。這個姿勢使人們溝通的管道維持得更好，溝通的管道乃是指眼睛，使我們彼此互相看到對方；耳朵使我們彼此相互通道對方；嘴可以說；皮膚可以感覺；鼻子可以嗅聞」（Virginia Sartir, 1976；吳就君，1993）。一致性也指一顆願意和別人接觸的心，Virginia Sartir說：「一個人在情緒上的坦誠，也就等於擁有了一顆願意和別人接觸的心，我有這種情緒上的坦誠叫做一致性」。學習一致性的溝通可能需要花時間，也需要時常地自我提醒，Virginia Sartir也說：「每個人都受到過去習慣的影響，要求馬上改變是很費工夫的事，但是如果分段一點一點的去做，那麼就容易些了。」

第三節　吵架與衝突

人際衝突在日常生活中難以避免，而愈親密的人在心理上或生活上彼此依賴程度也較高，衝突和吵架當然也無可避免。因此重點不在如何完全避免衝突或吵架，而是如何面對衝突及如何吵一個建設性的架。

兩性衝突的原因

對兩性溝通方式差異的不了解

兩性在語言的細微程度、語句型態和表達的策略上是不相同的（見第一節），這和社會化過程中男女所扮演的角色不同有相當大程度的關聯。我們必須對這些差異有所了解和注意，並將這些差異納入自己解讀對方溝通表達的理解架構中，以減少因不了解而引起的衝突。

不同的人對親密的方式（質）不同

我們從愛情的理論知道，親密是影響愛情關係品質的核心因素，當沒有親密的感受，衝突也容易發生。尤其對親密的感受更是因人而異：

1.有人是聽覺型，要「聽」到對方「說」，才覺得被愛。
2.有人是視覺型，要看到對方做一些實際的行動，才覺得被愛。
3.還有一種人是觸覺、味覺、嗅覺型，要透過身體的接觸、擁抱、靠近，才覺得被愛。

這些「型」主要不是用來把人分類，而是用來了解、分享，用來了解自己和用來與對方分享。例如：想一想「當他（她）做（說）什麼的時候，你最感到他愛你？」並告訴對方。

不同的人對親密的需求量不同

這和「不同的人，有不同的親密的質」是類似的概念，每個人對愛或親密的需求量不盡相同，有人覺得夠了，有人覺得還不足。此時可以做的事情是，了解自己，和對方分享，然後溝通達成平衡或共識。過程中要有誠意，不能一昧要對方達成自己的要求，要站在我們要一起努力經營我們的感情的基本信念上來溝通。

面對衝突的四種反應

Rusbult（1987）將面對衝突或不滿足關係的四種基本反應（如**圖6-8**）：

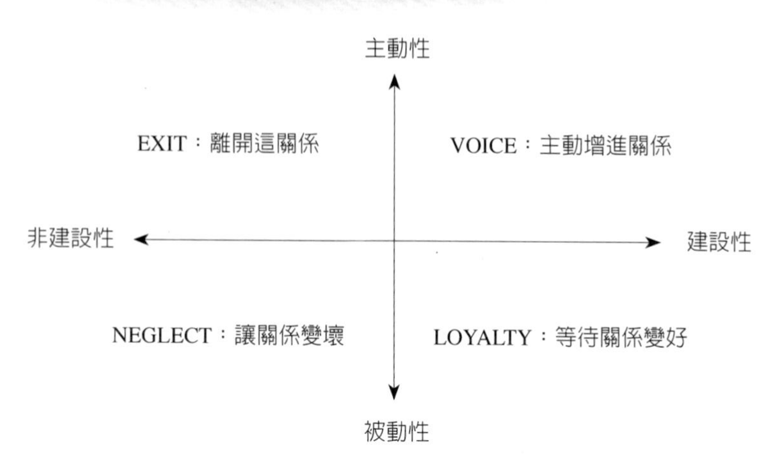

圖6-8　面對衝突的四種基本反應

資料來源：Rusbult（1987），引自Brehm（1992），頁310。

1.主動增進關係。
2.被動地等待關係變好。
3.被動地允許事情越變越糟。
4.離開這個關係。

他認為衝突有時可以增加親密依附，但有時並沒有能力主動將衝突轉向較為建設性的方向時，會轉變為被動的等待希望關係變好，但又常常事與願違。雖然在某些情況下可以使用被動的反應，但卻也常常無濟於事。有時不使用正向的反應對關係已經默默進行著傷害，尤其在對方已經採取負向惡劣的行動時，如果對方的行動持續，你們的衝突不斷，那麼或許應該決定離開這個關係。一段親密關係的結束會帶來一些創傷性的經驗，但是並不是每一個人都會因為失去親近的伴侶而一蹶不振，甚至有人會調適得很好。例如，對方有暴力或虐待行為的關係，不管是身體、精神或性，或無法改變的惡習，令你痛苦不已，那麼眞的是「離開心更寬」。

如何吵一個建設性的架

親密的人彼此在心理上依賴程度高，生活中的交集也多，但畢竟是兩個不同的人，很難對每一件事情的看法都一樣，很難所有的生活習慣都相同，很難所有價值觀的排序都沒差異，因爲某些生活事情及價值觀決定不同，而意見不合或吵架也就難免。如何吵一個建設性的架，避免衝突惡化，也就成爲進入親密關係的人必修的功課。換句話說，這是把焦點放在主動增進關係的向度來做努力（Rusbult, 1987）。

以下有一些建議，提供參考：

1.對彼此的溝通方式差異和對親密的質與量有了解和分享：如此大約可以減少許多不必要的爭吵。

2.眞的發生爭執了，也不用太害怕去面對，可注意以下原則：

(1)聲調、語氣：當發現自己聲調和語氣太激烈時，稍微放鬆緩和一下，就不會在戰火上添油，也不會讓親密的人太感受到被威脅。如果對方的聲調和語氣太激動，也可提醒對方，請對方慢慢用「說」的。

(2)不採取敵對態度：敵對不是我們的目的，我們的目的是要接納彼此的不同和達成共識，我們雖然意見不同，但我們有一個共同的目標是要對問題達成可接納的共識，敵對不是我們要的。

(3)衝突往往伴隨激烈的情感，你和對方可能都處於這樣的狀態，或者對方情緒更激烈，更急於想一股腦把話說出來，那麼遵守一次就一個人說話的原則，說話的人一旦有人聽，一邊說話已經一邊把情緒紓解出來，就不再那麼衝動。聽話的人就先聽、先穩住自己，如果聽話的人情緒也很多，可以邊聽，邊想一些讓自己感覺舒服的顏色、空間或由一百往回數數，等對方告一段落，再說自己的感覺想法，如果剛才因數數或想顏色而沒有完全聽進對方的想法和感受沒關係，就先講你原本想講的，對方此時已較平靜，他可以聽進更多你的話，可以彼此逐漸再聚焦、再溝通。

(4)如果對方還沒準備好要溝通，那麼就先不要勉強，硬是勉強可能帶來更多負向的情緒，何妨再等一陣子，因爲這樣會帶來更好的結局。同時告訴自己不要太快放棄溝通，每個人面對衝突的時間性是不太相同的，他現在還沒準備好，並不表示他不願意。

(5)中國人是很重視面子的，吵架最好對事不對人，你不喜歡他做某件事或你不同意他的某種想法，而不是你不喜歡他這個人或你完全否定他整個人，要有這樣的區分和尊重。

(6)最好直接溝通，不要請人傳話，因這樣對傳話的人也是左右爲難，而且可能因每個人表達方式的不同，相同的意思表達方式不同，可能也會引起誤會，畢竟眞正的問題是在兩人之間，要相處的也是當事人自己，何妨勇敢一些面對面直接溝通。不過，如果你覺得請個人當中間潤滑劑較能緩和氣氛，那麼也要界定好是「潤滑」而不是「傳話」。

(7)有時，對方要的只是一句「對不起」，如果你錯了，就眞誠的先說一句「對不起」三個字就可以化解衝突，何樂而不爲。然後，可以將自己當時之所以會那麼做或那麼說的情況說明一下，讓自己有表明的機會。當然，如果不是自己錯，一昧的認錯，是很委屈和扭曲自己的，親密關係如此委屈或許也不是你要的吧。

3.如果你們已經進入熱吵失控的狀態，就別戀戰，此刻最好的方法就是暫時先離開吵架的情境，雙方約定何時再談，千萬別一去不回。先各自離開情境，冷靜一下，就像立法院裡吵架、打架，主席會宣佈暫時中場休息二十分鐘一樣，這讓情緒有一個緩和的新時空，進而讓自己能較理性、客觀看待事情和體會彼此立場。然後，再利用溝通原則與技巧的「聽」與「說」進行溝通。

第四節　人際敏感度與溝通技巧練習

在男性的認知裡，常覺得：「我認真做事，又沒有對不起你，為什麼事情要一一向你報告？」女生卻認為：「我沒有要干涉你，只是想知道你在做什麼，這樣才覺得彼此信任、有親密感」。「當他大獻殷勤時，她卻猜疑、猶豫；當他不打電話來時，她又覺得被人遺棄。」這些對男女溝通方式差異的不了解，點燃了兩性之間的戰火和持續的拉鋸戰。因此，為增進兩性溝通的順暢，必須由四個方向努力（孫蒨如，1997）：首先是兩性溝通方式差異的了解，是兩性溝通教育的第一步，請參考本章第一節；其次，是基於了解兩性差異的基礎，培養兩性耐心且善意的聆聽對方的習慣，不要因為女性說話較客氣就忽略她的意見，不要因為男性果斷的說話方式就認為他不顧及他人感受；第三，鼓勵女性較直接的表達自己的想法，減少語尾附加問句的使用頻率，也減少用「我不知道」，「我不確定」等字眼作為句子開端；第四，訓練男性解讀他人及表達自我情緒感受的能力，可藉由觀看人際互動的錄影帶加上討論訓練男性的解讀能力；另外，引導男性做肢體表情的練習，傳達各種情緒感受，剛開始或許會覺得不自在，但反覆練習之後，會覺得心情較輕鬆，肢體語言也更活潑生動，更能傳達個人的感受。換句話說，男性要在表達情緒上多練習，女性要在直接表達意見上多練習，同時對兩性差異的了解和解讀能力則是男性和女性都要練習的。

以下就具體以戀愛過程中的幾個常發生的溝通主題爲例，協助男女兩性在人際敏感度和意見及情緒表達的溝通技巧上有所精進。

吃醋

戀愛中男女最常會吃醋的情況之一是覺得對方「心裡有別人」，可能是從話語裡，行動中，或留下來的相片、信件中，而有這樣的感覺和疑慮。要處理吃醋，要了解此時對方眞正要的是「我是你的唯一」、「獨占性」的地位，所以如何處理的措施是「策略」，達到「你是我的唯一」的信心和感覺，是「目的」。

以下就「無意間發現，對方在皮夾中留著前任男女朋友的相片」爲參考範例，提供處理的策略和達到「你是我的唯一的信心和感覺」。

參考案例

一、劇情

清芳幫至中從皮夾拿錢出來時，發現皮夾中仍放著他前任女友的照片，頓時滿腔委屈和憤怒，為什麼你皮夾中仍放著前任女友的照片，而不是我的？

二、分析

1.清芳在沒有預期的情況下發現，認知失調，情緒也激動，覺得自我價值受到傷害，認為兩人的關係不是自己想像的那樣，認為至中欺騙她，一連串的感受、想法在短短幾秒鐘湧現。傷心、難過、生氣是會有的情緒。

2.至中也是沒有心理準備，有可能自己已經很久沒去翻皮夾內的東西，或已經忘了有一張前任女友的照片在皮夾裡的事。此時，對他來講是有兩件意外在進行，一是皮夾內的相片，二是女朋友的情緒和質疑。他的情緒可能是覺得錯愕或清芳小題大作。

三、處理

1.清芳可適度表達自己的不高興和在意，但別讓情緒太渲染，讓至中了解她對這類事情很在意，和之所以不高興的想法，例如，「我好難過，你心裡是不是沒有我？」之類的想法感受。

2.至中可先適度的道歉和安慰一下清芳，然後說明自己的狀態，例如，「對不起，別這樣，你難過我也會跟著難過，我不是故意把相片一直放在皮夾裡，而是很久沒去翻皮夾內層的東西，早就忘了還有這張相片，我現在馬上把它抽出來，好不好？」

3.平靜討論一下過去情人的信件、相片、禮物要如何處理，才比較不會對目前兩人的感情產生干擾。

四、秘訣

千萬記得，處理的方式有千百種，但是都只為達到讓對方有「你是我的唯一」的信心和感覺，這是唯一目的。所以適度的道歉、安慰是很有用的，雙方再就如何處理過去情人的信件、相片、禮物等形成共識並執行。

翻舊帳

「跟你說過很多遍，怎麼還是這樣改不了？」、「你爲什麼老是挑我這個小毛病？」兩個人逐漸熟悉的時候，原本的缺點和對事情的喜惡會在相處中逐漸表現出來，對於自己非常在意，而對方又老是依然故我的事情，就難免有這種生氣和不愉快的對話。其實這是兩人關係從親密期進入調適期的訊息。「情人眼裡出西施」和「情人面前裝西施」的階段過了，兩人呈現比較眞實的自我，這樣的調整是讓兩人相處得比較自在，但同時也得花時間學習改變和相互適應。此時，或許可將翻舊帳的內容分爲三類：第一類是成癮的事情，例如酗酒、賭博、毒品；第二類是會影響到對方或兩人關係的不良習慣，例如遲到、愛亂開口頭支票；第三類是不會影響到對方的習慣，例如早上一定要一杯咖啡，下午一定要吃點心，晚上睡前要聽音樂。第一類成癮行爲要改很難，得審愼評估彼此的毅力和找尋可運用的社會資源；第二類會影響到對方和兩人關係，是值得兩人好好協調和學習改變的；第三類因不影響到對方，所以可以尊重彼此的差異性。以下，針對第二類會影響彼此互動的不良習慣做討論。

參考案例

一、劇情

至中對清芳老是遲到的習慣很生氣，加上自己一直是個準時、急性子的人，那一段等她的時間非常難熬，覺得一鼓氣哽在喉頭，發不出來，很難受，臉色也就很沉。他跟清芳提過許多次，要準時，但清芳還是遲到，視遲到為常事，並未見改善。

二、分析

1.「準時」是一種人際間基本的禮貌與尊重，人際間的基本尊重不應因為熟悉而有所忽略，或權力較高而不遵守。基本上是清芳不對，但情侶間，重要的不是爭一個對錯，而是找出可解決的方法，並且「遲到」是一種可以改的不良習慣，不是罪大惡極不可改變的錯。

2.至中他常提及此事，表示他很在意，如果不在意就不會提許多次，對於心愛的人很在意的事，何不嘗試改變看看，試試看，改變一下，或許沒有想像中那麼難。

三、處理

1.至中可以告訴清芳「自己是個急性子的人，清芳的遲到常常讓他像熱鍋上的螞蟻，心無法定下來，而且會東想西想，擔心她是不是發生什麼事了，生氣加上擔心會讓他整個人很難受，兩個人是不是可以一起想些辦法，幫助清芳準時」。

2.一起想或先問問改掉遲到習慣的人所用的方法，然後認真執行一段時間，找出一種最適合清芳的方法，並且多鼓勵自己達到「準時」的要求。
3.討論如果萬一臨時出狀況沒辦法準時的時候，可以採取哪些處理措施。
4.至中心情也可放輕鬆一些，想一想一個人的習慣要改不是一天、兩天的事，因為她形成這樣的習慣也不是一天、兩天的事，花了多少時間行程就可能得花多少時間修改過來，儘量對她的好表現表示高興和喜歡，可以加速改掉不好習慣的速度。

四、秘訣

要翻舊帳的話，首先要評估有沒有必要，值不值得，對兩人的關係有無正向助益，然後告訴對方你對這件事一提再提的主要想法不是批評他這個人，而是這件事讓你覺得很困擾或心裡很不好受，説明翻舊帳的動機，並注意溝通技巧。

「性關係」溝通

現代社會的兩性關係態度較爲開放，加上營養較佳，生理成熟期提前，受教育期拉長，結婚年齡延後等因素，讓「性」這個問題提前在婚前需要被討論和看見，上述現象所衍生的問題，讓我們正視到性行爲的身體自主權和溝通更需要學習和教育。愛的元素裡有激情，包括從廣義的牽手、凝視、擁抱、接吻、觸摸、愛撫到最狹義的性行爲，隨著愛情的發展階段有不同程度的激情關係，對方願意和你牽手、接吻，她就只是願意和你牽手、接吻而已，絕對不表示願意和你發生性關係，這是在互動時一定要認清和尊重的事。當對方不願和你發生「性」的進一步接觸，你可以做的兩件事就是：第一，尊重對方的身體自主權，不可以勉強；第二，用其他方法排除自己的性衝動，例如跑步運動、沖冷水澡、離開容易讓你有性衝動的情境和時間、轉移注意力等等。

再則，很重要的事在溝通上一定要語言、表情、肢體動作一致和清楚，以免被錯誤的解讀。以下藉由範例提供處理方法和性行為溝通秘訣。

參考案例

一、劇情

至中和清芳交往半年多，至中覺得兩性交往的過程中許多事情男生要主動，於是當初是他主動去牽清芳的手，清芳沒拒絕；當初是他主動去擁抱清芳，清芳當時雖然掙扎了一下，但是還是讓至中擁她入懷；後來牽手、擁抱是常事。有一天晚上停電，清芳正好在至中外面租的住處看電視，停電，什麼也不能做，兩人只好藉著手電筒玩影子的遊戲，又玩猜拳的遊戲，玩到沒什麼好玩，至中開始逗弄清芳，搔她癢，摸她身體，清芳直說：「不要啦！別鬧了！」可是，至中越來越覺得好玩，沒有停下來，一直到衣服被脫去了一件，清芳才意識到危險情境已經形成，大聲的說：「我不喜歡！我不要！請你停止！」這時，至中才聽到清芳的話，才發現清芳真的不要，才停下來。氣氛有些尷尬，但幾秒鐘之後，聽到至中說了聲：「對不起！」清芳說：「沒關係！我不是不喜歡你，而是我還沒有心理準備要和你有更進一步的身體接觸，何況我們的感情也還沒到那種程度。」至中說：「是我太衝動了！」相視一笑，電來了。

二、分析

1. 停電的夜晚、颱風的夜晚、當兵前的夜晚、情人節的夜晚、雙方生日的夜晚、聖誕狂歡的夜晚，都是發生性關係的危險日子，對不希望發生的性關係要有所警覺和適度防範。另外，期末考後、暑假、寒假、春假，這些較空閒的日子，也是發生性關係的高峰期，真的別太相信自己的能力，警覺、防範、轉移都是有必要的。
2. 清楚的拒絕才能發揮拒絕的效用，模糊曖昧的拒絕，只是助對方的興而已。
3. 不要害怕大聲說「不！」，因為沒有任何一個人可以不經對方允許就執意侵犯另一個人的身體，每個人擁有身體自主權，侵犯和不尊重別人的身體是不對的。現在妨害性自主是納入刑法範圍的。

三、處理

1. 清芳大聲說「不！」，和至中說：「對不起！是我太衝動。」是上述例子成功的地方。
2. 既然有一次發生，表示這個問題已經需要面對了。所以後續很重要的是兩人需找個時間，談一談性的尺度的問題，到什麼程度，是對方可以接受和喜歡的，尊重男女差異，多增加彼此深入的了解和溝通的機會，多安排其他運動戶外休閒活動等。

3.藉由醫師撰寫的兩性生理、性知識等書籍，增加對男女生理和性的正確知識。

四、秘訣

(一)記得，拒絕時，不要說些有附加問句、矛盾訊息、語氣不確定、曖昧不明的話或肢體語言。因為這樣對方很難知道你真正的意思，加上男性性衝動較強或不願克制，很容易忽略你發出的訊息或會霸王硬上弓。例如：

1.「現在不要，好嗎？」（這話有附加問句，徵詢對方的意見，對方可以不答應；另外，現在不要，是不是暗示等一下可以？或下次可以？）

2.「這樣很舒服，可是我們不可以這樣做。」（這話前面表示是同意，後面表示不同意，訊息矛盾，容易讓對方不清楚你真正的意思，容易忽略他不想聽到的訊息。）

3.「喔，少來！」〔語帶撒嬌，推開他的手。〕（容易讓人誤會其實你是要的，只是不好意思；會勾起對方更多想要的衝動。）

4.「你覺得這樣做很好嗎？」（這話是問句形式，並沒有明白表示你的意見，如果他覺得很好的話，那他是不是可以為所欲為，何況，短時間內明白表示意見才是最重要的事，而不是去問對方的意見。）

5.「我還不確定要這麼做！」（你不確定，是不是對方推你一把，你就可以同意了，那麼他就態度強硬一點。）

(二)要說語氣肯定的話，做明確的表示，並配合堅定的態度語調和肢體動作。做一個情慾自主、身體自主的現代人。例如：

1.「請你別這麼做。」（很清楚表達意見。）
2.「我喜歡你吻我，可是我不喜歡你碰我那裡。」（明白告訴對方，你喜歡怎樣和不喜歡怎樣，讓對方知道你的喜惡。）
3.「我喜歡你摸我胸部，可是不要碰我下面的部位。」（讓對方明白知道你的尺度，可以摸胸部，並不表示可以進行性交。）
4.「我的界線只到這裡，我不希望有更進一步的親密行為。」（讓對方明白知道你的尺度，和你的明確態度。）

PAC理論基本練習

1.請先複習PAC理論中的PAC狀態所指為何。
2.請判斷下面六句話，真正的自我狀態為：P（父母）、或A（成人）、或C（兒童）？並填寫於（ ）中。
3.小組討論答案。
4.討論「如果我是聽的人，聽到男女朋友說以下六句話，各有什麼樣不同的感受？」
5.說一說這次小組分享的收穫。

小組分享討論：

下面有六句話，請你猜猜看說話的人，真正的自我狀態是P

(父母)或A(成人)或C(兒童):

(　)1.女生對男生說:「你看,叫你多穿件毛衣你就不肯,現在感冒了吧!看你以後還敢不敢逞強」。

(　)2.男生對女生說:「好了,好了,不要再哭了,有什麼事說出來,我幫你想辦法解決」。

(　)3.男生對女生說:「你看,我很厲害吧,投籃這麼準」。

(　)4.女生對男生說:「我們來商量一下,這個春假要怎麼安排假期活動」。

(　)5.女生對男生說:「每次告訴你,你都叫人家等一下,已經等很久了,你到底幫不幫人家嘛」。

(　)6.男生對女生說:「這件事很麻煩也很複雜,一下沒辦法說清楚,明天下午我再把事情詳細告訴你」。

異性互動自在度

量表指導語

請先各自完成下面的量表,以下有6個有關你與異性溝通的敘述,請根據每個敘述依適合你的程度,在下列選項打「√」。答案並沒有對或錯,只是在幫助你了解你自己的真實情況,請憑你的第一印象作答:

非常符合	符合	不確定	不符合	非常不符合	
□	□	□	□	□	1.和陌生的異性談話，我覺得害羞。
□	□	□	□	□	2.和異性談話時，我害怕表達自己的見解。
□	□	□	□	□	3.和喜歡的異性談話時，我會緊張不安。
□	□	□	□	□	4.和異性談話時，我很難輕鬆自在。
□	□	□	□	□	5.和異性談話，我會擔心自己說錯話。
□	□	□	□	□	6.和我喜歡的異性談話時，我會擔心自己的言行舉止，是否會吸引對方注意。
1分	2分	3分	4分	5分	

計分

上述六個題目主要在測量你在「與異性互動」情境中自在的程度。每題得分愈高者，表示與異性互動時愈輕鬆自在，得分愈低者，表示愈易緊張、不自在。

小組分享討論：

1.什麼的情況會害羞？怎樣克服害羞？
2.為什麼會害怕表達見解？怎樣處理害怕表達意見的困擾？
3.緊張時，可以怎麼辦？
4.如何可以放輕鬆談話？
5.和異性交談說錯話時，該怎麼辦？
6.我喜歡和什麼樣的異性說話交談？

學理說明

國內教育學者王政彥認為，有的人面對自己喜歡在意的異性時，會雙頰泛紅，心跳加速，緊張得不知如何開口，為什麼會這樣呢？主要的原因是：他（她）想贏得對方的好感。為了要讓他（她）留下美好的印象，因此在互動的過程中，自己不斷地注意自己的用字遣詞、一舉一動、一顰一笑，過度的修飾使自己愈發緊張，容易出錯，開始擔心是否會給對方留下不好的印象，因而陷在不安惶恐中。如果在互動過程中採取較多的主動，則更會背上「被對方拒絕會很難堪」的心理壓力；如果是女孩子主動，則還要承受「倒追」的社會壓力，要不緊張也難！平常心以對，可能是最有效的克服方法，不要自作多情的過早認定，相遇只是因緣際會的結果。

資料來源：《兩性關係的耕耘》，教育部訓委會委託台灣師大印行，（1993）；柯淑敏（2000）。

人際需求分析

依據人際需求理論的三個象度，以下用簡單的方式來幫助自己或對愛情關係有人際需求層面的探索與了解，這會提供兩人關係的問題癥結在哪裡？以及愛的需求、歸屬的需求或控制的需求等三方面需要給予特別的關懷、注意和調整：

1.可以小組討論。
2.可以情侶分享。

答題指導語

1.請先分別作答，再拿出來一起作比較和討論，相信能促進彼此深度的了解和關係的和諧。

2.以目前的感受回答每一個問題，覺得自己和哪一種描述較相似，或者居中，在1分到5分的適當位置打「√」，不要想太久：

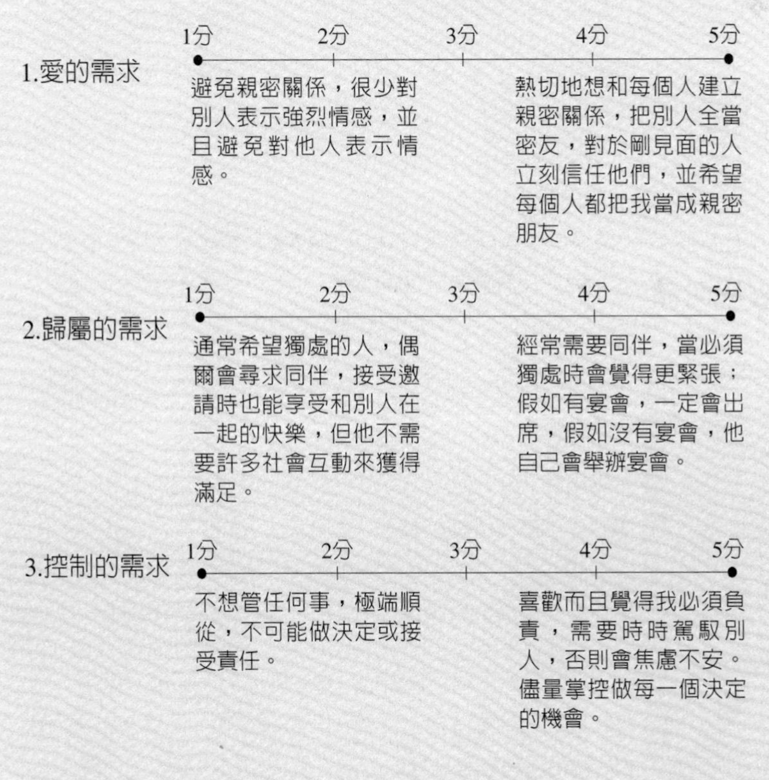

記分說明

將三題的分數加起來，分數愈高，代表人際需求愈高。

小組分享討論：

1.為什麼「√」在某位置？
2.過去有哪些較多的人際經驗是和勾選的位置相呼應的？
3.想想過去有沒有「例外」的經驗？是什麼樣的人、事、物、時、地？這例外的經驗，讓你感覺如何？
4.思考過「較多的人際經驗」和「例外的人際經驗」之後，你對你自己有沒有什麼新發現、新認識或新了解？普遍和例外有何感受上的不同？
5.分享「人際需求」的經驗，讓你對自我了解有什麼樣的新角度？
6.每個人的人際需求可能各不盡相同，該怎麼辦？

延伸閱讀

影片名稱	《當哈利碰上莎莉》
片　　長	110分鐘
導　　演	勞勃萊納
主　　演	比利克里斯托、梅格萊恩
劇情簡介	哈利和莎莉在要到紐約的時候共乘一輛車，在路途上他們討論到對兩性關係的各種意見和看法，發現彼此大相逕庭，沒有好感。後來哈利和莎莉兩人各自經歷了情感的挫折與失敗，都對愛的看法和感受有一番新的詮釋和體悟，他們再度相遇了，他們花較長的時間對「愛」有多次的坦誠分享，值得深思與品味。
影片討論	1.哈利和莎莉分別在挫敗的兩性關係經驗中學習到什麼？ 2.什麼樣的性關係才不會演變成愛情的毒藥？ 3.什麼樣的愛才能讓個人自在地活出自己而不受限？ 4.什麼樣的堅持才算是忠於自己和對關係的承諾？ 5.你對「莎莉在餐廳表演『性』聲音，然後繼續自在地吃東西」的這一段表演和說辭，有什麼樣的意見與想法？

學習重點

1.什麼是溝通。
2.社會滲透理論。
3.PAC理論。
4.說話的原則與技巧。
5.聽話的原則與技巧。
6.三種人際需求。
7.一致型溝通。
8.面對衝突的四種基本反應。

討論與分享

1.「明明心中有所期盼，卻不明說」和「要求很多，一一說出來」，你覺得哪一個比較難處理？爲什麼？你覺得這兩種情形可如何和對方溝通？
2.請以你是學生的立場，談一談你在生活中要如何「落實兩性平等」？
3.戀愛關係中，容易爲哪些事情吃醋？容易翻哪些事的舊帳？你最不喜歡你的另一半吃什麼樣的醋？翻哪一類的舊帳？
4.吃醋和翻舊帳的感受如何？被吃醋和被翻舊帳的感受如何？
5.有哪些方法可以排解婚前的性衝動，避免發生婚前的性關係？

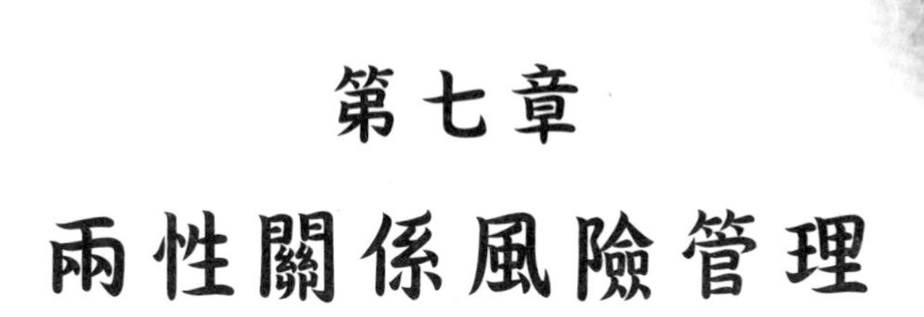

第七章
兩性關係風險管理

愛情有浪漫、激情，但也有風險和危機。在追求美好愛情的同時，能對愛情風險有所認識並做好風險管理，是很必須也是很成熟的態度，這會讓自己更有機會擁有高品質的愛情。本章將談談愛情的風險管理，分節討論目前校園性危機、網路交友、婚前性行為、三角關係、約會強暴、性騷擾、性侵害等七個主題。

螢幕後的人

君君在網路聊天室認識一位和自己年紀差不多的男孩，對方也還是大學生，在幾次聊天之後，發現對方有許多和自己類似的觀點和想法，感覺不錯，越來越信任，於是聊了一些學校生活、學業、社團的事情，也聊了一些和性有關的話題，對方知道君君個性單純，在學校功課不錯，老師緣也很好，社團也是有聲有色，是所謂老師同學心目中的「好學生」。

他約君君出來見面，君君覺得還是就當網路上的朋友就好，還不想見面，但是對方卻威脅說：「有把性相關的對話存下來，如果不出來見面，要把對話放到學校的網路上。」君君很愛惜名譽，非常擔心自己在學校的形象受損，就答應出來見面。

見面之後，對方非常開心，也跟君君道歉，不該這樣威脅她，告訴君君要在她面前把之前關於性的對話存檔刪掉，要君君當見證，於是一起到了對方的住處，開了電腦，卻轉身將君君壓在床上，強行發生性行為。

小組分享討論：

1.如果你是君君，遇到類似的威脅，該怎麼辦？
2.如果你是君君的好朋友，你可以怎麼辦？
3.怎樣反制威脅？
4.君君需要克服的心理障礙有哪些？
5.有哪些社會資源可以幫助君君？

年輕人對戀愛總是抱有一份幻想與憧憬，覺得愛情是美好、浪漫、甜蜜的。覺得談戀愛是花前月下，卿卿我我，是夕陽下、晚風中、手牽手、心連心、互訴衷情，是我泥中有你，你泥中有我，你儂我儂，是只羨鴛鴦不羨仙；描述愛情的小說，讓人愛不釋手，歌頌愛情的詩歌，讓人如癡如醉。對愛情的憧憬讓我們在心靈深處塑造了一個美好的故事（陳皎眉，1985）。事實上，這些是存在於戀愛當中，但不是全部，我們把愛情美化了。有句話說：「人生仇恨何能免，愛情途中風雨多。」平實來說，愛情是有浪漫、激情，但也有風險和危機。若在追求美好愛情的同時，能對愛情風險有所認識，並做好風險管理，是很必須也是很成熟的態度，這會讓自己更有機會擁有高品質的愛情。因此本章將談談愛情的風險管理，分節討論目前校園性危機、婚前性行爲、三角關係、約會強暴、性騷擾、性侵害等主題。

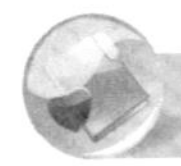

第一節　校園性危機

晏函文先生在台灣推廣性教育多年，他在民國70年提出當時國人是「性知識缺乏，性態度保守，性行為開放」，而積極提出由生長發育、人際關係及作決定三方面從事性教育。二十六年後的今天，社會風氣隨解嚴與媒體網路的發展，談「性」普遍，但是我們仍要問我們的「性知識，性態度，性行為」是如何？是「性知識充分，性態度成熟，性行為合宜，性別平等（尊重），性教育普及」？還是「性知識缺乏，性態度開放，性行為氾濫，性別歧視，性教育不普及（不當）」？如果無法進一步由深層社會結構及文化意涵著手，教育努力可能枉然（張玨，1999）。在校園中推行多年的性教育真的枉然嗎？幾項民調或許可以在某種程度上回答這個問題。

性行為調查比較

桃園縣XY世代行為調查

國大代表陳動委託密西根民調公司作「桃園縣XY世代行為調查」，以亂數法擇取桃園縣十五所高中職扣除不願受調查的五所學校後，每校再抽樣五十名到一百八十名學生，總樣本數是1,048人，於民國87年4月到5月間以不記名問卷方式進行，收回有效樣本九百二十三份，其中高一占40.17%，高二占30.45%，高三占20.38%；男生占40.74%，女生占50.26%（《中國時報》，1998年6月12日）。其中關於青少年性行為內容調查結果如**表7-1**。尤其對學校性教育的不滿意，值得學校在性教育的內容和方式上進行檢討，在內容上可加入**表7-1**的各項，對色情、性行為、性騷擾及強暴等主題有切乎生活的教導與說明，在教學方式上藉由視聽媒體、社會新聞事件、討論、演劇等方式，讓學生了解這是生活中切身的事件並學習面對和有效處理。

表7-1　「桃園縣XY世代行為調查」之性行為調查

項目	百分比
看色情影片	72.7%
看過現場色情表演	12.1%
有和異性發生自願性性行為	4.2%
曾被強暴過一次	0.7%
曾被強暴二次以上	0.9%
不同程度性騷擾	8.1%
遭性騷擾會向老師求助	1%
認為學校的性教育沒有幫助	21.3%

資料來源：密西根民調公司；《中國時報》，1998年6月12日。

表7-2　青少年性行為年代比較表

年代	項目	男生（百分比）	女生（百分比）
民國72年	有擁抱、接吻經驗	18.2%	9.7%
民國84年	有擁抱、接吻經驗	26.9%	27%
民國72年	有性經驗	5.9%	1%
民國84年	有性經驗	11.7%	7.3%
民國84年	有性交易經驗者	2.4%	0.2%

資料來源：《中國時報》，1998年8月26日。

台灣省家庭計畫研究所的縱慣性調查

台灣省家庭計畫研究所以高中職學生爲對象的調查，發現十二年的時間，高中職男生有性經驗者多了一倍，女生有性經驗者多了七倍（《中國時報》，1998年8月26日），如**表7-2**。

台灣與各國青少年性行爲比較

一項涵蓋全球十四個國家青少年性態度調查顯示，台灣新新人類初嚐禁果的平均年齡爲十七歲，較一般國家稍晚，但半數青少年第一次性行爲時未採任何避孕措施，可能是台灣青少年受到的道德壓力較大，卻未獲得正確適當的性教育。另外依據勵馨基金會的相關報告顯示，青少年不使用保險套的原因統計，第一名是「來不及」，第二名是「嫌痲煩」，第三名是「影響性趣」（《中國時報》，1999年10月20日）。換句話說，許多性行為是在沒有預期的情況下發生，許多青少年約會前並沒有想要發生性行為，但情境促發下往往情不自禁或被強迫。這告訴我們，台灣性教育的年齡恐怕應該提早，性教育的品質更應該提升。

表7-3　台灣與各國青少年性行為比較表

	台灣	加拿大	捷克	法國	德國	希臘	義大利	墨西哥	波蘭	新加坡	西班牙	泰國	英國	美國	全球
大部分性教育的來源（父母、兄弟姊妹、朋友、學校、醫生護士衛生所、書籍手冊雜誌、電視、其他）	朋友	學校	朋友	性伴侶	朋友	朋友	朋友	學校	書籍雜誌	朋友	朋友	朋友	學校	朋友	朋友
接受第一次性教育的平均年齡（歲）	13	11.5	12.5	12	11.3	12.9	11.5	11.9	12.7	13.5	11.7	13.5	11.4	12	12.2
發生第一次性行為的平均年齡（歲）	17	15	16.3	15.8	15.6	16.3	16.4	—	16.3	—	16.5	16.5	15.3	15	15.9
對第一次性經驗的感覺沒有預期中的好（%）	33	37	27	40	31	26	30	23	22	19	28	22	33	35	29
第一次性行為中沒有採取避孕措施（%）	49	26	35	15	15	18	39	49	27	49	15	41	16	34	28
第一次性行為中沒採取避孕措施是因為缺乏避孕工具（%）	62	47	20	47	50	22	47	38	21	25	52	50	25	49	38
每年的平均性行為頻率（次／年）	84	113	97	99	116	100	78	69	75	63	66	92	133	128	98
曾發生過性行為的性伴侶人數（人）	4	5.5	4.1	6	4.9	4	4	3.3	3.8	5.6	3.5	3.9	6.4	7.5	4.9
預期在婚後才發生性行為者（%）	13	9	2	4	1	2	5	40	9	4.2	1	42	4	1.7	16
認識有同年齡的朋友因不小心而懷孕者（%）	45	76	74	46	58	55	49	66	74	46	56	57	71	79	61
認識有同年齡的朋友墮胎（%）	39	62	54	45	39	49	32	35	30	47	43	38	55	61	45
對不慎懷孕感到恐懼（%）	22	21	26	17	14	26	33	18	37	28	31	32	25	22	25
對傳染到性病／HIV感到恐懼（%）	44	44	47	41	57	47	19	63	36	36	49	45	47	51	45
一點也沒有因為擔心感染HIV／AIDS而改變行為（%）	19	35	25	28	37	28	66	29	33	29	44	12	28	32	32
隨身攜帶保險套（%）	10	31	20	41	48	38	23	21	24	7	26	9	34	34	26
男性中認為自己滿足較重要的百分比（%）	41	35	31	14	33	37	38	22	30	44	33	29	25	35	32
女性中認為自己滿足較重要的百分比（%）	58	36	25	45	43	66	44	41	41	49	51	26	34	50	44
身邊同儕感染性病／HIV（%）	4	44	31	22	26	16	25	20	12	13	19	18	39	58	25

註：1.▇色塊代表該調查項目居冠的國家；2.▇色塊為調查中「台灣第一」者。

資料來源：Durex保險套公司。

全球性行為調查

英國醫學期刊《刺胳針》（*The Lancet*）醫學雜誌公布一系列關於「性與生殖衛生」的期刊報告，其中包括2006年11月1日出版的一份全球性行爲調查報告，這項由英國研究者完成的調查是世界上第一份極爲詳盡的全球性行爲大調查。倫敦衛生及熱帶醫學學院的威靈斯教授和她的同事對來自五十九個國家的數據進行了分析。研究人員檢視了過去十年公布的性行爲研究報告。他們也利用來自全球各國政府的資料。

在調查中有幾項結果：（整理自《中時生活》，2006年11月2日；《今日晚報》；「中國網」，線上檢索日期：2006年11月7日；《環球時報》）

1.幾乎在各地，男女第一次性經驗是在近二十歲的年齡（十五歲至十九歲間），且一般說來女性比男性更早。
2.晚婚的趨勢越來越明顯，即使是在相對貧窮的發展中國家也是這樣。
3.絕大多數被調查者表示自己只有一個性伴侶。在一些「性開放」的發達國家，25歲以下的人中有1/3的人有多個性伴侶。
4.傳統的結婚生子式的生活方式依然是大多數人的選擇。
5.比起那些未婚人士，已婚者過性生活的次數要多得多。
6.單身人士的性行爲在發達國家比在發展中國家更普遍。
7.依全球範圍來講，第一次性行爲經常是被迫或者是出賣的。
8.學校的性教育晚於第一次性行爲開始的時間。
9.全球範圍內，男人平均擁有的性伴侶人數比女人多。在一些發展中國家，男人通常有多個性伴侶，而女人只有一個，這種不平衡對公共衛生產生了重要影響。在這些國家裡，女性性地位低於男性，所以她們通常無權提出使用避孕套等要求。而且她們通常對丈夫有多個性伴侶的情況也一無所知。在發達國家，情況有很大不同，在英國、澳大利亞、法國和美國，男人和女人性伴侶的數量是一樣的。

以上的研究與調查，提供校園中的性教育省思，是應該以更開放的態度來和校園中的孩子談「性」，性的訊息在現代學生生活中所暴露的機率提高，而整理正確的性知識、調整正確的性態度，以及引導思考討論的機會相對很少。當訊息被儲存卻未被整理和討論，就會被直接拿來複製，失去訊息使用者的主體性和情境性，埋下校園性危機的因子。

第二節　網路交友與網路戀情

台灣目前網際網路的普及率是亞洲第三名，僅次於新加坡及澳洲（《聯合報》，2000年1月10日）。教育部推廣網路教育，期待未來的主人翁們站在世界趨勢的尖端，成爲文明的網路人，網路目前在國內學術單位最爲普及，學校裡學長學姊給新生學弟學妹的見面禮，就是教他們如何上網及熟悉學校的網路資源，我們享受網路無疆界的快速資訊提供，還可以在網路上找笑話、聽音樂、看圖片，爲單一忙碌的生活帶來趣味與休閒；但是我們也必須正視網路沒有疆界，使人類情慾的流動更爲方便的事實。有人說：「歷史有多古老，性愛主題就有多古老；當男人與女人最初在網路上相遇，廣義性愛就自然而然發生了。」因此本節將對流竄在網路上的戀情、性愛、犯罪進行討論。

網路交友

網路交友為男女交往多提供一種管道，提供許多可以相互認識的機會，有時談得投機，即使尚未見過面，但在網路上就已經非常熟悉，因為他和我們眞實生活沒有交集與利害衝突，還可以將對方視為傾吐的對象，傾吐生活的不如意和怒氣。可是如果繼續演變，結果就各式各樣都有，最好的情況可以兩人變成知交、甚至成為合適的男女朋友；其中糟糕的情況可能是對方偽善，說自己如何的好和眞誠，但約出來見面之後，放你鴿子，或交往不成還死纏濫打，甚至設計強暴的事情，時有所聞。談得來的人，會有想要見面的衝動，是一件自然的事情，不過，這樣的衝動，卻必須理性處理，和網友見面的時間、地點和活動也必須多加以考慮和注意安全，可參考本書約會一節的說明和所提醒的注意事項。不管男生或女生，面對不熟悉的環境，難免反應和隨機應變的能力都會降低，不要以為自己是男生或很強壯，「應該」沒關係，「危險」是不會分辨性別的，該小心的還是要小心。基本的安全，例如約在兩人都熟悉的地方，還有開封過的飲料不要喝等等，一定要做到，當然也別太過分，而讓對方覺得自己被當壞人看待。

網路情人

十年前，網路交友開始流行時，有許多浪漫的故事在世界各地發生，後來連廣告，例如：電視廣告的《夏天與甲蟲》，編織了網路情人的美麗相遇，甚至有《夏天與甲蟲溫馨篇》在網路信件中流傳轉寄，網路情人的美麗相遇是多麼讓人期待，最後相約見面，有個「有情人終成眷屬」的結局。電影也有許多以網路交友作為愛情題材的，例如：《電子情書》，網路情人中間雖有爭執、波折，不過最後是快樂的結局，也是很令人高興和回味。

雖然如此，在相同的時空脈絡裡，網路交友也有令人不愉快、厭惡的事情發生，茲舉一則發生在國內的眞實新聞：

郎扮女生　誘出姊妹淘性侵

某大學學生上網化名二十八歲女子「小潔」，騙女網友「蘋果」性侵得逞。

網路上假扮女生的廖姓大三學生，謊稱是二十八歲的「小潔」，透過MSN與二十歲失業女生「蘋果」聊天，話題包括保養品、工作，騙取年輕美眉「蘋果」的信任，雙方愈聊愈投緣，蘋果甚至認小潔做姐姐。

小潔見「蘋果」上勾，即以介紹工作為由邀約她見面，小潔謊稱會叫一個男生騎機車去載她，結果廖姓男生自行騎車到約定地點，成功載到蘋果至一處大樓。廖某接著謊稱小潔會晚點到，把蘋果騙到一間閒置的辦公室，隨即變臉成為色狼，強迫蘋果自己脫掉衣服乖乖配合，否則就叫「兄弟們輪姦」，蘋果心生畏懼遭性侵得逞始獲釋。

資料來源：摘要自蘇守華（2006），《中國時報》，2006年12月3日。

此外，也發生科學園區的男工程師，在網路上認識某性情溫和、刻苦耐勞又美麗的女子，女方常趁中午時間男方不在家時，到男方住處爲他打掃和煮飯，男方感動之下，拿錢資助女方紓困。結果是錢被騙了，而相片上的美麗女子，眞實身分竟是一位歐巴桑。類似的事件，不時出現在各大報的社會新聞版上，還是多提高警覺性比較好。

隔著一台電腦，原本遙遙的距離變成像是只隔著一個心跳的距離，而相互談心之後期待著美麗的相遇，但是，我們千萬別忽視了網路匿名與錯覺的強大作用力，會讓我們不知不覺失去一般實際人際的循序漸進與基本防衛和理性。當網路戀情在發燒，請停下來，用一般人際交往的歷程和理性檢視一下你們的感情狀態和發展階段，找信任的人談一談，沉澱一下，絕對是有好處的，將來要繼續走或做其他處理都會更周到和清楚。

網路戀情

有沒有因網路上認識而發展戀情最後又成功在一起的？答案是「有」，但是機率有多高呢？目前並沒有具體的數據。經由網路發展戀情是一種新的管道，也在蓬勃發展，因此我們有必要對經由網路而發展戀情的特性有先前一步的了解。首先，網路給予使用者無窮的想像與裝扮的可能性，而感情的基礎是建立在彼此的了解、信任和坦誠上。其次，許多人在網路上是採所謂「拆牆築牆哲學」，看對方透露多少，自己再考慮要不要透露多少，如果對方透露的是自己相信或欣賞的，就給予回應也透露一些自己的想法或訊息，但是也有人瞎編。因此，我們可以利用方便的網路來傳遞情意，和有初步的了解，但想要發展一個健康的戀情，還是要回到陽光下，回到眞實生活互動中，增加彼此一起面對面說話聊天，討論事情，討論人生，觀察對方處理事情的方式與態度，了解對方生活習慣與對人、事、物、金錢的價值觀，看到對方在團體中的行爲與人際互動，兩人分享彼此興趣喜好並共同從事休閒活動等等，讓網路戀情不是懸在半空中的氣球，美麗但卻有著踏不到地的漂浮感。

網路性愛

狹義的網路性愛是指在網路上經由打字進行性愛交流，無身體實質接觸，是虛擬性愛的一種；廣義的網路性愛則包括整個男女交往的過程，地點多在雙人或多人聊天室中進行（林政宏、葉正賢，1999）。在此對網路性愛取狹義的定義。網路性愛對成年人來說是另一種情慾的管道，但對「性」沒有健康完整認知的青少年朋友則有深遠的負面影響，建議還是遵守以下三原則：「保護自己」、「尊重別人」、「十八歲以下不宜」（林政宏、葉正賢，1999）。

網路一夜情

網路一夜情是指經由網路認識，邀約見面，而進行一夜情式的眞實性愛活動。有些是自願的，有些是擦槍走火、意外的，不管是自願或不預期，這事後引起的問題一籮筐，千萬別嘗試。報紙上曾有一案例，男女在網路上認識，一天晚上男生考完試，閒著沒事，買宵夜去給女生吃，女生穿著睡衣出來開門，晚上外面冷，請男生進房間一起吃宵夜聊天，吃完宵夜聊完天，男生看著女生一直穿著睡衣，有了性衝動，男生賴著不走，女生請他回去，男生說時間太晚了，已經沒車，是否能借宿一晚，兩人說好：男生睡地板，女生睡床上；晚上太冷加上男生有性衝動不控制，當晚就「霸王硬上弓」的發生性關係。事後女生控訴，男生狡辯說是女生穿睡衣，又讓他睡她房間，是她引誘他，暗示他可以這樣做。因兩人皆已經滿十八歲，算是成年，所以最後依據刑法及性侵害犯罪防治法移送法辦及後續心理輔導諮商。如果兩人尚未滿十八歲，則依少年事件處理法及性侵害犯罪防治法處理。這是擦槍走火，意外發生的網路一夜情。

另外，自願性質的網路一夜情，發生於雙方網路上認識，擺明約出來發生性關係之後要各走各的，互不相干。但是，許多案例發現，有人事後後悔，不甘心，繼續糾纏對方，讓對方不勝其擾；也有人食髓知味，要脅對方繼續和他發生性關係，這類情事，讓網路一夜情的不良後果逐漸擴大。

色情網站

色情網站提供色情圖片、文字、影像、遊戲，每個進入的人都會看到，屬於遊走法律邊緣的活動，若涉及交易，則明顯觸法。刑法第二百三十五條「散佈或販賣猥褻之文字、圖畫或其他物品，或公然陳列，或以他法供人觀覽者，處一年以下有期徒刑、拘役或科或併科三千元以下罰金。」色情網站最大的危險在於它挑逗不正常的性慾，及容易讓人模仿一些足以侵犯他人自由的行為。目前各縣市教育局對防治色情網站進入校園設有標誌及防治措施，希望這些努力可以還給青少年學生一個健康有益的網路學習環境；同時，提供正確的性教育知識、觀念和態度，解答青少年對性的好奇與想像，亦是必要的配套措施。

網路性騷擾與網路性侵害

「網路性騷擾」是在網路上進行令對方感到不舒服、厭惡的文字，開黃色笑話的行為，或進而使用電話或其他管道進行騷擾。

「網路性侵害」是指，在網路上認識，約出來見面，在對方不願意的情況下，加以性侵害，妨害性自主權。

網友性侵的案例隨著網路活動的普遍加上危機意識的薄弱而有增加的趨勢。而網友性侵的受害者年齡層也普遍低於一般性侵受害者年齡。同時，別以為性騷擾與性侵害只發生在男女之間，同性之間也有發生性騷擾與性侵害的事實。曾經發生男性在網路上認識男性朋友，相談甚歡，約出來見面，覺得「我是男生和陌生人見面應該沒關係」，遂單獨赴約，沒想到飲料中被放了迷幻藥，醒來已人財兩失，這對他來說傷害何其大：第一，傷害他男性的自信和自尊；第二，加倍對自己懷疑和貶抑；第三，對人際的不信任和懷疑；第四，需要好長一段時間來撫平受創心靈和重建對自己和對人際的信任和善意。因此，網路交友的危險性是必須被慎重考慮的。

網路FM2的調查及改善

婦女救援基金會和長青生物科技公司在iRose女性入口網站，對網友進行有關FM2的調查，結果發現（《中國時報》，1999年9月19日）：

1.FM2的購買管道六成來自藥局。
2.七成的人對FM2氾濫政府卻無能為力感到憂心。
3.八成的人認為PUB和KTV等公共場所是最容易遭到FM2侵害的地方。
4.有七成的人對服食FM2造成的後果不清楚。

原先的FM2藥丸是用來鎮靜安眠，FM2本身無色無味無臭，但卻被不肖之徒用來作為犯罪及性侵害的工具，由於無色無味無臭，溶解在飲料中不易被發現，造成許多被害人無法明確指認是否喝下摻雜有FM2的飲料，對遭到性侵害的過程也記憶不多，無法陳述，導致檢察官起訴困難，容易讓加害者逍遙法外。

以上的情況在法律及製造藥廠的社會正義理念和技術支援下獲得改善：

1.長青生物科技公司研發完成反FM2試紙，檢驗準確性為90%以上，可用於事先的預防檢測，也可在事後進行尿液檢測，達到雙重檢測功效（《中國時報》，1999年9月19日）。
2.原出產廠羅氏公司研發出新的錠劑，除了外觀顏色改為淡綠色，研磨成粉末加入各式飲料之中，顏色都會產生明顯變化（《中國時報》，2000年5月23日）。
3.管制藥品法上路，將FM2納入管理：衛生署將FM2列為管制藥品，以後藥房如果沒有申請管制藥品的登記，將不得販售FM2，使用的醫師必須領取使用執照，製造或販賣也必須申請登記證，違法將被判處五年以上的有期徒刑。（《中國時報》，2000年5月24日）

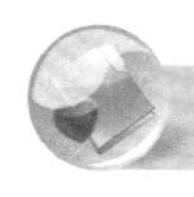

第三節　性心理與婚前性行為

許多青少年的第一次性行爲是臨時起意或情境使然，根本未使用任何避孕措施，因此懷孕和性傳染病的機會增加；另外，許多青少年的性知識來自同伴間的口耳相傳及色情資訊的錯誤示範，使得青少年對性的正確知識及正確保護自己的方法錯誤或誤解，造成更多遺憾及心理、社會問題。因此正確的性知識、對性心理的了解、男女性行爲歷程的認識、身體自主權的落實，是本節的重點。

兩性「性心理」

首先是男女對「性」情境的誤解，女孩態度很親切，男孩誤認這女孩有意與他發生性行爲；當女孩說「不」時，男孩可能誤認爲「可以」；當女孩抗拒時，男孩可能忽略，並認爲這代表願意；男孩可能不認爲他在強暴，而認爲是說服；因爲男孩從一開始追求時就很主動，而女孩常搞不清楚自己要什麼，不要什麼，如果女生在過程中改變心意不想要有性行爲，男孩可能會責怪她不是好情人，或認爲她只是要鬧情緒而不加理會，甚至自己已經蓄勢待發，只好霸王硬上弓。（現代婦女基金會；內政部性侵害防治委員會網頁）。其次，男生可能不了解女生對於接吻、撫摸表示愉悅，並不表示她喜歡或同意和你發生性行爲，答應親吻和答應性行爲完全是兩回事。第三，女生的性曲線或性行爲歷程是緩慢上升的，而不是像男生的性曲線或性行爲歷程一旦啓動性衝動就很快達到高峰，並想一路直線完成；換句話說，男性的性行爲歷程是直線性、短時間，而女性的性行爲歷程是緩慢的、長時間的，如**圖7-1**。第四，每次性關係都是新的關係，答應一次就是一次，答應一次並不表示每次都願意，不應該強迫對方做她不想做的事。

身體自主權與性自主

性行爲的發生可以很美好、很安全、令人印象深刻，但也可能是「很糟」、「沒感覺」、甚至是「約會強暴」等印象，如果你不想在回憶性關係時有負面的感受，就必須體認你是獨立的個體，不

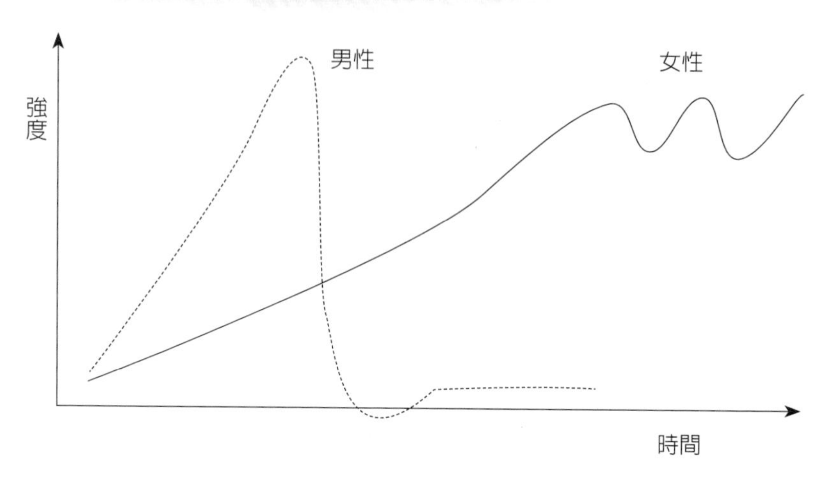

圖7-1　男性與女性的性反應

資料來源：柯淑敏（2000）。

是男朋友或丈夫的附屬品，學會愛自己（《中國時報》，1999年9月2日）。此時女人愛自己最好的方式就是「發揮身體自主權」，你是自己身體的主人，沒有人可以強迫你做你不想做的事，堅決的阻止對方越雷池一步，這不代表你有錯或你不是一個眞正的女人。發揮身體自主權的具體做法是：

1. **充實性知識，了解性心理**：受制於傳統保守父權思想對女性的限制，無論男性的性知識來源如何，男生的性知識多於女性。當我們對於某項事物了解的越清楚，越能平和有效地做適當處理，性方面也是如此，從醫學類書籍或醫師寫的推廣書籍獲得正確的性知識，從兩性心理學的著作了解性心理的男女差異，你才有能力做性的主人，這是主掌自己身體自主權的第一步，因爲「知識就是力量」。値得提醒的是，「盡信書不如無書」，除了書上的專業性知識之外，也要了解和尊重個別差異的存在。

2.**思考「性」問題**：隨著自己身體的成熟及人際關係發展，性的問題自然而然會在生活中出現並不斷挑戰自己的想法，例如，在青春期之後我們身體已經逐漸發育成熟，身邊的同學、朋友會有和男女朋友接吻、擁抱、發生性關係、同居的事情發生，那麼如果是自己，自己會允許和男女朋友的身體接觸到什麼程度？身體接觸程度和感情的發展有沒有相對應的關係？你的最後底限在哪裡？要不要同居？同居和各住各的兩人談戀愛，不同在哪裡？同居後果可能有幾種？如何可以讓自己溫和而堅定地清楚表達自己對性的態度？

3.**和另一半確實溝通**：我們都了解「愛就是什麼都不必說」是對愛的迷思，愛是非常需要溝通的，愛情中的「性」當然也需要溝通，談關於性的問題，有時會覺得好難爲情，不知如何開口是好，要告訴自己，既是感情中會遇到的問題就有必要好好溝通，就像要討論如何安排一段假期一樣，確實討論性的問題是自然的事情。溝通的向度包括事件、想法和感受，討論的內容包括對身體接觸的看法，會不會太快，太快的身體接觸有沒有讓自己產生罪疚感，雙方對身體接觸允許的程度和期待？雙方如何看待性在感情中的地位，先性後愛，或先愛後性，或依感情進展程度性接觸程度可以調整？如果兩人已經有性關係，要如何避孕，有哪些避孕方法，如果不小心懷孕，要怎麼辦？等等問題作兼具事實與情感的溝通。記得要「溫和而堅定」地清楚表達自己對性的態度，如果對方的要求，違反你的意願，你可以大聲說「不」。

4.**鼓起勇氣跨出第一步**：最後一個步驟就是鼓起勇氣，眞誠的面對和享有「當自己身體主人」的權利，每個人都擁有自己身體的自主權，任何違反個人意願的要求都是無禮、無理和不應該的。法律的條文也很清楚是站在維護身體自主權的立場。當你這樣做，你會發現和異性相處起來更自在，更能表達自己，雙方更能互相了解和尊重，更無壓力。

婚前性行為的原因

婚前性行爲的發生有其社會層面因素和個人層面因素。

1.在社會因素方面：

(1)青年人口流向都市就學或就業，出門在外的青年男女脫離傳統社會道德及家庭的約束，加上都市中人際的疏離和寂寞，容易發生婚前性行爲或同居但家人並不知情的情況。

(2)許多大學的後門附近有所謂的「同居巷」，在那兒多的是穿著拖鞋、身著輕便衣物、相互摟著腰的年輕男女一起出來吃飯，「許多人都這樣」的情境下，也讓婚前性行爲和同居的社會壓力減輕。

(3)時代開放，年輕同儕間對婚前性行爲多採尊重的態度，普遍認爲「只要他們自己知道他們在做什麼，也願意負起可能發生的責任，沒什麼不可以」，其實這樣的態度還算是較成熟負責的想法，只是不知道這些年輕朋友是不是輕估了責任和後遺症。

(4)「性」商業對象的年齡層往下降，色情業者進行「有學生證的」招攬手段；同時，青少年間流傳「有性行爲表示自己長大」的錯誤認知，也讓青少年性行爲比例增加。

2.在青少年個人心理因素方面：

(1)想藉發生性行爲，以套住對方或表示愛對方：錯誤的認爲「發生性行爲，表示對方是我的人或我是對方的人」，但是，性行爲和愛情是兩回事，因爲發生性行爲並不能保證就一定不會分手，也不能保證兩人愛情不會變質；有時反倒因為輕易得到而不珍惜甚至嫌棄。

(2)滿足對愛情的幻想和缺乏性知識：錯誤的想像愛情裡就是要有一些轟轟烈烈不為世俗所認同的事情，相信對方的甜言蜜語加上缺乏性知識「不知道這樣會懷孕」，糊裡糊塗發生性行為。

發生性行為之後，男性和女性的歸因也不相同，男性通常歸因於當時情境「太誘人」，而女性通常歸因於是「我不好」，男性把責任推給外在情境，女性則拿道德標準評價自己，其實這正反映社會對男女的不同道德要求，讓男女有不同的歸因和心理反應。

婚前性行為的出路

青少年婚前性行為衍生的問題相當複雜和嚴重，涉及個人、家庭與社會層面，甚至影響下一代的福利與權利，例如未婚懷孕、感染性病、墮胎、早婚、輟學、單親、非婚生子女、經濟、心理健康。這個問題要有個出路，得從三方面同時著手：(1)加強青少年擁有正確的性知識與性態度開始；(2)協助青少年了解兩性看待性的不同心理歷程和培養尊重的態度；(3)以青少年目前生活型態與內容為核心，擴展和加深青少年對性不同層面的了解，包括：

1.避孕的方法及失敗率。

2.國內目前「優生保健法」對未婚未成年人墮胎的法律規定，是需要監護人同意並簽名，方能墮胎。

3.婚前性行為的危險性和後遺症。

4.性衝動的排解方法；如約會場所和性行為的關聯。

5.非婚生子女所面臨的社會、心理壓力。

6.年輕又無經濟能力的小夫妻的生活品質。

引導青少年能有更大的觀點來對這問題所牽涉的範圍、後果和嚴重性有充分的了解和討論。

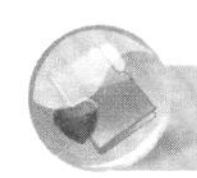

第四節　三角關係

這是很容易在報紙的社會版或網路上，看到的新聞：

苗栗高二生槍殺案　嫌犯郭清海投案

苗栗縣銅鑼鄉日前發生高二學生遭槍擊身亡事件，開槍嫌犯郭清海自知無法逃過法律制裁，向警方投案。郭嫌供稱孫姓學生追求好友徐政傑的女友，當天原本只是要教訓他，沒想到只是拔槍要嚇嚇他，不料卻意外擊發釀成命案。

資料來源：張靜茹（2006），中央社記者張靜茹苗栗縣23日電，2006年10月23日。

除了報紙、網路上類似這種因三角關係而釀成悲劇的新聞之外，讓我們印象深刻的還有台中某知名女中學生，因愛上有婦之夫，和該男子的太太談判破裂後，自殺身亡。某大學研究所兩位學妹同時愛上一位學長，兩個女人談判破裂，半夜凌晨在學校講堂以「王水」滅屍。

從社會版的小新聞到震驚全國的頭條新聞，從送硫酸幫她洗臉，到澆王水讓她消失，從殺人到自殺，讓我們怵目驚心，心疼不已，美好年華就斷送在情感的三角習題裡。

歷史故事裡也有許多三角關係的題材，耳熟能詳的有「潘金蓮、西門慶、武大郎」，「梁山伯、祝英台、馬文才」，結局或血腥或悲戚，都不是我們樂見的，萬一你處在三角關係的習題裡，謹慎小心處理是必要的態度。

三角關係素描

成年期左右人生發展的任務之一就是建立親密關係，生活中有一些人吸引我們或我們爲某些人心動，都是很自然的事情，如果雙方是在非固定約會期或異性群友期的階段，多交一些朋友是很好的事情，多認識異性，多在和異性交往的過程中了解自己，都是很自然的事情。但是一旦主角之一是在固定約會期，有固定的男女朋友或已經和另一個人進入異性密友期的時候，第三者的介入就會引起很大的緊張和敵意，因爲這時他的男女朋友已經是被他歸類爲「生命中重要他人」之列，有人想要搶走他生命中的重要他人，當然會引起對方相當大的情意和反擊動能。所以三角關係的危險是在於當其中兩人已經形成固定穩定雙人連結時，第三者的進入，會威脅到其中一個人的存在感，當一個人的存在感受到威脅，反擊的力量是不可忽視的，若情緒紓解能力不佳或失控，「人我界線」不清，傷人或自傷的事件就很難避免發生。

三角關係的處理

不同類型的三角關係，需要有不同的處理方式。不同的當事人特性和感情特性都是處理三角關係要考慮的重點，很難有放諸四海皆準的處理方法，不過處理的時候一定要掌握「尊重、謹愼」的大原則，並提供以下幾個原則，作爲處理個別三角問題時的參考：

三角關係的中心主角

這裡所謂的「中心主角」是指同時被兩個人愛的人，例如異性戀中，同時被兩個男生愛的女生，及同時被兩個女生愛的男生。如**圖7-2**中的二男一女圖中的女生、二女一男圖中被塗黑的男生。

1. 先以三角關係圖的方式，澄清目前三人之間的感情狀態。問問自己，如果以一分到五分來表示，你愛他們有幾分，強迫自己一定給個分數。以你的感受，他們愛你各有幾分。如果分數有差異，可以進行第三步驟。如果分數都相同，請進行第二步驟。
2. 眞誠地跟他們兩個人道歉，自己目前陷在三角關係中，很痛苦，這不是你願意持續發生的事情。另外也邀請他們談談自己的看法、感受，以便讓你更了解他們的立場和討論出傷害降到最低的處理方式。

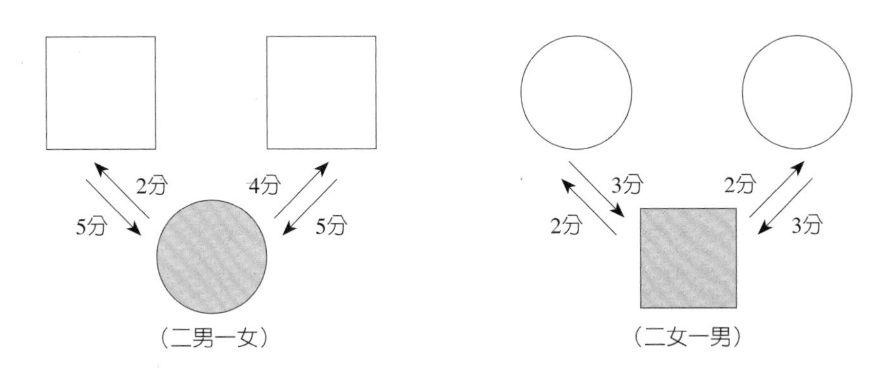

圖7-2　三角關係

資料來源：柯淑敏（2000），《兩性關係學》。

3.事先沙盤推演，要怎樣告訴第三者你的決定。千萬別一拖再拖，也別打迷糊仗，該道歉就要誠心道歉，該處理的事就要真心處理，儘量以「我訊息」來溝通說明，並慎選溝通的安全時間與地點。

4.過程中，可以找專業心理諮商人員幫你澄清自己的狀態，討論可能的處理方式，溝通表達的技巧、情緒的調適、責任的釐清等。

三角關係的第二主角

這裡所指的「第二主角」是指二女一男中的第一個女生，二男一女中的第一個男生，中心主角決定和他在一起的人。

1.問問自己，你有多愛他，你覺得他有多愛你，一分到五分的標準評估的話，彼此的分數是否相當，愛情是相互的事，趁這機會，分享個人愛情觀及更深入的了解彼此。

2.詢問中心主角，自己可以做哪些事幫助他度過這段情感的高壓力期。

三角關係的第三主角

這裡所指的「第三主角」是指與第二主角「『英雄（英雌）』所見略同的『英雄（英雌）』」，即二女一男中的第二個女生、二男一女中的第二個男生。

1.二個人喜歡上同一個人，至少表示你們的眼光是差不多的，欣賞的對象是一樣的，從這個角度看，你們有相似點，似乎沒必要完全的不友善或敵意。

2.愛情是相互的，強留一個不愛你的人在身邊是不會幸福的，即便自己心中有無限惆悵和失落，但仍請尊重中心主角的決定。

3.中心主角沒有義務要負擔你所有情緒和未來的責任，只要他是誠心道歉，請讓這段三角感情有一個平和的結束，理性地爲你曾經付出的愛劃一個美麗的句點。
4.當所愛的人離開，有失落的感覺是難免的，也是自然的事，不用刻意壓抑自己的情緒，這並不表示你不好或你沒有價值，只是表示感情的抉擇和獨占性，你還是你，你的價值不會因此而低落，反倒會因爲你進退有度的接納和處理，而更有價值和成熟。

三角關係中主角們的關係人

三角關係中三位主角身邊的好朋友或家人，稱之爲主角們的關係人。其實，這時候你最重要的角色是情緒支持者，聽他們講他們心中的苦惱，和他們一起罵某某人的不是，可以分享你對這件事的感受和想法，但是，千萬別堅持主角們一定得照你的意見去做，否則會給主角太大壓力，或不敢再跟你說他的心事，你可以提建議，但決定權在主角身上，畢竟那是他的感情生活，不是你要經歷的心路歷程。別忘了，你是朋友、家人，不是當事者，你重要的責任和角色不是做決定，而是情緒支持者。陪伴他，讓他不感覺孤單，才是比較重要的。

避免進入三角關係

或許處理三角關係最好的方法，就是避免讓自己陷入三角關係的情況裡，兩人的愛情關係中要面對的問題和經營的層面已經不少，若讓自己進入更複雜危險的三角關係中，是情非得已的更嚴重和嚴肅的挑戰。

要避免進入三角關係是需要一些人際、愛情的敏感度和技巧的，首先你必須清楚目前自己所處的情感狀況和對方所處的情感狀況，可能涉入這件事的所有當事人對於目前情感狀況認知定位是在固定約會期或不固定約會期或異性群友期，彼此之間的認知是否有差異，是否對方已經認定你們是固定約會期的男女朋友，但你的認知只是「不固定約會期」的好朋友或還在「異性群友期」，對關係還沒認定，如果有懷疑，是不是得澄清，澄清兩人的情感狀況之後，可參考以下的建議：

1.已經有固定伴侶、情侶的人：

(1)不要對自己太放心，公開場合可適當先說明自己已經結婚或死會。

(2)適度向對自己表現好感的異性透露目前情感的穩定，及不希望被打擾的心情。

(3)對別人超過一般友誼的親密付出，要明白拒絕。

(4)如果第三者眞的讓你心動，你一定得先處理好原本的這一段感情。並在兩段情感中間有一段空白期，沉澱一下波動的情緒和紛亂思緒，這才是對感情負責任的態度。

(5)你的另一半在這事件中是無辜的，所以要取得對方最大的諒解。不能替他作決定，他要有一段調適接受事實的時間，也千萬別想幫他找一個替代你的人，尊重他的調適方式和自主權。

2.尚未有固定伴侶的人：

(1)先正面及側面了解所喜歡的人，目前有無固定約會的男女朋友。

(2)如果三個人都是無固定男女朋友，只是兩個人同時喜歡上某個人，那麼自可大大方方的追求和表達，尊重男主角或女主角的決定。這期間可能會有一段曖昧期，彼此體會在一起的感覺和理性評估彼此的「適配」程度，這是自然的過程。

(3)三個人有相同的決定權和自主權，需尊重彼此和結果，別把感情的事看做是競爭，感情的事只有適不適合，沒有誰勝誰敗。

第五節　約會強暴

當你聽到「約會強暴」（date rape）時，你會想到什麼？會有什麼反應？你想，怎麼可能？好可怕！其實，「約會強暴」早就存在我們的社會中，但由於雙方熟識且處於約會關係的狀態，容易模糊約會強暴也是違法的本質，雙方較易以私下和解的方式處理，而不會經由法律途徑解決，不容易爲媒體所報導，社會大衆因而較少聽到此類案件的發生（現代婦女基金會，1985；內政部性侵害防治委員會網頁）。

約會强暴

「約會強暴」是「熟識者強暴」的一種，發生在約會雙方當事人間的強暴事件。「約會強暴」是對被害者身體即信任關係的一種暴力犯行，它可能發生在校園、宿舍、家裡或任何地方。若你能對約會強暴有更多認識，就能知道如何去預防及處理（內政部性侵害防治委員會網頁）。國外對大專院校的受訪者所做的研究，發現有21.2%的人曾經在約會關係中經歷約會強暴（Barrie Levy編，張淑茹、劉慧玉譯，1998）。另一個對美國二十五所大學所訪問的七千名學生中發現，有四分之一表示曾有受暴經驗，其中的47%是屬於約會強暴，而九成以上是沒報案的（鄔佩麗，2000）。國內雖尚無具體研究數據，但不少專家認爲約會暴力可能是婚姻暴力的前奏，依國內婚姻暴力由11.7%到35%的數據來看，約會暴力或約會強暴是我們在兩性關係教育和輔導上需加強認知及預防處遇的重要課題。

約會強暴四大特點

約會強暴不同於一般強暴的原因在於雙方是在約會階段，基本上雙方屬「熟識」且有基本的信任關係，傷害更深的是被害者對人的信任感與自我安全感。

現代婦女基金會（1995）整理出約會強暴事件有四大特點：

1.因與加害人熟識的關係，會讓被害人有自己「識人不深」或自己有錯的自責傾向，對加害者難堅持採取法律訴訟。
2.由於雙方的熟識關係，使得事件外的第三者和當事人容易模糊了強暴案件就是違法的本質。
3.受害人老是陷入被質疑與誤解的二度傷害。
4.一般人錯誤的觀念認爲既是約會中發生的事，多是誤解而已，不應過度反應。

强暴迷思

「強暴」（rape），是違法的行爲，不管是情侶之間、夫妻之間、不熟識的人之間，違反當事人意願就是強暴。有許多不正確的觀念促發強暴行爲的發生，茲將這些不正確的觀念作一整理，破除不正確的觀念，促進兩性對於性的意願與身體自主權的尊重。

強暴迷思

誤解一

兩相情願，何來強暴或騷擾，對多數女性而言，當她們說「不」的時候，其實就是願意，甚至還樂在其中呢！

正確觀念

「兩相情願」，這種謬誤建立在三個基礎上：

1.彼此認識，甚至有親密關係。

2.在強暴發生前，已經有身體接觸的動作。

3.被害人的職業（如妓女、舞女、娛樂業服務人……）。

事實上任何人均是獨立的個體，都有「性」自主權，不應因為彼此之間是朋友、親戚、配偶、家人等的親密關係，就漠視被害人對自己身體的控制權或拒絕與別人性交的權力；其次，之前親密關係的表示並不代表之後強暴行為可以被合理化，有某些男女朋友，之前可能會允許對方親臉、吻頰，但這並不表示之後，對方可以違反女友抑制而霸王硬上弓，而對於某些以娛樂業或性服務為職業的個人，也不因為她（他）的職業，就表示她（他）已喪失作為獨立個體的尊嚴，而藐視她（他）也享有拒絕與人發生性行為的權力。

誤解二

為了報復或是為了獲取利益。

正確觀念

對於報復或獲取利益而言，個案通常會評估自己付出的代價與獲利的程度是否為正比，在目前的社會體制下，被害人如果要捏造強姦行為，她往往要賠上個人一生名節，她以一生的幸福做賭注，划得來嗎？我們不敢說，這種事完全沒有，但畢竟是少之又少。

誤解三

一個不願意被強暴的女人，男人無論如何都是不會得逞的，再說，假如在過程中，如果沒有留下反抗的痕跡——紅腫、淤傷、青紫，多半也是自願的吧！

正確觀念

在強暴過程中，被害人有兩種情況：一種是無意識（如被下藥、灌醉等昏迷狀況）；一是有意識，也就是被害人神智清醒，但被害人往往受制於名譽威脅，如不從，就告訴你的親友、父母親、工作伙伴……、生命威脅（如不從，就殺死你）、職權威脅（如不從，就將你解僱），而任憑擺佈；其次，被害人也可能因驚嚇過度及危機處理能力薄弱，而腦筋一片空白不知如何應變，終至成為被害者，在上述狀況中，被害人均可能沒有反抗或激烈的反抗行動。

誤解四

酗酒或是小時候有過性侵害不幸經驗的男人，才會把這種報復轉嫁給無辜的女性。

正確觀念

運用暴力手段並違反對方意願所進行的性侵害行為，是沒有任何理由可以作為逃脫侵害他人性自主權的藉口。

誤解五

婦女藉著暴露的衣著及不雅的舉止引誘男性，導致強暴或性騷擾，這能怪誰？怪她自己！再說，誰叫她們這麼晚不好好待在家裡，還出去鬼混，甚至跑到女生不能去的舞廳、酒吧……等，如果這種女生遭遇了強暴事件，大概也是罪有應得吧！

正確觀念

在傳統的刻板印象，女性的穿著、出入場所與時間均有極嚴格的限制，人們期待女性在穿著上不可將身體暴露於外，或者是暴露的部分要越少越好，出門在外時不可逗留過久，尤其不可晚歸，對於聲色娛樂場所更是女子的禁地，但是隨著社會轉型，男女性別角色也應隨時代的調整而有所改變，女性不再只受限於家庭角色，她往往還有工作、社會角色，甚至還擁有個人角色，因此身為現代女性，她應該擁有穿衣服、出入時間、場所的自由選擇權，任何人不能因為她不幸遇害就責難或質疑她身而為人的基本自由選擇權。

誤解六

這種女性多半具有強烈的性慾，或是在不正經的家庭中長大，否則好好的女生怎會遇到這種事。

正確觀念

在強暴人口年齡層的分佈中高達20%的被害人口是十二歲以下的女童，這些女童多半不具備性成熟的條件，更遑論有強烈的性慾。此外，任何人、任何家庭出生的子女均有拒絕與別人發生性行為的權力。

資料來源：「內政部性侵害防治委員會網頁」，網址：http://www.moi.gov.tw/w3/antisex/sex79r.htm

如果有類似這樣的迷思，一定得加強正確觀念，因爲這些迷思會破壞兩性關係的和諧與不尊重身體的自主權。

預防約會强暴的SAFE原則

預防強暴的安全原則，是有優先順序的，必須先求第一順位的策略，如果第一策略無法達成才退而求其次，然後依此類推，採取各層次的防暴策略。易言之，防暴的安全原則能夠「尋求安全」就不必「躲避危險」，能夠「躲避危險」就不必「逃離災難」，能夠「逃離災難」，就不必「緩兵欺敵」：（現代婦女基金會，1995）

1.**S**（Security）**尋求安全**：約會需將安全條件放在第一順位考量，不單單是女性的安全，而是雙方的安全。曾經發生深夜在山區看夜景的情侶，被盜匪綑綁，女生被輪姦，男生被殺重傷的不幸慘劇。「深夜」是危險時間，「山區」是危險地點，求救無門，遠水救不了近火。

2.**A**（Avoid）**躲避危險**：如果覺得約會的對象可疑、或約會的地點詭異、約會的時間不恰當，當事人就要拒絕，不要覺得拒絕人家好像不太好，請你想想你的人命安全，拒絕就沒什麼不好意思的了。

3.**F**（Flee）**逃離災難**：約會當時，發現對方有不良企圖或約會地點偏僻，人煙稀少，應盡速離開。雖然較晚發現，但即時行動，總比發現了還讓情況惡化或不行動來得好太多了。

4.**E**（Engage）**緩兵欺敵**：發現對方有不良企圖，但無法立即逃離時，要鎮靜，以緩兵之計欺瞞對方，等待有利機會採取行動及措施。例如，告訴對方自己是生理期，或染有性病等。曾有一案例，是倖存者告訴對方，自己很願意配合，但希望能有一個較舒適的地方，倖存者就在轉移陣地的過程中，趁人多時逃離並報案。

消極預防約會強暴的STOP口訣

除了約會SAFE安全原則之外，也有一個STOP口訣，目的在提醒約會前應先「停下來」想想，這次約會在人、事、時、地方面是否安全：（現代婦女基金會，1985）

1.**S**（Security）**安全**：浪漫的約會是奠基在安全的環境之上的，失去了安全，約會的浪漫期待，可能成了難以抹滅的悲慘經驗。例如，可以相約晚上去山上看夜景，但別待太晚，如果附近看夜景的人群已經漸漸稀少，即可打道回府。

2.**T**（Time）**時間**：是指約會時間要「正常」。例如，只見過一次面，卻邀晚上一點鐘單獨出遊，這就不是「正常」的時間。遇到這樣的邀約，應毫不猶豫的拒絕。如果已經是男女朋友，而對方單純想要有浪漫時光，而沒有考慮到安全問題，也應明白提醒，以保護雙方安全。

3.**O**（Occasion）場所：是指約會場所要「正當」。戀愛的約會地點宜選擇公開、明亮的場所，讓雙方可以多一些共同參與活動，易於聊天，多了解彼此的場所，比如人多安靜的咖啡廳、喝茶店、風景區的湖邊或草地；或人多熱鬧的體育館看球賽、打球，演唱會會場欣賞歌手的歌藝並同歡。

4.**P**（Person）人：是指約會的對象要「正派」。正派並不是從外表的穿著可以看出來的，而是從言行、舉止和態度上來觀察，如果對方喜歡用污衊性言語評論女性，常忽視女性意見、權益與感受，以在女性的面前說黃色笑話爲樂，常侵犯女性空間，則需加強防範約會強暴的發生及拒絕他。

將約會強暴的可能降至最低

約會強暴會發生，但是也是可以預防的，從平時思考性的問題和注意防暴的策略，到隨時觀察身邊可能的危險，增加對約會對象深入的認識等等，是可以有效預防約會強暴的，以下綜合六點提供參考：（《中國時報》，1999年9月2日；洪素珍，1996；現代婦女基金會，1985）

1.清楚自己的身體界線：要知道自己願意和此人發展到何種肢體的親密程度，而非由氣氛或情境來決定。

2.清楚、直接及明確的溝通自己的想法及感受：別對性裝糊塗或不置可否，別說「別這樣好不好」此類間接拒絕又徵詢對方意見的話，而改說「我不要，請你尊重我」。

3.別擔心因爲說「不」而破壞關係：你只是清楚拒絕你不喜歡做的事，並不是拒絕某個人的全部，你有你身體的自主權，別人不能替你決定。不必怕傷了對方的心，眞正愛你的人應該尊重你的感受與意願。

4.**判別對方是否有約會強暴傾向，小心披了羊皮的狼**：例如此人常拿女性身體開玩笑；常任意改變兩人的決定事項或常乾脆自己做決定，根本不管你要不要；他常忽略你的意見，你說「不」時，他仍固執的做他要做的事；他被你拒絕時，會說一些令你有罪惡感的話；他喜歡掌控所有的事物，很難尊重別人的意見想法，會想盡辦法說服別人去配合他；喜歡毛手毛腳，侵犯個人的安全空間。

5.**安全約會時間、地點與活動的選擇**：約會時間避免太早或太晚，也避免拖到午夜或凌晨；約會地點避免自己不熟悉的場所或地區，自己、對方或旅館房間、偏僻的樹下、少人經過的情人椅、無人角落、車子裡等等地方；約會內容若有要喝酒或飲料助興的活動也要儘量避免，並注意飲料封口是否已經開過，目前各藥房也有販售普遍被使用來迷幻的FM2試紙，三秒到十秒即可驗出飲料中是否含有迷幻藥。

6.**約會之前儘量將約會的對象、地點、時間、預定返回的時間告訴可信任的人**：對不太熟悉對象的初次約會最好對其品行有了解之後再考慮，別貿然赴會；同時第一次的約會最好改爲有其他朋友陪同的見面方式。

第六節　性騷擾

性騷擾

舉凡不受歡迎且有性意含、性歧視或性要求的口語和肢體行爲，如黃色笑話或猥褻電話，偷窺、猥褻等，都是性騷擾。Ellen Bravo and Ellen Cassedy（1992）定義性騷擾爲：「用性的方式來騷擾別人；施暴者加諸性於別人，而此人並未要求或表示歡迎此行爲。」這個不受歡迎的行爲可能包括：觸摸、言語、繪成圖畫、雕刻或注視。國內黃正鵠、楊瑞珠（1998）則認爲，性騷擾乃指「不受歡迎的性侵害、性要求，和其他有性意味使人產生不悅的言詞或行爲」。Petrocelli and Repa（1992）認爲，性騷擾組成的行爲有四點（沈慧聲譯，1998）：

1. **以性爲本質的**：如性行爲、圍繞性話題的笑話、色瞇瞇的注視眼光。
2. **不合理的**：如一般人會拒絕的行爲。
3. **劇烈或滲透的**：如身體上的調戲或製造脅迫的環境。
4. **不受歡迎或具有攻擊性的**：如引起對方不舒服、不愉快的感受，對方要求停止的行爲。

日常生活中常發生的性騷擾行爲依情節輕重，約略可以分爲下列五類：（清大性別歧視與性侵害防治處理小組）

1. **羞辱、貶抑或敵意言詞、態度**：例如「你們女生將來還不都是要嫁人伺候老公，書念那麼好幹嘛！」

2.**歧視或騷擾的肢體行為**：如毛手毛腳、碰觸胸部或私處、偷窺、偷拍他人隱私、偷竊內衣褲。

3.**用性服務作為利益交換的手段**：如上司以性服務作為升遷或加薪的條件，老師以占性便宜作為加分或高成績的條件。這並不是你情我願的情況，而是受害者受制於騷擾者的權利地位，不得不順從。

4.**以威脅手段或霸王硬上弓方式的性侵害**：如約會強暴等。

5.**使用暴力的性攻擊**：如強姦和性虐待等。

依據民國95年1月18日公佈的性騷擾防治法，其中第二條對於性騷擾作以下的定義：「本法所稱性騷擾，係指性侵害犯罪以外，對他人實施違反其意願而與性或性別有關之行為，且有下列情形之一者：一、以該他人順服或拒絕該行為，作為其獲得、喪失或減損與工作、教育、訓練、服務、計畫、活動有關權益之條件。二、以展示或播送文字、圖畫、聲音、影像、或其他物品之方式，或以歧視、侮辱之言行，或以他法，而有損害他人人格尊嚴，或造成使人心生畏怖、感受敵意或冒犯之情境，或不當影響其工作、教育、訓練、服務、計畫、活動或正常生活之進行。」這後面有一個很重要的立法精神，規範權力與性的關係，就是不能以強權威脅他人接受與性有關的行為與歧視。

影響性騷擾認定的因素

由性騷擾的定義可知，性騷擾的範圍是廣泛的，同時性騷擾的認定尚有許多主觀因素在左右，例如吹口哨，對某些人來說是性騷擾，對某些人來說是讚美。邱天助（1992）調查高中職女生發現只有23.8%的人認為吹口哨是性騷擾、28%的人認為評論身材是性騷擾、35.5%的人認為講黃色笑話是性騷擾。是什麼原因影響了對性騷擾的認定或造成混淆呢？林燕卿（1994）整理了四個影響性騷擾認定的因素：

1. **性別**：性別會影響對性騷擾的認定，某些行為在男生的界定裡不是性騷擾，但卻被女生界定是性騷擾。主要是因為男性在界定性騷擾時較根據行為者的動機和本意作判斷；而女性則較以承受者的感覺及反應來作判斷（潘維剛，1993）。
2. **性別特質**：男性特質高的人較不容易將性的談論及行為看成是性騷擾，但具高度女性特質的人則會很明顯的將之看成是性騷擾（Fitzgerald, 1991）。
3. **權力**：當騷擾者和被騷擾者權力不相等時，比較容易被認為是性騷擾。有研究以情境設計騷擾者是教師，男女學生較會認為是性騷擾；情境改為是同儕時，較無如此的感覺（Lester, 1986; Littler-Bishop, Seidler-Feller & Opalach, 1992）。
4. **年齡**：當以一篇短文描述性騷擾者為男性時，認為是性騷擾行為者為年長的結婚男性多於年輕或單身的男性（Reilly et al, 1982）。

性騷擾的迷思

對性騷擾有一些錯誤的觀念和理解，需要加以澄清和矯正，以避免因為觀念的錯誤，作出錯誤的行為，茲將和性騷擾相關的錯誤觀念整理如下（沈慧聲譯，1998；柯淑敏2000）：

迷思一　某些人歡迎性騷擾

事實：這不可能會是眞的，它不只是不受歡迎的，人們也不願受別人支配。

迷思二　在技術上，只有女性會被性騷擾

事實：雖然大部分性騷擾的案例是針對女性，但其實也可能是男人被性騷擾。

迷思三　性騷擾是無害的玩笑

事實：如果用同理心來看，將你自己擺到性騷擾的情境中，相信這個迷思很快就會止息。

迷思四　最好處理性騷擾的方式就是忽視它的存在

事實：這似乎不是個好方法；性騷擾似乎不會因爲你的忽視而停止。在許多的案例中，忽視性騷擾可能會使其他的人也被性騷擾。

迷思五　性騷擾必須是有意圖的

事實：以人際上的觀點來看，這不是眞實的。一個行爲構成性騷擾，必須判斷在行爲的基本面上，而非其意圖性。例如，某A可能認爲他的性笑話是非常有趣的，且每個同事都很喜歡。所以他繼續說黃色笑話。但某B可能就認爲這些笑話是具有攻擊性的，那麼他就構成了性騷擾。

迷思六　性騷擾並不是犯法的

事實：事實上，美國1964年的公民權利法案中，已闡明性騷擾是犯法的。我國也在民國95年1月18日公佈性騷擾防治法，於第七條明文規定，機關、部隊、學校、機構或雇用人都應防治性騷擾行爲之發生。目前多起被判決的案例，例如，某公司男同事說黃色笑話，被公司女同事提訴「性騷擾」，而法院判決男同事需賠償70萬罰金之案例。

性騷擾的被害者與加害者

對「被性騷擾者」的分析發現，除了生理性別多數爲女性之外，受害者幾乎沒有太多的相似之處。她們跨越各種年齡、職業；擁有不同的外貌、身材；有的已婚、有的未婚、有的離婚；收入與教育程度也不盡相同。同樣的，對「性騷擾加害者」的分析也發現，性騷擾的加害者也跨越各種不同的社會階級、年齡或職業，父親、朋友、先生、老師、上司、同事、下屬、陌生人，都可能是性騷擾的加害者。這樣的社會現象隱含的意義是性騷擾幾乎等於女人集體命運，破解這集體宿命的方法是釐清社會潛藏的性別差異對待，並清楚找到所要爭取的權益（楊長苓，1998）。

性騷擾的嚴重程度

根據研究調查，在美國有四分之一的女性曾有被性騷擾的經驗，其中84%認識騷擾者，被騷擾者90%在三十歲以下，十六歲到十九歲是高峰，大約爲高中職到大學的年齡（Marry Heppner, 1999）。國內現代婦女基金會工作場所性騷擾研究，發現約有三分之一以上的工作婦女曾受到工作場所的性騷擾。國內陳若璋民國82年的研究指出，我國大學生中每兩位女性、每六位男性，就有一位曾經遭受不同程度的性騷擾。

如果以年齡較小的國高中生爲調查對象，發現遭性騷擾比例大大增高。讓我們來看看台灣、日本和美國三個地方的數據。台北市現代婦女基金會民國81年對台北市高中職學生計一千二百五十三人所做的調查發現，13.4%的女生曾遭嚴重性騷擾，如摸胸部、性器官、發生性關係等；63.5%的女生曾有男生在面前講讓自己不舒服

表7-4　性騷擾受害類型與比例

行為	男生	女生
含有性的言論或注視	56%	75%
觸摸、撫摩或捏掐	42%	66%
有意圖性的性侵害	36%	57%
散播有關性的流傳	34%	42%
用力拉扯衣服	28%	38%
展示或強迫接受性器官	34%	31%
在公衆中散佈有關他們的性的訊息	16%	20%

資料來源：沈慧聲譯（1998），《人際傳播》，頁448。

的黃色笑話的經驗；33.1%的女生曾被人盯著身體敏感部位猛看。日本東京公立學校教師聯盟在1999年3月，以東京地區五百名中學生和五百名小學生所做的調查發現，東京國中女生中，七個就有一個，即14%左右抱怨被男老師性騷擾。男老師不但色瞇瞇的盯著她們的身體，還要求她們奉茶並爲他們按摩肩膀。而4%的小學女生也有類似的經驗（《聯合報》，2000年1月24日）。這個調查只把騷擾者設定爲男老師，若擴及所有曾被性騷擾的經驗，比例可想而知會更高。美國的數據是56%的國高中男生及75%的國中女生表示他們成爲含性的言論、笑話或手勢的目標。42%的男生和66%的女生表示他們是受到包括性撫摸、身體撫摸和捏掐的受害者。學生表示性騷擾的影響是會讓他們不想到學校、不願和同學交往、注意力無法集中、學業學習困難、考試考不好和考慮要換學校。

避免成為性騷擾者

傳統的父權思維或語言，很容易不小心就逾越了對性別的尊重，說出或做出有性騷擾意味的言行舉止，在強調性別平等的時代，大家更應有意識的避免容易又性騷擾意味的言行與情境，以下

六點可作為提醒：（改編自清大性別歧視與性侵害防治處理小組；現代婦女基金會）

1.尊重他人，特別是地位與權利低於自己的人。
2.檢視自己對男女角色的成見與歧視。
3.避免具有性意含的言行舉止。
4.當有人告訴你，你的言行舉止令他（她）覺得被騷擾，請以尊重及審慎的態度問清楚狀況，並立即停止騷擾的言行，尊重他的感受及意見。
5.老師（長官）與學生（部屬）單獨見面，以正式預約的方式於辦公時間在辦公室見面（開著門），如非公事的會面，也儘量在公開場合進行。
6.學習良好紓解自己的情緒與感受的方法，增加挫折容忍力與壓力管理能力。

被性騷擾了，可以怎麼做

如果你被性騷擾了，你該如何保護自己及你可以怎麼做，以下有基本原則及具體的行動提供參考：（修改自清大性別歧視與性侵害防治處理小組；沈慧聲譯，1998；小紅帽；現代婦女基金會）

基本原則

1.**肯定自己的感受**：當你覺得被性騷擾，不管它多輕微，只要感到一絲不舒服，都應該儘快制止。記得，性騷擾是對方的錯，不要退縮，勇敢地保護自己的權益。
2.**說出來，與可信任的人討論**：反性騷擾是需要學習的，找適當可信的人說出你的遭遇和感受，可以紓解情緒，釐清問題癥結，獲得相關訊息，發展應對的策略，幫助你更有力的反擊性騷擾。

具體行動

1.如果騷擾者是陌生人，若在人多的安全環境，則大聲喝止，引人注意；若你身處自覺不安全的地點，則先保障自身安全。然後再想辦法通知女警隊或教官或校警，告知騷擾的時間地點和騷擾者的特徵，以便追蹤或公告周知。

2.如果你認識騷擾者，應儘快明確當面或書面或請第三人告知其不當行為，請其停止。堅決地告訴騷擾者，你不歡迎這樣的行為或言語。

3.在學校或組織中，可向各學校性騷擾與性侵害防治委員會或組織中的適當管道，提出申訴和調解。蒐集證據，包括人證、物證，也許從別人那裡也能證實一些相同的騷擾經驗。如果組織中沒有類似的編制委員會和管道，可先向騷擾者的直屬長官報告，要求處理；再則，可委請民間組織協助。

4.若打算採取正式法律途徑，可向有關處理性騷擾的民間組織（如現代婦女基金會、婦女新知基金會、勵馨基金會等）或政府的單位（如教育部兩性平等委員會、行政院性侵害防治委員會）幫忙，或經由司法途徑提出告訴。

5.接受專業心理諮商：對被騷擾者而言，性騷擾是一種可怕的夢魘，可能會有不斷哭泣、抑鬱、沮喪、睡眠和飲食模式改變、不明原因的頭痛或其他病痛、喪失自信心、無助感、無力感、對人際產生莫名的不滿或疏離、無法集中注意力等「被騷擾症候群」，應接受專業心理諮商人員的協助。

消極防範與積極遏阻

國內黃正鵠、楊瑞珠（1998）對青少年的調查發現，女學生對於行動上、言語上和視覺上性騷擾的因應策略是：趕緊逃跑50%、手腳抵抗34%、回以白眼30%；男學生用手腳抵抗的有32.8%、視若無睹的27.6%。這些策略皆屬於被動反擊。本章之前所提的預防強暴SAFE原則和STOP口訣，在我們的行為上有叮嚀和監控的作用，是重要的，但是卻也限制了女性的行動自由，屬於消極的做法，並無積極的遏阻作用。對於性騷擾和性侵害，我們除了做消極的防範外，更應做積極的遏阻。無數研究指出，性騷擾並不肇因於女性的「穿著」或「行為」，性騷擾有其文化和社會結構上的根源，更有加害者本身的心理和行為問題（謝小芩，1993）。行為上的提醒雖有需要，但若我們只是一味的強調女性衣著和行為上的注意事項或戒律，則非旦於事無補，且扭曲了問題的癥結。此外，如此的強調女性在衣著和行為上的戒律，會讓受害的女性有更多的自責，無法面對性騷擾事情發生的責任歸屬，也無法在認知上建立「沒有任何一個人有權利未經對方同意而侵犯他人」的信念，在心理復原上更加困難和漫長。因此，遏阻性騷擾和性侵害才是積極的做法，讓我們每個人不分性別，健康而堅強的面對性騷擾及性侵害事件。

第七節　性侵害

性侵害

舉凡基於性別或性而生之侵犯事件統稱為「性侵害」。性侵害不僅是傷風敗俗妨害性自主的道德瑕疵問題，更是違法的行為。性侵害造成嚴重的身心傷害。性侵害的行為包括如，強拍裸照、意圖強暴、強暴未遂、（約會）強暴、亂倫、雞姦、強迫口交、以異物攻擊性器官等。

性侵害的內涵會因加害者、傷害、次數和加害特徵而不同，茲列舉如下：

1. **對象**：加害者可分為熟識者和陌生人。熟識者又可分為家庭內和家庭外，家庭內包括血親、姻親和其他家人，例如父親、爺爺、哥哥、叔叔、伯父、姐夫、繼父、媽媽的同居人等。家庭外的熟識者包括鄰居、師長、朋友等。
2. **傷害**：傷害可分為身體上的和非身體上的、精神上的。
3. **次數**：可分為一次和多次，一次或以上即算是性侵害。
4. **特徵**：可分為暴力、未經同意、權力上不平等。

性侵害犯罪

我國於民國86年1月22日第一次公佈的性侵害犯罪防治法，中間歷經多次修正，到目前為止是民國94年2月5日的修正版本。立法的目的是為防治性侵害犯罪和保護被害人權益。

性侵害犯罪防治法中所定義的性侵害犯罪，係指觸犯刑法第二百二十一條至第二百二十九條及第二百三十二條第二項第二款、第二百三十四條第二款、第二百四十八條第二項第一款及其特別法之罪。也就是說，性侵害犯罪是刑事罪，主要是公訴罪。刑法所提的這些性侵害犯罪主要就是「妨害性自主」，對於男女以強暴、脅迫、恐嚇、催眠術或其他違反其意願之方法，而為猥褻之行為者，如果有共犯，或利用其精神、身體障礙、心智缺陷或其他相類之情形，不能或不知抗拒而為性交者，或致被害人羞忿自殺或意圖自殺而致重傷者等等，則加重其刑。

現行的「第十六章妨害性自主罪章」是原本的「第十六章妨害風化罪章」，於民國88年4月21日修定時修改，並將原本的刑法條文做修正，主要的修法精神在於尊重性自主的權利與兩性平等的尊重觀點，只要對方沒有同意即構成侵害的條件，同時保護對象由「婦女」擴大到「男女」。

性侵害被害人保護

「性侵害犯罪防治法」第四條和第六條規定，內政部成立性侵害防治委員會，各縣市政府應設性侵害防治中心，保護被害人之權益並防止性侵害事件之發生。其中對於被害人權益的保護有：

1.24小時緊急救援（110）。
2.就醫診療、驗傷及取得證據。
3.相關警政、醫事、教育人員於執行業務知有疑似性侵害犯罪情事者，應立即向主管機關通報，至遲不得超過24小時。
4.醫院不得拒絕診療及開列驗傷診斷書。
5.禁止媒體報導。
6.得委託告訴代理人，訴訟中可由親人或社工陪同。
7.訴訟上性經驗詰問之禁止。
8.智障或幼年被害人得隔離訊問。

9.審判不公開。

10.可請求醫療、訴訟、心理治療之費用補助。

性侵害防治中心提供的服務

目前全國直轄市、縣市都有成立性侵害防治中心，辦理以下事項：

1.提供24小時電話專線服務。

2.提供被害人24小時緊急救援（110）。

3.協助被害人就醫診療、驗傷及取得證據。

4.協助被害人之心理治療、輔導、緊急安置與法律服務。

5.協調醫院成立專門處理性侵害事件之醫療小組。

6.加害人之追蹤輔導及身心治療。

7.推廣性侵害防治教育、訓練及宣導。

8.其他有關性侵害防治及保護事項。

目前國內各縣市都有依法成立家庭暴力暨性侵害防治中心，爲因所設層級不同（一級機關或二級機關）和人力財力的缺乏，業務多是集合警察局、衛生局、社會局，及醫院、民間機構作任務編組和執行，性侵害防治中心多以綜合規劃、行政聯繫以及社工服務爲主，其他業務則與不同局室和民間單位合作執行。

性侵害的迷思與眞相

不要以爲性侵害的受害者都是女生，雖然受害者女性所占比例較多，但也有一定比例的受害者是男性。一般我們對性侵害有一個典型的故事想像就是：在夜晚的巷子裡，有人拿刀子抵住女性被害人的脖子，強壓到暗處，強暴之，然後受害人竭力的反抗，可是卻遭受更多的暴力摧殘，最後強暴得逞，被害人嚴重受傷，現場留下凌亂的打鬥痕跡。王燦槐（2000）曾列舉對性侵害眞相不了解的人，對所謂「眞正的」性侵害的迷思是：

1.陌生人。
2.有武器。
3.戶外。
4.很多暴力。
5.受害者竭力反抗。
6.有受傷。
7.有打鬥痕跡。

同時，一般人還誤認爲強暴是不熟識者間的一個單一事件。其實，大部分的性侵害事件中，加害人與被害人彼此認識，校園、家中、工作場所等各種地點都有可能發生性侵害，且次數不只一次而可能是持續數月或數年的經常事件。此外，加害者也不一定使用武器或迷藥。

一般誤以爲加害者是出於生理衝動且多是來自較低社會階層，被害者多是穿著暴露、言行輕挑隨便。其實，加害人來自各種社會階層，其中不乏家世良好與受過高等教育的人，強暴的發生也與生理衝動無關，而是心理因素與反社會人格。根據黃軍義的研究調查指出，在監獄中的強姦犯在選擇做案對象時，有高達46.8%的比例是選擇落單的單獨一個人，有38.3%選擇易得手的乖乖牌，第三才是穿著較暴露的人。

表7-5　對性侵害的迷思

迷思	事實
1.只有強暴才算性侵害。	1.凡是任何涉及性的意涵之行為，均被視為性侵害，例如，展示色情圖片、口語上的性騷擾、強迫觀賞色情影片、不斷拂拭女性身體、窺視都算是性侵害。
2.只有在深夜外出，或是偏僻的空地、暗巷裡，才會發生性侵害。	2.無論任何時間、地點，例如，家裡、電梯間、住宅、公園或校園都有可能發生性侵害。
3.性侵害的發生都是臨時起意的。	3.事實上，有的性侵害事件是加害人長時間、有計畫的「預謀事件」。
4.長輩、父母親、親戚、手足不可能對家人進行性侵害。	4.實際上，許多性侵害事件就發生在家庭之內。
5.對於「兩相情願」的性關係，哪裡算是性侵害呢？	5.法律保護任何人享有性的自主權，不因彼此熟識或家人關係，就漠視被害人對自己身體的控制權以及拒絕他人傷害的權利。

資料來源：內政部性侵害防治委員會（1999）。

表7-6　對性侵害被害人的迷思

迷思	事實
1.只有發育成熟、穿著暴露的年輕女子才會遭到性侵害。	1.事實上，從6個月大的嬰兒到80歲的老嫗，都可能成為被害人。
2.只有女性才會遭到性侵害。	2.根據研究顯示，女性雖為高危險群，但男性、小男孩也無法避免遭到性侵害。
3.只要被害人奮力抵抗，就能夠避免性侵害的發生。	3.性侵害的發生常伴隨其他暴力形式：例如，誘騙、肢體暴力、名譽威脅、生命威脅、職權威脅等等，不是被害人抵抗就可制止，反而造成更嚴重的傷害。
4.遭到性侵害的女性多半具有強烈的性慾，或在不正經的家庭中長大，否則好女孩是不會遇到這種事的。	4.許多被害人是12歲以下，性發育尚不成熟的女童。此外，任何人、任何家庭出生的子女都有權利拒絕性侵害。
5.被害人會為了某些原因（如報復或獲取利益），謊稱受到性侵害。	5.性侵害對被害人的傷害相當深重，若有被害人蓄意捏造遭到性侵害，所受到的身心壓力更勝於性侵害的控告。

資料來源：內政部性侵害防治委員會（1999）。

表7-7　性侵害的加害人的迷思

迷思	事實
1.性侵害的加害人都是陌生人。	1.研究發現，許多性侵害事件都是熟識者，甚至利用孩童對「叔叔」、「阿姨」的信任來接近孩童，進行性侵害。
2.加害人都是貧窮的、少數民族或是沒有受教育者。	2.事實上，加害人來自各個階層，包括不同社經地位、年齡層、教育程度、種族、收入、行業等。
3.加害人都是行為異常、精神有問題的人。	3.有些加害人在生活方面就和一般人一樣，反而更容易讓人失去戒心。
4.男性因為無法控制性慾，才會以性來侵害女人。	4.性侵害並非起於男性不可遏抑的生理衝動，而是基於發洩情緒壓力所致。
5.加害人都是男性。	5.雖然多數加害人是男性，也有少部分的加害人是女性。

資料來源：內政部性侵害防治委員會，《兒童性侵害防治教師手冊》，民國88年5月。

性侵害研究的沿革

最初，對於性侵害的研究只研究陌生人強暴，可看出性侵害迷思也反映在當時的研究主題上。後來發現有60%到70%是熟識者強暴，於是開始研究熟識者強暴，近幾年發現熟識者強暴中有相當比例是「婚姻強暴」，強暴包含有性、精神及肢體上的強暴。從婦女健康的角度來看，婚姻強暴是最創傷的。王燦槐（2000）認爲，性侵害研究從陌生人強暴到熟識者強暴，再到婚姻強暴的三階段改變，呈現了一些意義：

1.**從最不敏感到最敏感**：性侵害研究從最不敏感的對象，加害者是陌生人，到最敏感的對象，加害者是先生。
2.**從最易舉證到最難舉證**：夫妻原本有著性關係，但是如何舉證這一次不是你願意，而是被對方脅迫，要依照法院所謂證據的標準來舉證是相當不容易的事情。除非伴隨著暴力，有驗傷單有證人，但證明的還是有暴力而不是有性侵害。

3.**從最懷疑女性到信任女性**：最初的迷思認爲會發生性侵害是女性穿著暴露、言行不檢，才會成爲性侵害的對象，懷疑是女性自己的不對。後來逐漸發現性侵害的受害者年齡從嬰兒到八十歲老人，逐漸去除懷疑是女性的不對的迷思，而是加害人的錯。

4.**從最忽視女性的身體權到尊重女性擁有身體權**：每個人都擁有自己身體的權利，這權利不會因爲你是女性而消失，也不會因爲嫁給某個人而消失。這種將女性「物化」，女性像東西一樣可以買賣的觀念已逐漸改善，現在尊重女性擁有身體權，任何人不能在未經她本人同意的情況下，侵犯她的身體。

5.**從責怪受害者到責怪加害者**：以前將責任推給受害者，認爲是受害者不注意安全或有不檢點的言行舉止才引來危險，後來發現眞相是不管受害者如何的注意安全，如何的檢點行爲，危險還是在她身邊蓄勢待發，甚至威脅到「免於恐懼」的人權。

性侵害防治的沿革

最初，性侵害的防治著重在教導女性防身術、增加路燈的數量和亮度、緊急電話的設置等，這樣的防治措施，也是反映了當時對性侵害的迷思，誤解爲性侵害的加害者都是陌生人。仍想像性侵害的加害者一定是陌生人，他躲在暗處，準備趁天黑無人，襲擊女性。後來發現相當大比例（60%到70%，如果是性騷擾甚至還高達84%）是熟識者，於是防治的措施增加了兩性平等教育、正確性心理、對他人性自由之尊重、性侵害犯罪之認識、危機處理和防範技巧。換句話說，性侵害防治必須從個人認知、態度、技能，到社會氣氛、環境，多管齊下，方能奏效。

性侵害愈來愈普遍嗎？

不，不是越來越普遍，而是愈來愈被注意。過去強烈的貞操觀和缺乏兩性平權觀念，性侵害問題一直不受重視和被隱藏，隨著學者的研究和各種陸續出爐的調查數據，讓大家開始注意和了解問題的普遍存在和嚴重性。根據警政署統計，民國86年受理的性侵害犯罪案件，被害人計有一千五百二十七人，其中十七歲以下有一千零二十三人，占66.92%，十二到十七歲有八百五十三人，占55.86%。性侵害受害者有六成以上是未成年。這些數據都還是報案的案件，受貞操觀和名節觀的影響，還有顧慮訴訟程序不易和訴訟過程中的心理壓力，使報案率和眞實發生數相差頗大，如果以犯罪黑數是十倍的情況估計，眞實發生的性侵害事件是一千五百二十七人的十倍。

性侵害倖存者的創傷壓力症候群

遭受性侵害並勇敢活下來的人，稱之爲「性侵害倖存者」。性侵害對倖存者的情緒影響很大，破壞了對自己的評價和對人的信任感，覺得自己孤立無援，對生活失去控制感，一直質疑爲什麼事情會發生在我身上，覺得失去生活目標，生命也沒意義，想麻木自己，讓自己什麼都不去想、不去感覺；如果還得不到家人或重要他人的支持，情緒問題會更嚴重，復原的路變得更漫長。典型的情緒有：害怕、罪惡、生氣、自責、羞恥、憂鬱、焦慮、沮喪、恐懼。在生理上，可能會有頭痛、背痛、胃部不適及睡眠、飲食失調的現象。在社會人際層面，對人際失去信任，看到和性侵害加害者相同性別或差不多年紀的人會感到緊張、防衛，有的人會退回自己的孤獨世界，辭去工作、不去學校、不參加聚會、不和朋友聯絡、不接電話、不出門等等。以上這些遭受性侵害者在生理、心理、情緒和社會人際四方面的反應統稱爲「創傷後壓力症候群」（Post-Traumatic Stress Disorder, PTSD）。此時及之後很長一段時間身邊重要他人對倖存者的完全接納、陪伴、信任是很重要的，並應鼓勵倖存者接受生理、精神和心理治療。

同時研究上發現，強暴未遂者並不因受害程度不同而有不同的心理程度反應，但生氣的情緒較多，覺得「力量」還在，覺得自己還有反抗的力量。如果是多年後才發現當年是性侵害，所謂「未知覺的性侵害事件」，有可能自行發展出其他心理防衛機制（Marry Heppner, 1999）。

遭到性侵害，該怎麼做

遭到性侵害時到底該怎麼辦？請相信自己沒有錯並積極尋求協助：（內政部性侵害防治委員會，縣政府性侵害防治中心，清大性別歧視與性侵害防治處理小組）

1.相信自己的感覺，不要自責，錯不在你。
2.找個安全的地方，找一個你信任的人陪伴你。
3.先不要洗澡也不要換衣服，很困難也很不舒服，但一定要忍耐，以免毀掉報案所需證據，保留衣物和相關身體狀態，這些物證對後續的法律訴訟和將加害人繩之以法是很重要的證據。

4.盡快就醫，24小時急診，以免錯失治療時機，告知醫院是性侵害案件，會有社工人員及護士、醫師處理，不用等，並有單獨的診療室。醫院除了檢查身體、護理和治療等措施之外，會採集加害者留下來的體液和毛髮等，將相關證物放在證物盒中。

5.向警局110報案，保護自己免於再度受歹徒傷害，也可以使其他人不致成為下一位受害者，此類案件一般由女警處理，後續可得到醫療、心理諮商、法律服務及補助。

6.尋求專業心理諮商協助：遭性侵害後會有程度不等的「強暴創傷症候群」，如做惡夢、對性關係產生恐懼、憂鬱、羞恥、罪惡感、自責等，每個人的症狀不盡相同，此時需要專業心理人員協助你。

朋友或家人遭性侵害，你可以做什麼

當你的朋友或家人遭受性侵害時，請協助他並參考下列建議事項：（內政部性侵害防治委員會，縣政府性侵害防治中心，清大性別歧視與性侵害防治處理小組）

1.相信他。

2.協助他尋求專業的協助，包含就醫、報案、法律諮詢、心理諮商。可向各縣市性侵害防治中心聯繫相關事宜，她們會提供整體的資訊與協助。

3.尊重他調整生活的方式。

4.遵守保密的原則，尊重倖存者的意願和隱私權。

兒童性侵害的輔導與預防

兒童的性侵害預防分「保護自己」和「面對性侵害」的兩大部分進行。兒童的認知發展程度可能不如大人，對性侵到底是怎樣的狀況也都需要以較淺顯的語言來說明，**表7-8**是需要教導兒童知道的六項概念和「您可以這麼說」的參考。

表**7-8**　如何預防兒童遭受性侵害

	概念	您可以這麼說
保護自己	讓兒童認識自己的身體各部位，強調只有自己是自己身體的主人。	1.你的身體是你自己的，任何人要觸碰你的身體時，都要經過你的同意。 2.我們也不該隨便觸碰別人的身體。
保護自己	教導兒童分辨好的觸摸與壞的觸摸。	1.好的觸摸是—— 當別人觸碰你的身體時，一定會先得到你的同意，並且讓你覺得是快樂的、溫暖的。 2.壞的觸摸是—— 當別人觸碰你的身體時，並沒有先得到你的同意，而且讓你覺得害怕的、生氣的、不舒服的、難過的。
保護自己	增強兒童拒絕他人惡意觸摸的能力。	只要有人對你做壞的觸摸時，你要大聲說「我不要」、「我不喜歡」，告訴傷害你的人這樣是不對的、是錯誤的。
保護自己	提高兒童的應變能力。	透過模擬情境或討論的方式，讓兒童找出自己在面對危險情境時，可以運用的策略。
面對性侵害	教導兒童辨別責任歸屬，減少自責。	事情的發生，是傷害你的人做錯了，不是你的錯。
面對性侵害	提供兒童求救、尋求協助的方法。	1.當你遇到這樣的事情，一定要找人幫忙。 2.不管傷害你的人要你保守秘密，你一定要把這件事告訴你可以相信的人，或者是我。

資料來源：內政部性侵害防治委員會（1999），《兒童性侵害防治手冊》，頁8。

如果性侵害倖存者是兒童，除了和對待成人一樣，需秉持基本上要相信他，協助他尋求專業協助，也要尊重孩子調整生活的方式，和遵守保密原則尊重孩子的隱私等之外，還需特別注意以下三個重點：

1.讓他／她了解後續大人處理的情形，並允許他／她的意見參與其中。
2.協助他／她了解目前擁有的資源、選擇權與處境。
3.幫助他／她表達自己的感受和想法。把感受和想法說出來，是幫助他排解情緒和壓力的重要方法之一，但是絕對不能勉強，以免造成二度傷害。

暴力和侵害的省思

我們必須要能反省、覺察和實踐「性別是沒有等號的」。過去在父權的教育體制下，兩性太被區分為兩極化了。在教育教材上、家庭教育上、媒體節目上、就業環境上，無形中被教化成男生等於強，女生等於弱；男生等於尊，女生等於卑；男生等於保護者、發言者、主導者、擁有者，女生等於被保護者、傾聽者、順從者和依附者。此兩極化褊狹的性別定義，讓男性將女性定位於「附屬」、「物」的地位，使男性對女性的暴力和侵害的事件一再發生。兩性關係教育的重要不該只是性別角色的扮演，而是「性」與「別」的覺察、自我角色的認定與相互尊重。我們必須去除性別歧視，去除以男性為中心，去除以男性為權威，支持女性擁有適性的生活環境和權利，女性要站起來，培養自己的獨立自主，而非依附男性或依賴男性，我們都有責任用最公正、最客觀的態度來反省自己並教育下一代「性別是沒有等號」的觀念。

表7-9　婦女對週遭生活環境不安全感

問題 ＼ 答案占受訪人數比率	非常擔心	有點擔心
在一般公共場所或搭乘公共交通工具時，擔心遭受性騷擾	32.1%	39.3%
在工作場所或校園裡擔心遭受性騷擾	20.3%	28.1%
擔心遭受家庭暴力	9.0%	11.6%
擔心遭受性暴力侵犯	20.8%	29.3%

資料來源：婦女權益促進發展基金會。

性侵害事件處理方案

第一個強暴危機處理方案（the Rape Crisis Intervention Program, RCIP）是於1974年在美國波士頓的一所醫院開始實施的。根據Burgess & Holmstrom（1979）的研究指出，約有37%在幾個月內復原，又約有37%耗時數年之久而復原，另外還有26%受害者經過四、五年之久仍未復原。未復原的情況包括：仍然無法有性生活，不敢自在的出門，一直在驚怕中，害怕獨處，陷入情緒低潮等現象。如此看來，性侵害事件對倖存者的影響頗爲深遠，但從調查研究上發現，能以遭受性侵害而尋求幫助的倖存者仍然只是少數（鄔佩麗，1999）。爲了鼓勵和肯定性侵害受害者面對事件和生活的勇氣，在治療上，專家比較支持改稱這些「受害者」爲「倖存者」（Marry Happner, 1999）。

最初，處理強暴事件比較偏重在對倖存者提供危機處理，例如協助到醫院進行檢查和生理上治療及短期的追蹤觀察。後來，隨著之前的觀察發現，倖存者在受到性侵害之後很長的時間仍爲此事件所苦，於是開始重視長期的治療措施，並依受性侵害形式的不同，如陌生人強暴、約會強暴、亂倫等，並以主動積極的態度，對倖存者提供不同的適切措施和治療。另外，在治療者的性別上，需視加害人的性別做調整，如果她的加害人是男性，那麼安排女性的治療者，若加害者為女性，宜安排男性的治療者。

對於陌生人強暴，倖存者許多是在自己覺得安全的地方突然遭受攻擊，甚至是在自己家中被加害者脅迫，所以更會感到環境的不安全和生命的受威脅；因此建立倖存者的心理安全感和教育倖存者這不是她的錯，並加強倖存者掌握個人安全的能力，是治療的重點。如果是約會強暴，倖存者因為兩人約會關係的存在，往往不會立即報案或尋求協助，也因兩人熟識的關係，會讓倖存者自責自己的不小心和識人不深，其主要問題在於對人際失去安全感，因此治療者和倖存者的良性關係本身就是一種治療；其次，也必須降低倖存者的自責，要不斷告訴倖存者，「即使是熟識的人，誰都沒有權利不經過當事人的允許而侵犯對方的身體」；最後，看到倖存者在諮商治療過程中的進步與優點要不斷地給予肯定和鼓勵。如果是亂倫案件，倖存者當時多是兒童或少年，認知和行為能力都不足，加上加害者是較高權力者，如父親、繼父、叔叔、爺爺、舅舅、兄長，倖存者相當的弱勢，這些傷害往往延續到成年，倖存者不但對親密關係感到焦慮，往往還陷入混亂的性關係中，想自殺、不想做自己，尋求生命的意義和建立自我價值是這類個案的重要課題；其次，面對原生家庭成員的不接受、質疑，學習建立親密關係和學習為人父母的技巧及探討個人的生涯發展也是重要的。

治療者的治療策略除了依倖存者受性侵害的型態做調整之外，尊重倖存者的決定權利和協助倖存者建立適當的社會支援網路，可減輕治療者的工作負擔，是不可或缺的重要步驟（鄔佩麗，1999）。另外，治療者本身能熟悉相關資源的功能並和相關專業處理人員之間有良好的專業分工和緊密的專業合作，依據倖存者面對性侵害事件的不同階段和當下需求，提供社工專業、心理專業、精神專業和法律專業的支持與服務，專業之間各司其職，環環相扣，讓倖存者獲得完整、溫暖和接納的專業協助合作模式，也是協助倖存者能走出性侵害陰影的重要關鍵力量。

年輕小姐與船伕（寓言）

故事

有艘船遭遇颱風而沉沒了。船上的乘客中有五個運氣好，搭上了二艘救生艇，一艘艇載了船伕和年輕小姐及老人共三位；另一艘則載了年輕小姐的未婚夫和其親友。在惡劣的天候下，波浪翻騰間，兩艘救生艇愈漂愈遠了。

小姐所搭乘的那艘艇漂流到某個島上，和未婚夫失散的她，一整天忙著尋找另一艘小艇的下落，急著想找出未婚夫生存的一些蛛絲馬跡，結果一點線索也沒有。第二天天氣好轉，她更不死心的繼續尋找未婚夫的蹤跡，然而還是沒有任何發現。

有一天她發現在大海遙遠的彼岸有個隱隱約約的島影，她迫不及待，一心想尋找未婚夫，於是拜託船伕：「能不能麻煩你修理小艇，載我到那個島上呢？」船伕對她的請求回答說可以，但是有一個條件，那就是和她共度一夜。

頹喪失望而又困惑的她，前去找老人商量，「我相當困擾，不知該怎麼辦？不知您有沒有好方法教我。」「對妳而言，什麼是正確的、什麼是錯誤的，我沒有辦法下斷言。妳應該問問自己的內心，照它行事。」老人只是這麼說而已。

苦惱的結果，她終於還是順從了船伕的意思。

第二天早上，船伕修理好救生艇，載她到那島上。遠遠地就看見了未婚夫的她，一靠岸邊，立即由小艇飛奔上岸，深深投入未婚夫的懷抱裡，在未婚夫溫暖的懷裡，她猶豫不決不知該不該把昨夜的事告訴他，結果還是不顧一切的向他表白。未婚夫聽了大怒，吼著說：「我再也不要見到妳！」然後離她而去，留下她獨自哭泣著走向海邊。

目睹這情景的未婚夫的親戚，走到她的身邊，把手搭在她的肩上，對她說：「我很了解你們二個吵架的事，我會去勸妳的未婚夫，目前這段期間，就讓我來照顧妳吧！」

課題表

1.請您針對「年輕小姐和船伕」這篇寓言裡所登場的五位人物，依序將您的好感受（訴求程度），按1，2，3……的順位，填入下欄（請勿填相同順位），並請將您為何選擇該順位的理由，簡單填入理由欄。

個人的順位	登場人物	理由
	船　伕	
	年輕小姐	
	老　人	
	未婚夫	
	親　戚	

2.請再填入貴小組的順位。

（請採取全員充分討論的方式，儘可能不要由某特定的人或小組長決定。最好是經由全員的贊成後再決定小組的順位）

組員／登場人物	1	2	3	4	5	6	7	8	9	10	小組最後決定之順位
船　　伕											
年輕小姐											
老　　人											
未婚夫											
親　　戚											

3.請各小組派代表上台分享小組討論情形——觀點與結果。

延伸閱讀

影片名稱	《末路狂花》（*Thelma and Louise*）
導　　演	雷德利．史考特（Ridley Scott）
主　　演	吉娜戴維斯、蘇珊莎蘭登、布萊德彼特、哈維凱特（Harvey Keitel）
片　　長	130分鐘
劇情簡介	「陽光燦爛，兩位女子坐在被追得窮途末路的車內對望、互親，笑笑，車子加速衝向前方，前方是一座懸崖」……這樣片尾的結局，令人反覆省思和檢討「性侵害」所反應的父系社會文化性別權力關係。電影英文原名是以電影中兩位女主角名字為名，瑟瑪是被先生視為小孩的家庭主婦，露意絲是曾受強暴，目前有獨立經濟能力，為男友餐廳的女服務員，瑟瑪厭倦了無趣的生活，想有一個短的假期，於是和露意絲計畫了週末假期，不料在酒吧和一位男子跳玩舞之後，該男子在停車場想要強暴瑟瑪，在嚇止無用還遭辱罵又要救瑟瑪的情況下，露意絲開槍射殺了該男子，但是他們最後沒有報警說「那男子想要

影片簡介	強暴我」，因為露意絲曾有相同經驗，報警處理的結果是「所有人都看到你和他一起喝酒、跳貼面舞，誰會相信他強暴你？還說你是咎由自取。」

影片名稱	《將軍的女兒》
導　演	賽蒙威斯特（Simon West）
主　演	約翰屈伏塔、麥德琳史道威
片　長	120分鐘
劇情簡介	由小說改編的電影。一位美麗、聰明、能幹、研究心理戰略的女軍官（也是將軍的女兒），被發現全身赤裸的死在營區的偏僻地方，初期研判可能被強暴，因為現場各種跡象都疑似強暴，但是只是模擬強暴，人卻死了。影片中深刻的描繪一個經歷輪暴事件倖存者的心理歷程，與對身邊重要他人（將軍父親）支持的渴望，呈現父母親面對小孩被性侵害的迷思和缺乏認識，尤其對倖存者的生命力和發出求救信號的方式有相當貼近真實的刻化，值得一看和體會。

學習重點

1.身體自主權。

2.男性與女性的性行爲歷程。

3.約會強暴。

4.強暴迷思。

5.SAFE原則。

6.STOP口訣。

7.性騷擾。

8.性騷擾迷思。

9.性侵害。

10.性侵害犯罪防治法。

11.性侵害迷思。

12.創傷後壓力症候群。

13.暴力和侵害的省思。

討論與分享

1.身體跟著我們生老病死，身體紀錄著我們許多生命成長的經驗，身上的疤痕敘說著我們的生命故事，你身上的疤痕敘說的是什麼樣的故事？

2.如何在兩性交往的過程中，讓身體紀錄下的是正向、愉快的、有自主權的經驗與故事？

3.「小齊和女朋友琳達吵架，跑去打保齡球發洩情緒，安琪適時的給小齊一個甜美的微笑和打氣，後來小齊送安琪一個小禮物表示感謝，安琪表示陪她打保齡球之後她會收，兩人約定之後不久，琳達打電話來找小齊……」，請你自行或與小組一起創作編導「琳達與安琪的故事」後續發展與結局。

4.讀完這一章，你對性騷擾和性侵害的看法是否有改變？如果現在有朋友邀請支持反性騷擾和反性侵害，你願不願意盡一己之力？爲什麼？

5.在你的生活中，關於反性騷擾和反性侵害，你可以做些什麼事？

第八章
分手

「分手」是每一個走在愛情路上的人要了解的，可以是預防性，也可以是治療性。讓我們一起鼓起勇氣正視「分手」，看「分手」看個清楚，當自己或身邊的朋友遇上「分手」的問題，也不至於不知所措。因此，本章將談談分手的原因，分手的高峰期，分手的調適，和主動分手及被動分手的藝術，最後也是最重要的是對分手後的調適提供一些建議。

失去的美好

采月與智豪大二在社團認識，采月喜歡智豪，她覺得智豪外型帥、脾氣好、又有才藝。相處了兩個月後，采月向智豪表達好感，智豪雖對采月沒有特殊的感覺，但覺得可以試試看，於是兩個人成了男女朋友。

采月常常覺得是自己倒追智豪的，自己的條件也不差，長得也不錯，這同時，因為也有學長追采月，她會常常跟智豪鬧脾氣，要智豪重新追她，智豪覺得自己相處期間有享受到兩人在一起那種有伴的感覺和快樂，加上自己原本的好脾氣，於是也就順著采月所有的要求。這種互動模式過了半年，成為兩人相處模式之後，智豪常覺得老是在討好采月，學長有送小禮物，他也要送小禮物，學長沒時間載她，智豪一定要有時間去載她。智豪曾經有提過兩個人是不是就算了，采月哭著說她是喜歡他的，要不然早就答應學長的追求了，加上智豪又捨不得失去兩個人在一起那種有伴的感覺，於是又在一起。但是這次智豪提分手，采月覺得自己又被拒絕一次，智豪覺得相處的模式依然一樣，戀愛的快樂感覺愈來愈少，但是他覺得自己已經慢慢對采月有感情了，只是不喜歡這樣的相處模式。

三個月後，采月跟智豪提分手，她決定接受學長的追求，因為和學長在一起沒有壓力，不用擔心學長會不喜歡她，和學長在一起比較自在，不用覺得自己沒有內涵或配不上他，加上學長這將近一年來都沒放棄追她但也沒有逼她要做決定，她喜歡這種感覺，於是決定要和智豪分手。

小組分享討論：

1.讀完這段故事，你的第一個感覺和想法是什麼？
2.你猜猜采月是怎樣的人（包括個性、感情觀、性別平權觀、維繫情感的方法……）？
3.你猜猜智豪是怎樣的人（包括個性、感情觀、性別平權觀、維繫情感的方法……）？
4.如果你是其中的主角（采月、智豪、學長）之一，你會在哪些時候有相同的做法？哪些時候有不同的做法？

聽到「分手」從所愛的人嘴裡說出來，有如晴天霹靂；主動提分手的人要說出「分手」，也是經歷多次掙扎；分手後的半年時間內，談起「分手故事」，又不免要觸動許多抑鬱、沮喪、傷心、混亂、無助、對未來的不確定和沉重的感覺。其實，這些情緒和現象都是自然的、可以被接受的。

可是，如果一直耽溺在分手情緒裡，而不好好將「分手」看個清楚、認識清楚，分手後復原的路會很長、分手的舊戲碼會重演，或是又在情感路上一樣的地方又跌倒。

此外，對於尚未有分手經驗的人，如果能對「分手」有所了解，萬一遇到了，才不致於手足無措的打一場混亂仗，心理受傷受得很嚴重，卻又搞不清楚到底是怎麼受傷的。

「分手」是每一個走在愛情路上的人要了解的，可以是預防性，也可以是治療性。讓我們一起鼓起勇氣正視「分手」，看「分手」看個清楚，當自己或身邊的朋友遇上「分手」的問題，也不至於不知所措。因此，本章將談談分手的原因、分手的高峰期、分手的調適，和主動分手及被動分手的藝術，最後也是最重要的是對分手後的調適提供一些建議。

第一節　分手原因排行榜

分手和離婚的異同

兩性間親密關係的解離，包括離婚和分手，但是關於親密關係解離的研究多將重心放在離婚。對婚姻關係解離（marital separation）的說明和解釋，也只能說明兩性親密關係解離的一部分而已（Hill, Rubin, Peplau, 1976）。縱使許多研究者認爲未婚情侶的心理聯結（psychological bonds） 類似於夫妻，對於婚姻離婚的研究可作爲分手的借鏡（Davis, 1973）。但是另一方面，分手的社會脈絡很不同於離婚，對離婚而言，例如搬家、經濟安排、小孩監護權、法律贍養費、親族蒙羞等是重要因素，而約會關係的結束是很少受這些因素影響（Hill, Rubin, Peplau, 1976）。

其次，「離婚率」可以從戶口登記和國家統計資料上查出來，但是意味約會關係結束的「分手率」卻未登錄，無從查起。但是我們的情感生活不會因爲「分手率」未登錄而變得比較好或不同，不但如此，我們還具體且鮮明的感受到分手問題的嚴重性和重要性。

大學生分手原因排行榜

回顧最近十年社教機構或學生輔導中心的年度個案問題類型統計報告，約略可發現，男女感情問題的個案量大約都居所有問題類型的前三名之中，其中談分手問題的人次又占男女感情求助問題百分比的20%左右，占了五分之一；換句話說，五件男女感情問題中，可能就有一件是「分手」，至於其他情感問題尚包括：溝通、三角關係、性關係等。

至於分手的原因，由於研究的對象和理論觀點的不同，有稍微不同的研究結果。Hill, Rubin, Peplau（1976）以大學生爲對象的研究結果，發現具以下特點的婚前情感關係較易分手：

1. **親密性低**：即兩人心與心的交流少，相互分享心情的程度低。
2. **雙方涉入程度不同**：兩人對這份感情投入的深度不同，雙方投入程度相差越大，越容易分手。
3. **年齡差距**：年齡相差越多，越可能分手，因雙方面對的大學生活課題不相同，大四準備考研究所，大一或大二正想要享受多采多姿的生活內容。
4. **受教育企圖心差異多**：受教育的企圖心相差越遠，越容易分手。
5. **外表吸引力差異多**：外表吸引力相差越遠，越容易分手。
6. **智商有較大差異**：智商差異越遠，越容易分手。

從這個研究看來，大學時期的感情要能維繫，「相似」的條件和動機，加上「同等」的付出，似乎是維繫感情的重要因素。

成年人分手原因排行榜

Burgess & Wallim（1953）以一般成年人爲對象的婚前情感關係分手研究，發現親密關係分手的五個因素爲：

1. **對對方較少依附**（attachment）：離不開對方、需要對方的心理狀態很少，則較易分手。
2. **與對方長期分開**：時間的無法搭配或較遠的空間距離，容易造成分手。
3. **父母的反對**：父母對感情的祝福、樂觀其成或反對，也影響子女對感情的態度，尤其是在親子關係緊密的家庭或社會中。
4. **文化差異**：文化隱含著不同的價值觀、生活規範、習慣等，差異越大或不能協調，則容易分手。
5. **性格難合**：不在於彼此性格相同或不相同，而在於彼此性格合不合得來。

不同於前面Hill等人的研究，這個研究對於分手原因的焦點擴展到個人之外的外在環境、人際及文化因素上。

不容易分手的感情

Rusbult（1983）對於分手的研究，則反其道而行，研究什麼樣的感情關係不容易分手，他的研究結果發現，情感關係隨著時間有以下變化者，較不易分手：

1.**回饋增加**：隨著交往時間的增長，能獲得彼此越來越多感情互動上的回饋。
2.**滿意度增加**：隨著交往時間的增長，對這份感情的滿意程度增加。
3.**投資增加**：隨著交往時間的增長，對這份感情的投資意願和投資量增加。
4.**承諾增加**：隨著交往時間的增長，有更明確或更進一步的承諾和共同的計畫。
5.**其他選擇的可能性降低**：沒有類似的競爭者或吸引者，也比較不會分手。

這幾個因素之間，有個良性循環的關係和交互作用。對方的回饋增加，會讓投資者越願意投資，對關係越滿意，越容易有承諾和實踐承諾。同時，沒有其他可能的選擇或降低其他選擇，有助於關係的穩定。

十個影響分手的變項

Simpson（1987）則從哪些因素影響感情關係的穩定性的角度來研究分手，他歸納以前相關的研究和理論觀點，整理出十個影響分手的變項：

1.**滿意度指標**：有十一項歸因，包含經濟、外表吸引力、情緒支持的能力、可信任度、態度和價值觀相似性、體諒的能力、興趣相似性、人格穩定性和愉悅性、社會地位、親近或親密的能力、性吸引。採七點量表方式計分。

2.**親近度量表**：測量親密的頻率、親密方式的多樣性、感受或受影響的強度，分數越高，表示兩人關係越親近。

3.**兩人關係長短**：約會到目前已有多長時間。

4.**有無性關係**：和對方有無性關係。

5.**有無更好的其他人選**：眞實生活中是否有其他比目前對象更適合的人選，或目前對象是否爲第一選擇。

6.**想像中最佳人選**：和上一個指標類似，只是對象換成偶像人選。

7.**找到其他合意人選的容易度**：要找一個可以替代目前對象的人是困難或容易。採七點量表記分。

8.**關係的排他性**：只問一個問題，「你目前只和一個人約會或和一個以上的人約會」。

9.**自我監控度**：覺察自己並控制自己的程度。

10.**性關係態度指標**：有六個題目，約略了解過去性行爲和自評未來可能性行爲的情況，及對性關係的態度。

Simpson並且想了解上面這十個因素和關係穩定之間的關係如何，研究結果發現關係的排他性、有無性關係、性關係態度指標、兩人關係長短和滿意度，這五項變項和關係的穩定有顯著相關。

Simpson同時提出「高滿意度」、「低其他選擇」和「高投資」三項特質是評估關係品質與穩定的良好指標，這三個因素也直接或間接的由上面十個因素之一或更多而表現出來。換句話說，「高滿意度」、「低其他選擇」和「高投資」是高優質且細水長流愛情的三指標。

國內分手原因調查

張老師月刊分別於1985年和1998年在國內對青年朋友進行有關分手的調查，發現國內分手的前幾名主因，如**表8-1**。

從這相差十三年的本土調查，我們發現分手排行榜的第一名沒有改變，兩人之間「個性、價值觀的差異和是否能溝通」十幾年來都是分手的第一主因；「時空距離」和「父母家人反對」在排名上雖略有調整，但仍居前五名之列。1995年分手原因的前五名之中前兩名和個人因素有關，後三名則和外在因素有關；1998年則有三項和個人因素有關，外在因素影響的比例降低，這「個人因素」分手和「環境因素」分手比例的改變是否意味著時代思潮的改變，意味著新一代年輕人在談戀愛時，「個人主義」成為較重要的價值觀，則非常值得進一步的探討和研究。此外，「父母或家人親友反對」影響著情侶是否分手，十幾年沒改變，這和中國人親子縱向連結較強的文化背景或許有關，此現象背後深刻的意涵是和「孝」、「門

表8-1　國內分手原因排行榜

國內分手原因排行榜	1985年調查（主因）	所占百分比	1998年調查（複選）	所占百分比
第一名	個性和價值觀的差異，無法溝通	22.0%	個性、生活方式和價值觀不同	48.0%
第二名	對方不符合自己的期待	12.6%	出國、當兵等時空距離	25.3%
第三名	有第三者	11.3%	失去愛的感覺	19.7%
第四名	時空距離	10.8%	對方的愛使我有壓迫感	14.1%
第五名	父母或家人親友反對	9.5%	家人親友反對	13.2%

資料來源：柯淑敏（2000），依據張老師月刊（1985，1998）報導製表而成。

第」、「八字」、「面子」等觀念糾結，父母或許會以「不孝順」或「門不當戶不對」或「八字不合」或「要顧面子、沒有面子」等話語作爲反對的理由。當然，不可否認地，也有父母是因爲對方「人品」等以當事人爲主體所做的理性建議。

第二節　分手高峰期與方式

大學生分手高峰期

Hill, Rubin, Peplau（1976）以大學生爲對象的分手研究發現，大學生分手時間和學校行事曆高相關，隨著學期的開始與結束，戀情也有新的開始與結束。他們歸納出三個分手的高峰期爲：

1. 5、6月：學期要結束，要開始放暑假，有人畢業、有人去當兵、有人要出國、有人踏入社會。時空的距離或對未來規劃的不同造成分手，也有人是藉著這樣的時空轉換，可以自然而然不來往。
2. 9月：學期開始，準備過新生活。或者因爲暑假時空的分隔，讓彼此有機會沉澱激情、理性的思考這份感情的未來性或面對自己，對於不想要繼續的戀情，會在新生活開始的時候，做一個交代和句號。
3. 12月、1月：聖誕節前後及將放寒假、過年時。聖誕節是與親密的人分享歡樂的時刻，學生將必須決定他要和誰共赴聖誕舞會，有許多對象的人必須有所抉擇和放棄。放寒假和過年是新一年的開始，讓人有「反省過去、思考未來」的心境，自然的也會對重要生命課題「親密關係」作反省和思考，而做出要繼續經營這份情感或要分手的決定。

除了學者們研究所發現的三個分手高峰期之外，根據筆者個人諮商輔導的經驗，還有一個分手的高峰期，就是「情人節」前後。情人節的來臨會讓人去思考「我們算不算一對戀人」，有機會停留下來問自己「我所想要的是什麼樣的愛情關係？現在這樣的感情是我想要的嗎？我要繼續還是離開？」如果答案是否定的或疑惑的，容易分手或醞釀彼此是否要分手的想法。另外，當情人在情人節時所表達的並不如自己所期望的那麼濃情密意，也容易導致對這份感情的質疑和對彼此間感情重新評估的意念。

分手的方式

關於分手的方式，綜合張老師月刊的調查（1985）及個人專業工作經驗，大略可歸納為下列五種：

1.**沉默式**：這是許多人最常用的一種方式，這是什麼也沒說，什麼也沒做的方式，只是自然而然疏遠，不再聯絡。
2.**解放式**：給對方一個好理由，但不見得是眞正的理由，只要這理由能使對方死了這條心。
3.**宣洩式**：又可分為兩種：一種是將交往這段時間來所受的委屈、不滿說出來，然後告訴對方要分手；另一種是將自己的情緒以激烈的手段宣洩出來，如潑硫酸等，這是會上社會新聞版的無理性行為和犯罪行為。
4.**談判式**：兩個人已經心灰意冷，只是有些事或利益糾葛在一起，需要分清楚；因此，說理說條件，不帶感情，達成分手目的。

5.**協議式**：彼此在能理解和同理對方心情的前提下，對於分手達成共識。讓雙方能表達感受和釐清看法的機會，也有機會共同討論交往期間來往書信及餽贈禮物的處理，協議式分手的過程是帶著體諒的感情和理性的會談過程，感謝這段相處日子所帶來的成長，也祝福各自有屬於自己的未來。

怎樣的分手方式最好？一般來說，最多人採沉默式分手，但專家建議採「協議式分手」才是最健康的方式，因爲協議式分手最具建設性，也兼顧理性和感性。要完整處理理性和感性層面，可能需要一次、二次或三次，依每對情侶交往的深淺及個性需求不同而有調整。如果交往不是很深，那麼分享心情的深度就不用太深，時間就不用太長，只要做到了解和祝福即可；反之，如果是交往很深的情侶，那麼談分手之前則要想得更清楚，做更多的心理功課和有事先沙盤推演的準備，協議時分享心情的時間就不能太短，這些調整都是希望讓分手過程處理得更平和順利，千萬別藕斷絲連，記住，說分手的態度是溫和而堅定的。

分手的儀式對整個分手過程有著很重要的意涵，它影響著分手傷痛的多寡和分手後復建的歷程長短，因爲儀式過程的本身就是在滿足參與儀式者的需求與希望，就像民間爲家中亡者作七七四十九天的喪禮儀式一樣，在家屬在參與喪禮儀式的過程中，宣洩情緒，滿足需求與希望。以「儀式有治療作用」的觀點來看，協議式分手最能滿足參與者的心理需求與希望，因爲對彼此有交代也有祝福，同時，協議方式與內容也要能視雙方的需求和希望有所調整，才最能降低分手的心理傷痛和減短復原時間，也才是對感情尊重和負責的做法。

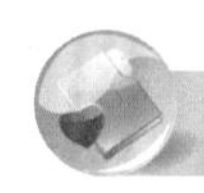

第三節　分手的性別差異

男先進，女先出

Rubin（1975）曾指出在美國中產階級的戀愛或約會關係中，男生比女生容易先準備好要進入戀愛（fall in love），而女生比男生容易先準備好要分手或離開戀愛關係（fall out of love）。換句話說，男生在戀愛關係中是先進後出（First in and Last out, FILO），而女生是後進先出（Last in and First out, LIFO）。

女生較覺察關係中的問題

Hill（1975）等人對大學生及其分手關係的研究中發現，女生比男生更敏感於出現在他們關係中的問題和範圍，例如男生考慮的問題範圍和層面較單純，女生會指出比較多他們關係中重要的問題，例如指出「興趣不同」、「智力不同」、「對於婚姻的想法衝突」、「我期望更獨立」、「我喜歡別人」，而男生則指出「居住距離太遠」的問題而已；此外，女生也比男生更容易去比較他們之間的關係和其他的關係的差異，不管是潛在的或眞實的。因此，女生也就比男生更容易去覺察到關係中的問題，某種程度女生就成爲比較容易主動提出分手的人。

女生的愛比男生較具預測力

Burgess & Wallin（1953）的研究發現，女生對男生的愛比男生對女生的愛更容易預測戀愛關係的狀態，及分手與否。也就是說女生對對方的感受比男生的更具有預測力來預測將來關係的好壞。或者是說女生的感受對戀愛關係提供一個更敏感的動向指標。

女生主動分手多於男生

張老師月刊1985年和1998年對國內青年朋友的調查中也發現在戀愛關係中，事實上由女生主動提出分手的比較多；當然，也是有男生想分手，做得讓女生受不了，最後讓女生提分手的情況。但至於是誰想分手，則不管男生和女生都有較高比例的人說是自己。以心理學的角度來看，說是自己主動分手，是自然心理現象，因爲如此的說法，比較能爲自己保留一些自尊，也比較容易調適分手後的痛苦情緒。

第四節　分手的準備與法則

分手的危險與解危

如果情侶或三角關係之間能平和的結束感情，那也算是爲感情畫上一個美好完整的句點。即便要分離，也能好好的說再見，這段不能持續的「緣」也是一段「好緣」。令人傷痛難過的是，在分離時把自己或對方，甚至是雙方或牽扯到這份感情的人，弄得精神緊張、暗無天日、恐懼害怕、見血見刀、甚至失去生命。何以原先有情有愛的情人要分手，卻變成悲慘的結局？

以心理學的角度來解釋是，對「分手」事件的負向情緒與負向思考引發負向的行為。當一個人情緒智力太低，社會支持網路太薄弱，自己無法正向紓解分手帶來的負向情緒，旁邊又沒有適當的人適時伸出援手給予友善引導和陪伴，分手的情緒紓解無門，掩蓋理性，負向的行為就會出現。社會新聞中的用刀、用槍、用瓦斯、用硫酸、用王水的負向行為令人擔心恐懼。大家都不希望在擔心恐懼下過日子，人有免於恐懼的權利，情侶可以好好的說再見：

1. **正向思考**：首先，對分手要有正向思考，不把分手看成是自己的世界末日，分手並不表示你是一個失敗的人，分手只表示兩人不適合，並不代表被分手的人沒有價值，可以讓不能持續的「緣」成為一個人生青澀回憶之一，也是一段「好緣」，留給以後有機會能在白髮蒼蒼時回憶。
2. **健康情緒**：培養和提升我們的情緒智力及挫折容忍力，分手只是人生中許許多多的挫折之一，不是全部，有情緒是人的本質，必須讓自己正視分手情緒、了解分手情緒，將情緒以健康方式紓解，是一個必要的人生功課和學習，讓自己提升，更有機會擁有一個更適合自己的感情生活。
3. **適當行為**：對彼此要有體諒，畢竟愛過對方，愛對方的當時無不希望對方幸福，若對方留在自己身邊不幸福，不必強留和委屈對方，又讓自己的愛貶低成令人窒息的愛，不值得。採取適當紓解自我情緒的方法，給予自己和對方祝福。

分手的準備與法則

當有分手的想法時，別急著就去做。先讓自己停下來，做一些心理準備和實際分手行動上的推演，讓自己的情緒比較穩定了，對如何理性平和的處理分手有掌控感了，再開始行動。以下對「如何說分手」提供一些建議：

給主動提分手的人

1.找個地方靜靜想清楚自己為什麼要分手？有哪些理由可以支持你堅定地提出分手？分手有什麼好處，有什麼壞處？如果心情和思緒都很混亂，可找你覺得信任的人及好朋友說一說，也可以找專業諮商人員協助你整理與澄清紛亂的情緒和想法。

2.在要約對方談分手之前，先做好沙盤推演，考慮對方的個性，兩人交往的深度，對方可能的反應等，準備好自己說的方式、態度和理由。

3.調整好情緒再出發，注重溝通技巧，以說「我……」的角度切入，態度溫和而堅定，避免「你……」的指責或怪罪，千萬別數落別人的不是。

4.慎選談分手的時間和地點，時間最好是白天，因晚上人的情緒較容易失控；地點最好是選在公開、安靜、有旁人，但不會干擾你們談話的地方。

5.告訴親近的人，你要去談分手的「人、時、地、事、物」，及何時回來；或者請親近的人在離地點不遠的地方等你，以預防危險事件發生，保護雙方安全。

6.分手後保留一段情感的「眞空期」，一方面讓彼此有更清楚的情感界線，另一方面也沉澱自己的情感，並整理在這段感情中的自己是怎樣的一個自己，自己對感情的看法，思考這段感情帶來的成長與學習。

給被動分手的人

被動分手的人，可能原本對這份感情會分手已有一些心理準備，也可能毫無心理準備。不過，不管有沒有心理準備，被動分手的心情抑鬱、混亂、想挽回、無價值感卻很相似；如何紓解這些強烈的低落情緒和在分手事件中有正向學習，是被動分手者要積極面對和覺察的課題。以下對「如何面對分手」提供一些建議：

1.在對方提出分手後，要先保持冷靜，衝動會搞砸許多事。先穩住，讓自己聽完對方怎麼說，別從「我被甩」的角度聽事情，而從「了解對方是怎樣不快樂，在感情中的他是怎樣的心情」的角度，來體會和了解事情；及「留一個心不在我身上的人，兩人會不會幸福？」來看自己感情的未來。

2.一般來說，被動分手的人會比主動提分手的人需要更長的心理調適和恢復期，因為主動提分手的人在提分手之前已有較長的心理準備期，而被動分手的人是從聽到對方說要分手，才開始有心理上的反應歷程，如果自己悲傷的時間較長，是自然的，千萬別怪自己。

3.痛苦別往自己肚子裡吞，找親近、信任的人分擔你的悲傷和壓力；找專業心理諮商老師協助你紓解情緒，整理情感經驗，抒發內心感受、想法和找到情感的定位。

4.也讓自己有一段情感的眞空時期，避免在混沌、雜亂的情緒中，有新情人無形中成為替代品，避免自己分不清楚自己喜歡的是前任情人的影子還是現在的情人，同時這樣對新情人也是不公平的。千萬要避免一筆情感糊塗帳，老是前後糾葛搞不清楚，永遠找不到自己眞正要的情感歸宿，故事老是重演。情感的眞空期，有助於讓分手經驗有正面的意義和產出新的力量。

朋友想分手，如何伸出援手

根據調查，青年朋友最常詢問請教情感問題的對象是同儕，包括同學、朋友或年齡層接近的兄弟姊妹。「身邊有人想分手，該怎麼辦比較好？」就成了青年朋友極想知道的答案。身爲同儕，如何面對朋友想分手的問題？

首先，要先清楚朋友是在什麼樣的情況下想分手，一般可分三種情況來說：

1. **情況一**：如果雙方只是吵架或遇到情感風波，嚷著想要分手來發洩情緒。那麼，就不用去討論要怎樣分手，只要陪著他，時而陪著他罵，時而安慰他，讓他把心裡頭的不愉快暢快的說出來，就已經做到朋友該有的支持與情份了。
2. **情況二**：如果情況是兩人之間的不合已經累積好多事件和好長一段時間，他正在猶豫是不是要提出分手，一方面認爲兩人這樣下去不是辦法，但說要分開，又覺得捨不得，理性和感性正在拉扯。那麼，可再細分成兩種情況：

   (1)如果他願意聊一聊他的掙扎和猶豫，就陪著他說話，說話的主體是他，讓他說他想到的、想說的，陪著他，認眞聽，適時分享自己的感覺和想法，他在說話的過程中，可以一邊紓解紛亂的情緒，一邊整理自己的想法，你的眞誠分享和陪伴，會給他信心和安定。值得提醒的是，要不要分手的決定權還是在他，我們作爲朋友，不能要求他做我們認爲的決定。

(2)如果他不願意或還沒準備好要找人說一說他的想法和困擾，作爲朋友，就拍拍他或告訴他，你知道他的心情，如果需要朋友，你會願意陪他，或陪他做一些排解情緒的活動。

3.情況三：他已經有分手的決定了，只是不知道要怎麼告訴對方，那麼可以陪著他把分手的理由整理得更清楚，陪著他討論第三節「分手的準備與法則」，依據他對對方的了解和兩人關係做沙盤推演，協助他有穩定的心情去做分手的適當處理。分手之後，尊重朋友調適心情的方式，關心他生活空檔的重新安排。

總而言之，先了解朋友想分手的情況是處於以上情況的哪一種，然後站在朋友的立場，陪伴他，分享自己的意見和心情，但尊重他的決定權。最後，如果你覺得情況棘手，在徵詢得他的同意之後，可一起請信任的長輩或相關專業人員提供必要協助。

第五節　分手後的調適

分手後的情緒

Simpson（1987）研究發現：(1)親密程度；(2)交往時間長短；(3)再找其他伴侶的容易度，三項變數可以穩定的預測分手後情緒痛苦的強度和持續時間。換句話說，越親密、交往時間越長、越不容易找到其他合適伴侶的情況下，當事人分手後的痛苦情緒越強，痛苦持續的時間也越長；反之，則痛苦越少，持續時間也愈短。

分手後的情緒和兩人實際交往的互動情況各有不同，無法一概而論。一般而言，主動分手的人，主要的情緒有歉疚、輕鬆、解放、擔心對方。主動提分手的人認爲在分手後最難處理的是歉疚的情緒。

被動分手的人情緒較複雜，有否認分手已發生、想挽回、憤恨難平、震驚、不捨、反擊、覺得被否定、抑鬱、沮喪、不知不覺流淚、生活步調變混亂、觸景生情、傷心、無奈、逃避、追憶等情緒，這些負向情緒有時會伴隨一些生理上的反應，如注意力不集中、失眠、頭痛、胃痛等壓力身心症候群反應。這些負向情緒連帶會引發對自我、他人、愛情的負向思考，例如：「我不夠好，所以被對方拋棄」、「我沒有愛人的能力」、「我不相信有什麼眞愛」、「對方存心欺騙我的感情」、「男（女）人不是什麼好東西」。被動分手的人，在分手後認爲最難處理的是自我存在的價值和與自我相處的能力。

分手後有一段時期心情低潮，對自己和感情有負面思考是自然、難以避免的事，但是如果持續超過半年且情況未見改善，可能需要有所警覺，請專業的精神、心理、諮商人員協助。

分手後的調適

根據國內外調查（Hill, Rubin & Peplau, 1976；《張老師》，1985，1998）結果發現，交往一年到二年間分手的最多，其次是二年到五年，第三是半年左右。失戀恢復期則會依交往時間長短、兩人情感深度、個人在情感中的投入程度、個人對情感的回顧及省悟程度、個人自我資源及身邊人際支持資源的多寡程度而有所不同，平均失戀恢復期是三到六個月。另外，主動或被動分手也影響分手後的調適，一般而言，提議分手的人，能夠說出多個分手的理由，分手後的情緒餘波較少，分手後的調適較好（Hill, Rubin & Peplau, 1983）；而被動分手的人，因事先心理準備期都較主動提分手者少，分手後的調適相對地就需較長的時間。整體評估角度來說，有分手心理準備的人較無心理準備的人恢復期要快一些；情感投入少的人要較情感投入深的人恢復期要快一些；對情感有較多回顧及較高醒悟程度者，恢復期會縮短；較多自我資源面對壓力者，恢復較快；身邊的人際支持較充足者，恢復較好。

分手後的調適方法各有不同，包括埋首工作或奮發圖強埋首功課，轉移情緒，上網找人聊天，找親密的家人朋友談，看感情有關的書籍，看有紓解情緒作用的藝術作品，寫日記或寫信，找尋宗教慰藉，找諮詢機構，改變造型，唱歌，運動，離開傷心地等等。方法的有效性會因人而異，您可想想自己以前用什麼樣的方法排解情緒是有效的，及可能可以試試何種新的方式，然後一一試著去做，找出分手後不同階段的適合自己的調適方法。要提醒的是，若您多採負向的調適方式如酗酒或尋找新戀情、故意狂歡和大吃大喝等，則必須節制，並多學習正向的調適方法，才是建設性的，也才是爲以後的戀情和人生種下美好的種子。

朋友逢分手之痛，如何陪伴

首先，了解一般人分手的情緒和想法（參考本節上一段），讓了解成爲陪伴的基礎。

其次，分手的人有時會有想死掉的念頭或行動，旁敲側擊知道他的想死只是念頭，還是已經有計畫和準備的行動，如果已經有計畫和準備行動，應預防他有自殺的行爲。

第三，了解朋友此時的需要，此時主要的需求有兩大類：一是需要有人陪伴填補生活空缺，尤其原本和情人固定的約會、吃飯、看電影、打電話的時間，如今都空下來了，突然覺得生活空缺很多，會需要陪伴；第二是需要有人專心聽他說，聽他恣意傾訴，聽他的苦、他的痛、他的不捨及他的不平，來紓解失戀情緒。有的失戀的人只想有人陪，但並不想說太多有關失戀的心情；有的人需要被認眞的傾聽他現在的苦和痛，但其餘的時間想自己靜一靜。在朋友沒有輕生危險的情況下，可尊重他調適心情和調整生活的方式。他需要人陪，但不想多說失戀的事，你就陪他，一起去做一些事，關心他但不過問他目前不想多說的事。他想說，你就傾聽，聽他傾訴、聽他的苦、聽他的痛，了解他、安慰他，但不說無關痛癢的訓示。

第四，朋友的陪伴及傾聽，對失戀者最大的意義在於，他會覺得自己還是可愛的，還是有人關心的，還是有價值的，還是重要的。即使你傾聽他的時候沒有說多少話，你陪他的時間不過幾小時，對他來說都是珍貴和有重要意義的。

第五，朋友失戀的情緒和難關，主要還是他自己要去過，作爲朋友無法去幫他背負起所有的情緒和事情，別對自己要求太多，回到朋友的角色，陪他和傾聽他，他逐漸會有自己的力氣站起來。

第六，失戀者對於朋友的關心也可清楚的表達自己的需要和拒絕。需要時，就大大方方接受朋友的關心，想自己靜一靜時，就清楚讓朋友知道你現在需要安靜或獨處，做一個容易對待的失戀者。同時，別濫用朋友的關心，別把全部的情緒和生活都丟給朋友來承擔，失戀是一個重新認識自己，更了解自己的機會，要鼓勵自己在失戀的回顧反省過程中慢慢成長出正向的力量來。

愛情贏家的特色

愛情贏家一樣碰過愛情挫敗與分離，卻懂得選擇成熟的愛，預測失敗的感情以及放棄不成熟的情人，幡然無悔（余德慧，1993）。愛情贏家是什麼樣的人？愛情贏家不是在愛情中百戰百勝的人，而是知道什麼樣是健康的愛情，懂得放棄不適合的對象，能從感情的挫敗中更了解自己對感情的選擇是什麼，並在往後的人生創造和經營更成熟、更有品質的感情生活的人。

愛情贏家有著這樣的特性（余德慧，1993）：

1. **絕非「情奴」**：他們擁有愛人與被愛的能力，但也有敏銳覺察「不對勁」的觸鬚。
2. **自主性**：當某些因素難以避免且會傷害未來的幸福時，他們會毅然放棄，同時承擔分手造成的損失或傷害。
3. **對未來幸福感的掌握**：戀愛是一生的選擇，其重要性不亞於事業，幸福不是甜美的外表，金碧輝煌的飯碗，或是安定的感覺；其中最重要的是分享共同的夢，感到契合、搭配與共識，也有獨立自主的事業或成就，擺脫過度相互依賴的約束並能相互欣賞。

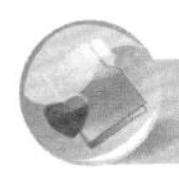

第六章　分手經驗的捨與得

其實，分手不見得是壞事，分手不見得都是帶來不愉快的情緒，當我們度過了剛分手那段情緒主導的日子之後，如果對分手逐漸能有持平正向思考，我們會在過去分手的這段感情經驗裡，獲得更多對自我的了解、對異性的了解、對愛情及親密關係的了解，並且更進一步地促進自我成長，提升與異性相處溝通的能力，及對愛情或其他親密關係的經營有深一層的體悟。

從分手經驗中有所學習

對分手原因的簡單化，如女生歸因自己長得不夠漂亮、外型不具吸引力；男生歸因自己條件不夠、能力不夠等等；或是認爲感情本來就是分分合合，合久必分，久了會褪色，不具恆久性等。如此過於簡單的歸因常導致怨怨艾艾、自尊心低落，或是怨恨積心、對異性有扭曲的印象，或是對感情抱持不信任的態度（劉惠琴，1994）。

如果我們能對分手的原因不過分簡化，能更深入的去看感情中的自己、異性和感情互動過程與面貌，分手經驗就不單單只是「失去」和「負面」，我們也可以在分手經驗中得到寶貴的經驗與成長。以下提供五個可以思考和深入的方向：

1. **從感情互動的角度看當時的自己和對方**：問自己「這段感情中的自己是一個怎樣的自己？」是不斷奉獻和討好？還是很自我？是委屈的自己？還是扭曲得自己？是依賴的自己？還是不卑不亢呈現眞實的自己？對方呢？問自己「這段感情中感受到的對方是一個怎樣的他（她）？」再問，這樣的兩個人互動出什麼樣的感情？你喜歡這樣的自己嗎？你希望感情中的自己是什麼樣子？
2. **思考性別刻板化印象對感情的影響**：「女（男）人要怎樣才是女（男）人」的刻板化印象，是否阻礙了我對眞實一個「人」的了解與接納？是否因刻板化印象忽略了對方的其他優點或淡化了他（她）的缺點？是不是有哪些性別刻板化的印象影響我對異性的了解與選擇？是不是更有彈性的接納個人所擁有的陽剛與柔性特質？

3.彼此對情人的不同定義與角色期待：你認為什麼樣叫做情人？他對男女朋友的期待是否和你不同？你們認為男女朋友該一起做什麼和為對方做什麼是不是不一樣？

4.彼此對感情需求與定位的不同：你所企盼的是一份什麼樣的感情？你們對感情的定位一樣嗎？你想要在感情中獲得什麼？他（她）在感情中想獲得什麼而未得到？那是我可以給的嗎？你們各自對自我獨立空間與時間的需求是不是不相同？

5.處理衝突時的表達溝通方式：你們最常因為什麼事情鬧彆扭、冷戰或吵架？有沒有更好的解決問題的態度與方式？我自己最該改善的地方在哪裡？面對衝突時我害怕什麼？希望對方可以有什麼樣的互動？當敏感到感情問題的存在時，是不是分享自己看到的困難，並邀請彼此共同思考和解決？

從上述五個方向，透過思考和反省，把分手的經驗深化，相信會對分手的經驗、自我的成長、異性的了解、感情的質地，都有較深刻的體驗和收穫。

分手經驗帶來的成長與學習

對分手經驗有深化的思考與反省，自然而然帶來了許多成長與學習，一般普遍性的成長與學習有（《張老師月刊》，1985，1999）：

1. 了解獨立的重要。

2. 更懂得控制及表達情緒。

3. 認清自己對感情的眞正需要。

4. 更能體諒別人。

5. 更能和別人溝通。

6. 更懂得愛。

7. 了解以前對異性要求的不實際。

8. 變聰明，懂得如何保護自己。

個人化的成長與學習就更不在話下，包括對自己的了解變深刻，對異性的看法更多元，對感情不偏執等等。這些都將化成未來優質親密關係與感情的滋養成分。當我們用健康的心來看待分手，分手似乎就不再那麼令我們害怕和不敢面對，我們也在靠近一點看的時候看見分手的正向成長意義。

第七節　分手的理論分析

本節將以四種理論來分析分手經驗，分別從愛情、溝通、關係與性別角色的角度切入，更客觀深化地了解分手的問題與癥結。

愛情三角形理論分析分手

目前發展較完整的愛情理論是「愛情三角形理論」（Triangular Theory of Love），這理論認爲愛情有三個最基本的要素，就是親密（intimacy）、激情（passion）與承諾（commitment），缺少任何一個，都不是完整的愛情，完整的愛情需三者兼具。同時，三者的量最好相當，形成正三角形，形成比較平衡的愛情。想一想分手的這段感情是心與心的交流溝通不夠？還是相互的吸引太少？或是缺少計畫共同的未來？尤其是心與心的交流，更是要好好經營，因爲這是影響愛情關係的核心要素。

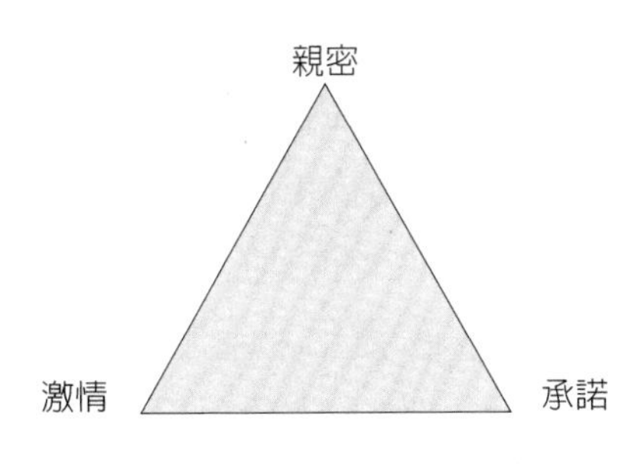

圖8-1　愛情三角形理論

資料來源：R. Sternberg（1986）。

社會滲透理論分析分手

社會滲透理論（Theory of Social Penetration）常被運用來省視人與人之間溝通的層面。這理論認爲，在關係的初期，人與人之間溝通的層次比較淺且溝通的範圍比較窄，如果關係良好，隨著時間和相處，溝通的範圍會隨著關係的發展愈來愈廣，溝通的層次也愈來愈深；如果關係不佳，那麼從溝通的範圍和層次可以看出並無隨著交往時間有相對應的發展。用這個理論來省視愛情中的溝通面，我們可以說，如果兩人的溝通範圍一直侷限於某些話題且分享彼此感覺和想法的深度沒有增加，那麼，這樣的關係並不是一個良好的、有發展性的關係，在溝通範圍和深度上必須有所增進。

溝通分析的戲劇三角理論分析分手

溝通分析的戲劇三角理論（Drama Triangle）包含三種角色：拯救者（rescuer）、迫害壓迫者（persecutor）和犧牲受害者（victim），這三個角色形成一個倒三角形，如**圖8-3**。這三個角色的名稱是隱喻（metaphor），例如白雪公主的故事中，巫婆即是迫害者的角色，白雪公主是犧牲受害者的角色，而白馬王子就是拯救者的角色。隨著故事和時間的變化，人在關係中的角色也會有所變化和轉移，例如「媳婦熬成婆」，角色由原先的犧牲受害者轉變

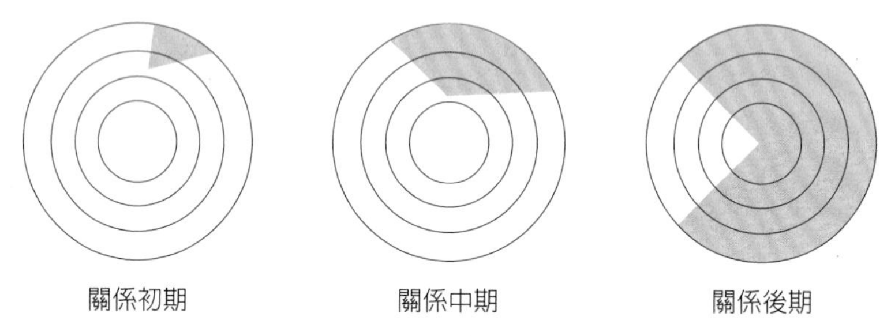

圖8-2　社會滲透理論

資料來源：Altman & Tayler（1973）。

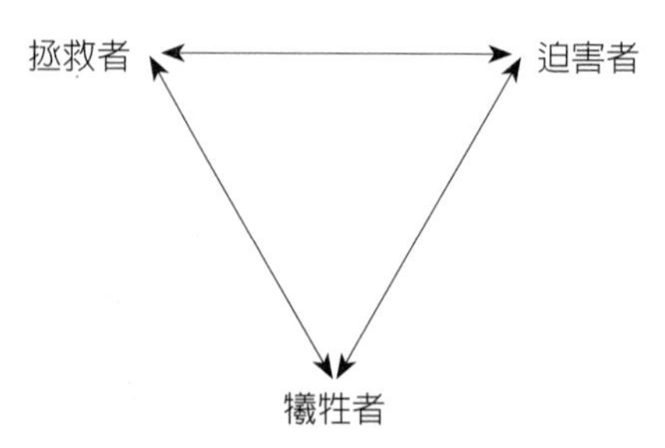

圖8-3　戲劇三角理論

資料來源：T. Harris（1973）。

爲迫害壓迫者。想一想自己投入愛情是否因爲某個人的可憐引起你的同情，你深知一個受害犧牲者的苦，所以當一位拯救者想把她拯救出受害者的困境？是否你們的關係並不平等或者是缺乏彈性、角色太固著？

性別角色理論分析分手

性別角色理論（Sex Role Theory）認爲在不同的文化中，對於不同的性別，在行爲和角色上有著不同的特質要求和期待。在傳統父權文化中，期待女性要有「女性化柔性特質和行爲」，例如柔情、美貌、可愛、善解人意、被動、體貼、順從等；男性則被期待要有「男性化陽剛特質和行爲」，例如勇敢、堅強、獨立、上進、主動、專業技能、有主見、有雄心等。人們在和異性相處時，更容易以性別角色刻板印象作爲引導自我性別行爲和期望異性、評價異性的認知參考架構。想一想，自己是不是在和異性交往過程中，期待女朋友美麗漂亮、身材不錯、溫柔體貼、善解人意？是不是期待男朋友要主動、勇敢、堅強、能保護人？在感情中是不是過分誇大性別特質的重要性？是不是忽略了「人」的內在「女性化柔性特質（anima）」和「男性化陽剛特質（animus）」是同時存在的（C. K. Jung）？是不是過分僵化性別角色期待，讓彼此的互動失去心與心相遇的機會？也讓自己不敢在對方面前不卑不亢的呈現眞我？

許多提倡「剛柔並濟」（androgyny）的學者們（Bem, 1972; Nettles & Levinger, 1983）認爲，突破僵化的性別角色認定和期待，有助個體的成長和人際親密關係的增進。剛柔並濟的觀念用在看待分手經驗的正向意義，讓我們突破看待異性的單一角度，讓性別之間的互動有更多協調的空間，也讓我們更接近自我。

給前情人的一封信

以下情況可以二個都寫，也可以二選一：

1.對象可以是以前曾經交往過的情人，也可以是暗戀過的人。

2.假想自己是某個電視劇、日劇、韓劇、小說、電影當中曾經分手的主角，幫劇中主角寫一封信給前情人。

小組分享活動：

1.先坐下來，深呼吸三次，採一個容易讓自己安靜的姿勢，靜靜的想一想要寫給誰。

2.信要有三個重點：(1)分手當時的情緒和想法；(2)分手後怎樣調適；(3)這段感情給自己的學習和成長。

3.請大家開始寫，可以很完整，也可以條列式或摘要式的幾句話都可以。

4.輪流分享內容，但應尊重個人隱私，可以不公佈當事人姓名或當時細節，單就分手的感受、想法、調適與成長作分享。

5.就今天的活動「給前情人的一封信」，說一說自己的收穫和感想。

分手故事接龍

大家在談戀愛的時候，都期待感情可以長久，可是，「分手」幾乎是每一個人都需要修的感情功課。集合大家的經驗與智慧，不要獨自摸索和飲泣，也是學習分手功課的好方法。

進行方式

1.分組：六個人左右一組，人數太多容易分心，人數太少不夠多元，建議以六個人左右一組最適合。
2.分手故事接龍：由一個人開始起頭，順時針方向輪，每個人都要輪到。一個人大約三句話左右，最多不可超過五句話，最少二句話。
3.例如：「佳佳和遠志交往一年，最近在鬧分手，因為佳佳覺得遠志不夠體貼，遠志……」

小組分享討論：

1.故事中的分手原因是什麼？
2.雙方認知有無差異？
3.分手故事過程有哪些危機或轉機？
4.怎樣可以分手分得更好？
5.你最有感觸的是哪一段？為什麼？
6.想一個關於分手的問題問大家？

延伸閱讀

影片名稱	《出軌的愛情》（*Infidelity*）
影片簡要	90分鐘　美片　劇情類　保護級
主　　演	金狄藍妮、凱爾史柯
劇情簡介	丹妮，一位自行開業的心理醫師，重複的外遇。即便她有一個愛她的先生，即便她受過專業的心理學自我分析訓練，即便她知道這樣不對，但她還是重複的外遇了。為什麼？她生長在一個父親重複外遇、母親長期包容的家庭，她童年時甚至曾跟著父親去約會，見過父親的外遇約會對象。父親最後心臟病發死在與外遇約會的旅館床上。她對父親生氣、責備他扭曲自己的人生觀。她恐懼親密關係，害怕付出真愛。但是，她不願自己的人生一直是不斷重複地翻版，她是如何從這深深的陰影和影響中脫離並心理復原？
影片討論	1.丹妮生長在一個父親重複外遇、母親長期包容的家庭，她童年甚至跟過父親去約會，見過父親的外遇約會對象。你想她可能會有什麼樣的心理掙扎與影響？ 2.什麼樣的女人會長期包容先生外遇？心情如何？ 3.心理醫師不能自己幫助自己嗎？ 4.想要被愛卻又害怕親密關係的人，在親密關係中會有什麼樣的行為反應？ 5.丹妮最後能脫離父親外遇的心理影響，可能的關鍵在哪裡？

學習重點

1.分手和離婚的異同。

2.分手原因排行榜。

3.分手的高峰期。

4.分手的方式。

5.分手的性別差異。
6.分手的準備與法則。
7.分手後的調適。
8.分手的成長與學習。
9.愛情三角理論。
10.滲透理論。
11.溝通分析的戲劇三角理論。
12.性別角色理論。

討論與分享

1.在你看過的小說、電影、電視劇中，有沒有情侶的分手方式是你覺得還不錯的？情況是如何？爲什麼？
2.請分享一個你的生活觀察或經驗，自己的或身邊你看到的、聽到的分手情況，並說說你個人對該分手事件的看法？如果你是其中的男／女主角，你覺得要怎麼辦比較好？
3.你有沒有發現男生和女生在分手過程中的不同？你覺得可能原因是什麼？
4.試著用愛情與分手其中一個相關理論，分析一個你看到的、聽到的或自己的感情分手事件？並說說你的收穫。
5.從自己的或別人的分手故事中，你覺得分手最大的學習是什麼？
6.說一說，兩個人眞的不合適，那麼分手的好處有哪些？
7.說一說如果是因爲外力而分手，例如父母反對或遠距離，有哪些積極克服的方法？

第九章 婚姻關係

在越來越多元化的價值觀和思潮之下，戀愛的下一階段人們並不一定會選擇走入婚姻，有時會嘗試其他的可能；但是，無論選擇走入哪一種下一階段，對一下階段的情形懵懂，是必須付出龐大代價的。這一章，希望能幫助讀者了解自己的選擇所必須付出的代價及可能獲得的利益，並對仍是目前大多數人選擇的婚姻眞實面，做學理、統計和困擾問題的說明，以提供教育、思考和討論。

愛情與家庭

靜書和華泰交往四年，情投意合，感情穩定，兩個人都將自研究所畢業，面臨了當兵、就業以及將來在何處定居等問題。

華泰選擇了國防役，避免掉男生比女生晚就業的尷尬問題。只是要去哪家公司以及靜書要在哪裡找工作等等，成了兩個人最近一直在討論的問題，希望能有暫時的答案，卻發現各有堅持。

靜書家住台中，父親已經過世，家裡共三個姊妹，媽媽最依賴靜書，一直希望靜書回台中找工作，靜書唸的是財務管理研究所，想到銀行工作，到台中找工作機會，應該還算不難。

華泰念化學材料研究所，家住高雄，是隔代教養，有一個很疼他的阿嬤，已經七十五歲，他想至少國防役這段時間可以回高雄，住家裡，陪陪一路扶養他長大的阿嬤。

兩個人都因為家庭因素而有所堅持，都想為家裡盡一份責任或義務，都是孝順的好子女，想的也都有道理，可是又害怕現代化社會工作的忙碌加上空間距離，會讓兩個人穩定的感情發生危機與變化。加上在一起四年，生活作息幾乎都在一起，突然生活空間要完全分開，也讓兩個人都很焦慮，及有很捨不得的時候，就想乾脆都不回去，兩個人都在台北或新竹找工作算了。但是他們知道這不會是最好的選擇，他們到底該怎麼辦呢？

小組分享討論：

1.靜書和華泰可以怎麼辦？小組一起想出至少三種辦法。
2.如果你是靜書，也有固定男友，爸媽希望你回家鄉工作，你會怎麼辦？
3.如果你是靜書，但是你還沒有固定男友，爸媽希望你回家鄉工作，你會怎麼辦？
4.如果你是華泰，面對已經老邁的阿嬤殷殷期盼你回鄉工作，你會怎麼辦？
5.如果你是華泰，阿嬤告訴你說：「沒關係，年輕人的前途重要，我一個人留在南部沒關係」，你會怎麼辦？

爲什麼有些愛情可以長久？什麼樣的愛侶會白頭偕老？什麼原因讓愛情與婚姻長久？面對婚姻時，怎樣才叫準備好？要給對方什麼承諾？許多人在進入婚姻之前對這些問題並沒有思考或得到解答，但每一個人在戴上結婚戒指的當時，對於婚姻都有美麗的憧憬與期望，期望自己能和伴侶一同佈置愛的小窩，期望自己會有一個幸福快樂的家庭，憧憬未來親子和樂融融的景象。

可是現實生活中，常發生許許多多對婚姻的失落、疑惑、不甘和怨懟，例如，結婚七年的太太說：「我的婚姻一團糟，眞不知道怎麼會變成這樣？我婆婆到現在還說我沒她的緣，先生說他誰都不幫，要我自己的事自己解決。」孩子說：「我現在才知道，我是所謂在家庭暴力中長大的小孩。」先生說：「我拼命賺錢，犧牲健康、犧牲睡眠，可是太太還是常常和我鬧脾氣，難道賺錢養家錯了嗎？她還看緊我的荷包，常常要我交代行蹤。」

婚姻的幸福與否，不只是戴上結婚戒指當時許願就可以，還包括雙方甚至家族對婚姻的認識與接納、夫妻雙方對所扮演新角色的認同度、夫妻相處方法的不斷調整和彼此適應、夫妻對教養孩子的態度及價值觀、親子關係的經營等等。婚姻生活或情感生活也是生涯規劃內涵之一，也是需要規劃和學習的，除了在結婚典禮上獲得大家的祝福之外，更需要不斷在愛的前提下，對婚姻的認知、情感和行爲三方面努力經營，學習、學習、再學習，實踐、實踐、再實踐。

此外，越來越多元化的價值觀和思潮，戀愛的下一階段並不一定是走入婚姻，雖然結婚是主流價值，但是，人們嘗試其他的可能，愛情的下一個階段可以是同居、可以是階段性質的再定義的婚姻（renewable marriage）、可以是先行試婚、可以是獨身（single-hood）、可以是同性戀婚姻。無論選擇走入什麼樣的下一階段，對一下階段的情形懵懂，是必須付上龐大代價的。這一章，希望能幫助讀者了解自己的選擇所必須付出的代價及可能獲得的利益，並對仍是目前大多數人選擇的婚姻眞實面，做學理、統計和困擾問題的說明，以提供教育、思考和討論。

第一節　戀愛的終點

愛情是人們永遠的故事，也是人類歷史裡很美妙的一部分，許多人因爲相信愛情會持久，因爲期待愛侶關係能延續，而選擇走入婚姻。不過，婚姻不是唯一的路，婚姻只是其中一條大多數人會走的路，大多數人走的路，不一定就適合每一個人，也不一定就是唯一讓愛情延續的路，還有許多其他選擇的可能。重要的是，做選擇之前，是否能夠充分了解每一個選擇適不適合自己，了解社會及自己如何看待這樣的選擇及選擇後可能的處境。而我們也要尊重每一個人經過思考後所做的「適配性」選擇。

由於社會價値觀逐漸多元化，對個人情感狀態的容許度也較開放，談戀愛之後的選擇不再只有結婚一途，本節介紹目前社會站在愛戀終點的多種不同選擇。

異性戀婚姻

結婚，是戀愛終點中最主流的選擇，也就是說大部分的人會走入婚姻的這一條路，但走這一條路的人並不見得全都是經過思考之後所作的選擇，也有人是因爲大家都結婚了，所以也就跟著結婚，或他的家人長輩要求他要結婚，就在衆人的期待下結婚，當然也有人是經過思考之後，認爲結婚是他最好的選擇和認同才結婚的。但是，婚姻不會因爲你相信它是你戀愛之後最好的選擇，它就自然而然會幸福。

許多的人生經驗和研究都告訴我們，對婚姻除了要有認同和相信之外，還要做許多功課，如：

1.對婚姻對象的選擇，能用較理性的態度及有周全的考量。
2.願意並且有能力，爲長期的婚姻關係付出、維護。
3.必須對婚姻有所認識和接納。
4.夫妻雙方需對新角色有共同的認同和執行新角色任務。

5.夫妻相處方法要因家庭生命週期有不斷調整和彼此適應。

6.夫妻對教養孩子的態度和價值觀，要能協調和一致。

同性戀婚姻

結婚的故事不單只是「當王子遇上公主，從此兩人過著幸福快樂的日子。」同性戀者也和異性戀者一樣，有權利追求屬於他的親密關係，雖然目前的台灣，並沒有將同性戀婚姻納入法律和社會福利制度上的保障，例如健康保險、財產權、免稅額等，但在接受婚姻和性取向上，已經呈現較多元的價值，尊重「當王子遇上王子」或「公主遇上公主」時，他們可以因為彼此相愛、認同和承諾，而有結婚的儀式和婚姻生活關係。

Biumstein和Schwartz（1983）的研究也指出，同性戀者在親密關係的本質上與異性戀者相類似，Pepiau和Cochrane（1980）指出，同性戀和異性戀最大的差別在於，異性戀者在性關係上比同性戀者要求更多的獨占性，但一如異性戀者，同性戀者也一樣渴望有平穩的關係、關愛和互相陪伴，以及在婚姻關係中有個人成長的機會。

同居

這裡所指的「同居」（cohabitation）是兩個人在未正式結婚的情況下，過著一種親密並有性關係存在的同居生活。過去二十年同居人口急遽增加。1970年美國約有五十萬人實施同居，1988年則有二百六十萬人，也意味著短短二十年間增加了五倍。然而，1988年時同居人口佔全美成對人口的5%，僅比1970年的4%略增（美國人口統計局，1988）。因此，雖然同居人口大增，但是在美國社會人口中仍僅佔相當小的比例（Goodman, 1993；陽琪，1996）。同居主要是一種短期的現象，同居人口中三分之二維持同居少於兩年，剩下的三分之一會結婚（Click and Spanier, 1980）。

同居人口多半年輕，25%以上小於二十五歲，另約40%的人介於三十五至四十歲之間（美國人口統計局，1988）。同居人口多居住於都會區（Goodman, 1993；陽琪，1996）。同居者沒有婚姻約束，要散就散，但是若有懷孕生下小孩，卻無法就此斷絕關係（彭懷眞，1996）。

同居分手後，要面對的除了分手的情緒和調適之外，父權社會對男性和女性不同的性行爲標準和道德要求也是另一個重要的課題。至於年輕者的同居生活，有人認爲同居可以節省開銷、可以就近照顧、可以作爲婚前準備等等，但是同居也帶來社會壓力，未婚或無心理準備下懷孕的可能性，未來結婚對象在意有婚前性行爲的心理陰影等等。年輕如大學生，可能得多問問自己「我對可能發生的事都清楚嗎？」、「我們有能力自己解決所有發生的事嗎？」，千萬別只想到「我們都已經成年，爲什麼不可以？」如果沒有把握，就等一等吧！

再定義式婚姻

夫妻在結婚前約定財產情形、健康情況、精神穩定性、婚姻紀錄、婚後的權利義務、家務分工、孩子扶養、金錢使用、時間運用等議題。如果雙方執行良好，就再加長婚姻年限，如果一方不符合約定，則終止婚姻狀況。但是這樣容易讓優勢的一方故意違反約定，離開婚姻。這樣的婚姻強調工具性，大大降低婚姻的情感性（彭懷眞，1996）。

試婚

試婚（trial marriage）意指雙方雖沒有法定關係但實質上卻享有婚姻之實。有人在正式結婚之前，以此作爲未來雙方是否能發展合宜親密關係的經驗的測試（Goodman, 1993；陽琪，1996）。雙方強調家務的分工和性的約束（彭懷眞，1996），但是他們並無法享受爲已婚者所設計的法定社會福利，例如離婚後的贍養費、孩子沒有法律地位、扶養親屬寬減額、無法申請國民住宅等，一方遭遇不幸時，另一方無權繼承其保險、遺產、福利給付等等（彭懷眞，1996）。

單身

單身又可分爲選擇終身單身者、晚婚而暫時單身者、離婚而單身者、假性單身者（太太或先生長期在國外，例如俗稱的「內在美」、「外在美」；或遠洋漁船船員）等四種。但這裡所指的獨身乃指基於某些理念而自主性的選擇不婚，終身單身者。

一般對單身者的刻板印象有兩種：「老處女」、「老光棍」的失敗者，或優遊自在的「單身貴族」。把單身者視爲失敗者的人多刻意規避他們，認爲他們之所以單身是因爲他們沒有適當的技巧及吸引力，或性方面有缺陷以致找不到伴侶（Goodman, 1993；陽琪，1996）；把單身者視爲優遊自在者，認爲單身者生活有趣、多采多姿、自由時間多，而忽略了單身者要獨自面對生活壓力和單身心理寂寞調適的問題。其實，單身是成年人一種可以考慮的選擇或人生安排，但是，正像有一些人會在婚姻中適應不良、表現欠佳，也有不少人會在單身生活中適應不良，所以創造單身生活的最大樂趣和最佳適應是選擇單身者的重要課題。

單身要面對的課題主要有四：

1.建立個人較佳的人際關係支持網路。

2.學習經濟的獨立。

3.心理獨處能力的培養。

4.性的獨立（彭懷眞，1996）。

第二節　婚姻

目前婚姻的樣貌，是「晚婚、結婚率下降、生育率下降、離婚率上升、十五歲到十九歲的小媽媽增多、外籍配偶增多」。是什麼樣的原因，造成目前這樣的婚姻樣貌呢？

本節將從最開始人為什麼要結婚，到婚姻有什麼功能，現代人對婚姻的看法，擇偶時的考慮層面等等，以對現代婚姻樣貌描述語背後的運作機制和關聯，有更貼近現實的理解與領會。

我國目前婚姻樣貌

1.結婚平均年齡延後：根據內政部統計處的初婚再婚統計資料，民國94年，平均初婚年齡新郎為30.6歲，新娘為27.4歲；平均再婚年齡新郎為43.2歲，新娘為36.6歲；結婚者平均年齡，新郎平均年齡為32.5歲、新娘28.5歲（內政部統計處，2006年5月19日）。民國88年，國內結婚者平均年齡，男生是31.7歲，女生是27.0歲。87年，國內結婚平均年齡，男生為31.4歲，女生是26.9歲（內政部人口統計資料，1999）。相較於民國四〇、五〇年代的結婚平均年齡是20歲，已經延後十年。

2.**異國聯姻比率上升**：根據內政部統計處的國人結婚之外籍與大陸配偶人數統計資料，民國94年本國籍配偶114,351對，占總結婚對數80.48%，大陸及港澳配偶計14,411對，占10.14%，東南亞籍10,954對，占7.71%，其他國家2,366對，占1.67%（內政部統計處，2006年1月19日）。

3.**結婚人口比率下降**：社會價值觀的多元化，選擇單身的人口越來越多，結婚者所佔的人口比率因而下降。根據內政部統計處統計的現住人口婚姻狀況統計，民國94年，15歲以上人口未婚占34.32%，有偶占54.18%，離偶占5.80%，單偶占5.71%。

4.**生育率下降**：生養孩子的數目變少，從四、五〇年代的四、五個小孩，到三、四個小孩，到現在是一個或兩個小孩很普遍，甚至沒有生養小孩。根據內政部的人口金字塔，發現逐漸有倒金字塔的趨勢，一方面是人類壽命延長，老年人口增加，另一原因即是生育子女數減少。

5.**離婚率上升**：內政部的統計通報指出，民國94年平均每千位有偶人口，有12.5位離婚，較十年前（84年）增加5.4位；94年平均每日離婚對數爲172對，較十年前增加81對（2006年5月26日）。民國92年平均每1,000位有偶人口，有13位離婚者；平均每日離婚對數爲178對，平均每日較91年增加10對夫妻離婚，亦呈逐年增加之現象（內政部統計處，2004年7月16日）。計算「離婚率」有三種算法：一是「有偶人口離婚率」，是指平均每1,000位有偶人口，有多少位離婚者；二是「粗結婚率」是指每1,000人的離婚數，此種人口的基準是包含了小孩與未婚的成人；第三種離婚率的計算方法是「精離婚率」，指每1,000名十五歲以上婦女的離婚率。

6.**離婚者之結婚年數以未滿一年者最多，而二十年以上離婚者有快速成長的現象**：民國94年離婚者之結婚年數以一至未滿二年占8.1%最多，二至未滿三年者占7.7%次多，其後隨結婚年數之增加而遞減。惟就近十年來之增幅比較，以結婚二十五年以上離婚者增加2.8倍，遠高於總離婚者增加之0.9倍（2006年5月26日）。民國92年離婚者之結婚年數以未滿一年者占10.4%最多，其後隨結婚年數之增加而遞減。惟就近十年來之增幅比較，以結婚未滿一年就離婚者增加3.7倍，以及結婚二十五年以上離婚者增加3.5倍，遠高於總離婚者之增加1.1倍最爲突出（內政部統計處，2004年7月16日）。長期比較發現：94年離婚對數與十年前（84年）比較增加88.36%，就增加對數而言，以結婚未滿五年者增加9,795對最多（其中以一年未滿二年者增加2,632對最多），其後隨結婚年數之增加而遞減；如就增加倍數而言，以二十五至二十九年增加2.8倍最高，三十年以上者增加2.7倍次高，二十至二十四年者增加1.4倍再次之，顯示我國離婚者結婚年數在二十年以上者有快速成長的現象（2006年5月26日）。

7.**婚前性行爲增多和普遍**：性訊息的充斥及性觀念的逐漸開放，婚前性行爲逐漸增多和普遍，以前政府衛教單位對於婚前性行爲的輔導重點是教導如何避免發生婚前性行爲，目前因應社會現象的衛教輔導重點是如何避孕。婚前性行爲雖較普遍，但仍需先評估雙方有無能力承擔可能發生的情感、生理、心理和社會後果，才擁有婚前性行爲。

8.**小媽媽增多**：探討小媽媽的增多及對其形成原因之後發現，主要原因是沒做好安全避孕措施，情況有二種：一是不知道如何避孕；二是情境驅使下臨時發生性行爲，沒有來得及準備避孕用品。這使我們思考，青少年時期的性教育，應該加上如何使用避孕用品及對容易發生性行為的情境的警覺教育，同時婚前相關性教育需教導有婚前性行為的男女，考慮經濟、社會、心理、法律各方面的問題和影響，以免在成為小媽媽或小爸爸之後，才痛覺問題的嚴重性和對個人生涯發展、家庭品質的嚴重傷害。

婚前恐懼

常會聽到許多情侶在結婚前爭吵的次數增多，甚至爭吵衝突的程度加劇，為什麼會有這樣的現象呢？根據專家的說法，認為人們面臨三個主要的婚前不安（Zimmer, 1986，沈慧聲譯，1998）：

1.**安全上的不安**：我的配偶會不會為了別人離開我？我的配偶會不會在性方面對我不忠？
2.**滿足上的不安**：我們能不能獲致一種親近、親切的特別關係？我們能不能擁有平等的關係？
3.**刺激上的不安**：無趣和一成不變的生活會不會發生？我會不會失去自由被絆住？

結婚的理由

人們為什麼要結婚？結婚的理由是什麼？有學者歸納出四項：

1.因為愛情。
2.因為友伴、實現和免孤寂。
3.因為性，含生兒育女。

4.經濟、安全的考量。

5.該做的事，視結婚爲戀愛結婚的最終結果。（Knox, 1975；陽琪譯，1986；羅惠筠譯，1992）。

易造成問題婚姻的結婚動機

較常見且容易造成問題婚姻的結婚動機，約有下列七種（葉高芳，1970；Goodman, 1993；陽琪譯，1986）：

1.**出於同情**：愛情和同情混淆不清，覺得對方可憐，或讓對方覺得自己可憐，非需要他不可，誤把同情當愛情。

2.**爲逃避不愉快的原生家庭**：家中父母不睦或家中缺乏愛，想藉結婚逃離不愉快家庭。

3.**因爲無聊孤單**：有人以爲解決孤單無聊最好的方法就是結婚，沒想到婚姻並不能醫治寂寞。

4.**一氣之下**：可能是反抗父母親或想報復前任男女朋友的負心，一氣之下閃電結婚，證明自己是有人愛的。

5.**受外界影響**：同年齡的大家都結婚了，或同時談戀愛的人都結婚了，就跟著結婚。

6.**爲了性的需求**：可以在法律的保障之下名正言順的有性關係，但是光用「性」支持的婚姻並不穩固。

7.**爲解除懷孕的困擾**：因爲懷孕了，只好奉兒女之命結婚。結婚時機是被迫決定，結婚動機是不得已。

婚姻的法律面

除了個人與社會意義之外，婚姻也是一種法律明定的關係，人們有結婚的權利，但各國對於婚姻的法律規定有異。我國有關婚姻的法律規定主要是民法第四篇親屬篇第二章婚姻。主要內容有：

1.結婚年齡的最低限制是，男未滿十八、女未滿十六歲者，不得結婚。
2.結婚應有公開儀式及兩人以上之證人。
3.夫妻互負同居之義務。
4.夫妻之住所由雙方共同協議之。
5.夫妻於日常家務，互爲代理人。
6.夫妻得以書面契約約定夫妻財產制。若未約定，以法定財產制爲其夫妻財產制。

我國目前之夫妻法定財產制爲聯合財產制，即除了特有財產之外，夫或妻婚前婚後所取得之財務均爲聯合財產，但夫妻聯合財產，由夫管理。在夫妻財產制上有男女不平等之現象，未來在兩性平權的思潮，及越來越多法令係採性別中立（gender neutral）的趨勢下，將有推動改革的許多空間。

另外，跟婚姻有關的法律，還有刑法的「妨害性自主罪章」、「妨害家庭罪章」和「墮胎罪章」及「優生保健法」，規範的是性關係、外遇和墮胎的相關法律責任問題。

婚姻的功能與瓦解

Ogburn（1962）認爲婚姻與家庭有七種功能，即：(1)經濟的功能；(2)社會的功能；(3)教育的功能；(4)宗教的功能；(5)娛樂的功能；(6)保護的功能；(7)感情的功能。然而社會變遷，目前除了感情功能之外，其餘功能已可由其他制度或關係所取代（王震武，1979），而感情是最需要慢慢經營和用心努力的，現代忙碌和速成的生活型態，讓人們失去了經營培養感情的耐心。

從人格心理學的角度，家庭是成爲心理安全和情緒學習的主要來源（張德聰，1992）。而感情功能的無法發揮，讓家庭成了危險、傷害、暴力的隱藏地方，家庭暴力、兒童嚴重忽視與虐待，家不再提供生理安全和心理安全，家讓人學會用暴力忽視麻木來相互對待，家不再讓人迷戀。

國內學者曹中瑋則以婚姻五經論（生理學、心理學、社會學、經濟學和哲學之觀點）解釋婚姻美滿需要生理、心理、社會、經濟和哲學五種需求都適度滿足，而現代婚姻不幸日漸增多，是因爲多數婚姻忽視了部分層面（張德聰，1992）。因此適婚者除了將焦點鎖在如何擇偶之外，恐怕還得正確了解婚姻的生理、心理、社會、經濟、娛樂、保護、教育、情感等功能，並與未來伴侶好好做婚前溝通及了解，以預防重於治療。

擇偶過濾假說

Kerckhoff & Davis（1962）認爲以短期的伴侶來說，驅使他們關係往前邁進的動力是彼此之間相似的價値觀；而驅使長期伴侶發展更密切關係的動力是需求的互補。他們並提出「配偶選擇過濾假說」，認爲發展成長期的伴侶關係必須經過四層的過濾和篩選：

1. **第一關是空間距離的接近**：即有近距離空間相處的機會，空間的接近性是指所屬環境因素，現代網路的普及雖拉近了實體空間的距離，卻仍需虛擬空間距離的接近性。
2. **第二關是人口變項的接近**：即在學經歷及社會背景條件的接近；例如，大學畢業容易選擇大學畢業或碩士畢業的人，中產階級家庭容易選擇也是中產階級家庭的人爲對象。類似中國話「門當戶對」的概念。

3.**第三關是態度與觀念的相似**：即個人認知和情感價值觀的相似；想法態度愈相似，愈能互相了解和溝通，所做的生活抉擇也較相似，比較少衝突發生。

4.**最後一層的過濾是需求的互補**：在對方身上和彼此相處過程中能滿足自己某部分內在的人格或心理需求，例如，喜歡被照顧的人和一位喜歡照顧人的人結合，相互滿足「被人照顧」與「照顧人」的心理需求；例如，一個溫柔體貼但缺乏自信的人和一位容易欣賞讚美別人但對親密關係較不安全依附的人結合，滿足「被肯定」和「安全依附」的心理需求。

擇偶對象

國內「張老師月刊」曾調查一般人選擇對象的條件，張德聰（1992）將之以A到I九個英文整理之：

1.A（Age and Appearance）：年齡別差太多，外表之端正程度及對自己的吸引力。

2.B（Belief）：信仰及理念是否可相互接納。

3.C（Character）：性格或人格特質是否可相互合得來。

4.D（Direction）：未來的方向何處去？是否彼此一致。

5.E（Education and Economic）：教育程度是否相配，一般而言相差不要超過兩級以上，以及經濟能否獨立。

6.F（Family）：家庭彼此的相配性和對方父母婚姻和諧與否？家人支持與否？

7.G（Growth History）：成長之歷史，因為可以幫助你了解他。

8.H（Health and Habit）：身心是否健康？有無不良習慣？

9.I（Intelligence and Interest）：智能是否相配？興趣是否合得來？

婚姻生命波線

如同一個人，婚姻也有其成長波線或曲線，每一個婚姻階段有其不同的任務、內涵與意義，從婚姻生命波線（**圖9-1**）看，從新婚時你儂我儂的鍾愛期，到老來相伴的鍾愛期，兩個鍾愛期之間，經歷了幻滅期、憂苦期及覺醒期，歷時約二十五年之久。一切的婚姻波折大約集中在幻滅期及憂苦期之間，尤其婚後的六到十年之間，一方面孩子出生與教養的問題，一方面男性專注於工作事業，遂使雙方心結情緒叢生，雙方對婚姻的滿意度降至谷底，是婚姻最低潮的時候（賴瑞馨等，1997）。

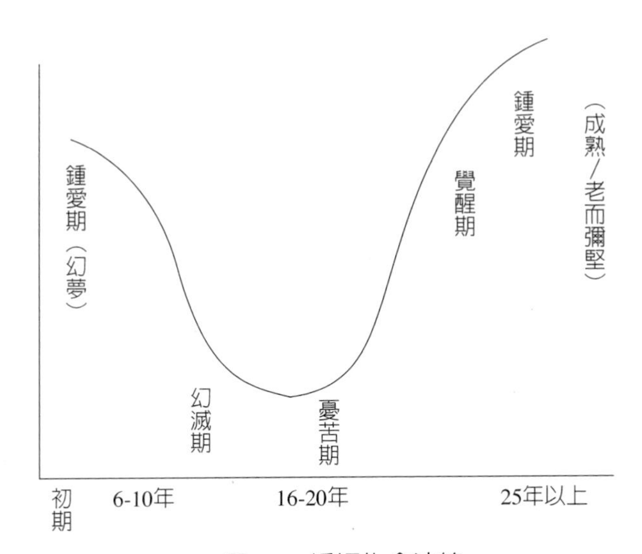

圖9-1　婚姻生命波線

資料來源：修改自賴瑞馨等著（1989），《牽手一輩子》。台北市：張老師出版社，頁40。

多數的家庭問題研究學者（Sorokin, 1931; Kirkpatrick, 1939; Bigelow; Duvall, 1977），以「家庭生活週期」的概念，將家庭生活各階段的變化分類，有意思的是，學者發現伴隨家庭生活週期的變化，婚姻滿意度也呈現一個U形的變化，新婚初期和兒女二十歲以後及子女離家後夫妻獨處時間增加，婚姻滿意度較高；而婚姻中期的婚姻滿意度最低，如**圖9-2**。

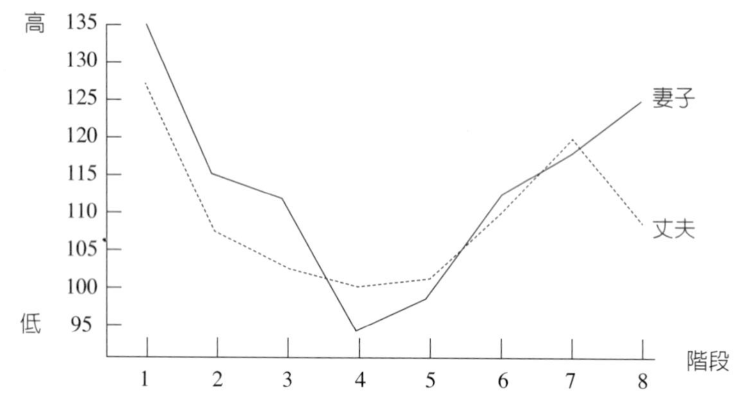

階段 1.無子女期
2.長子年齡低於3歲
3.長子年齡為3～6歲
4.長子年齡為6～13歲
5.長子年齡為13～21歲
6.第一個子女離家以迄最後一個子女離家
7.子女離家至退休（中年婚姻）
8.退休至死亡

圖9-2　家庭週期之婚姻滿意度

資料來源：Duvall (1977).

圖9-1和**圖9-2**的曲線頗爲相似，都在婚後約十年到二十年之間婚姻滿意度在最低潮時期。**圖9-2**，區分出丈夫和妻子的不同，妻子的婚姻滿意度高的時候比先生高，低的時候比先生低，妻子總體滿意度波動的斜率比丈夫還來得大。

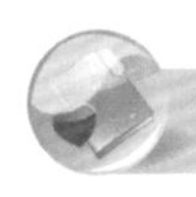

第三節　婚姻衝突與婚姻經營

婚姻與愛情都是人生當中非常重要的親密關係，也都需要不斷的靠經營和一起成長來度過情感上的危機。沒有與生俱來就幸福的婚姻和浪漫甜美的愛情。有人的關係就會有衝突，婚姻關係是最親密的人際關係之一，認識婚姻中的衝突有助婚姻關係的溝通與經營。

婚姻衝突排行榜

婚姻中，夫妻最常因為什麼事情發生衝突？學者Knox（1975）的研究結果發現依序是：(1)金錢；(2)性；(3)姻親；(4)休閒；(5)朋友；(6)藥物濫用（煙、酒）；(7)宗教；(8)孩子（Morris, 1990；羅惠筠譯，1992）。不過，這是國外的研究，如果運用到國內，還需考慮到文化差異的問題，可能在各項順序上會有所不同，例如「孩子」這一項的排序可能會因中國社會文化較重視家庭內「縱向連結關係」而在排序上提前。此外，關於「性」的問題，在男性主權的社會中，對男女性道德與行為採雙重標準，太太有外遇或先生有外遇受到的壓力和譴責可能不同。

Morris（1990）整理了婚姻生活中所經驗到的問題的比例，如**圖9-3**。許多夫妻都認為婚姻中遇到的最大問題是溝通不良，而且發現對婚姻感到最不快樂的妻子認為，他們若與自己的先生談到個人深處的困擾，不是遭到誤解就是引起衝突（羅惠筠譯，1992）。許多事件上的衝突，或可經由良好的溝通達成共識，而不良的溝通卻容易在許多事件上產生不預期的衝突。夫妻間要有良性的溝通，建

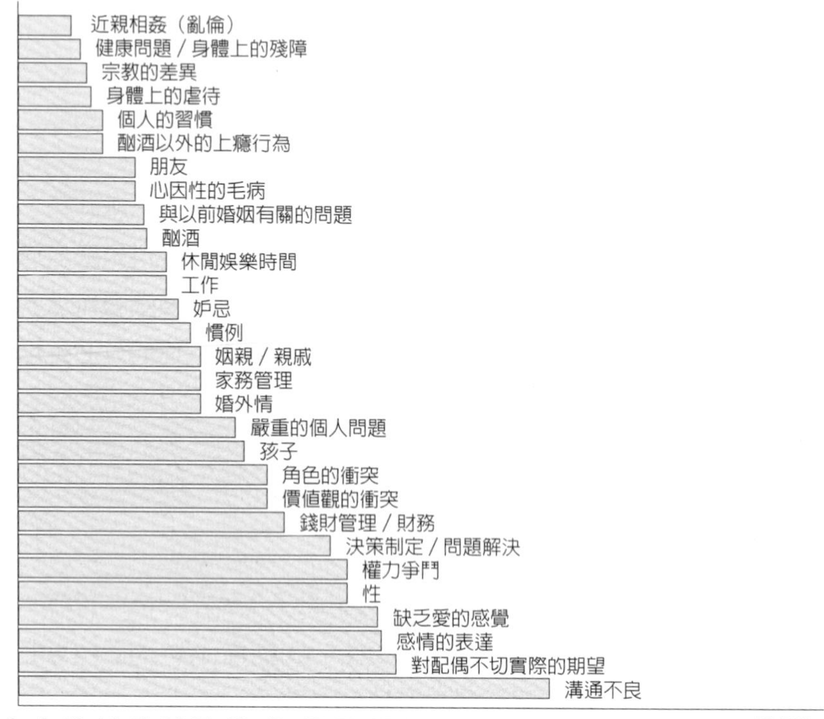

圖9-3 婚姻中所經驗到的問題的比例

資料來源：羅惠筠等譯，C. G. Morris著。《現代心理學》，美亞書版公司，頁347。

議還是回到兩性溝通的特色做了解和心理需求的滿足上，先潛心下一番功夫努力，加上不斷練習，來加強溝通的能力。

婚姻衝突的原因

什麼原因造成婚姻衝突？茲將Norman Goodman（1993）認爲，造成婚姻衝突的幾個因素，整理如下：

1.**婚姻的親密本質**：婚姻讓兩個人緊密連結，自我的幾乎完全暴露，使得雙方都面臨必然的考驗。

2.**對性別角色期望值的差異**：對於扮演先生或太太角色應該做的事，雙方的認知或實際行爲不相同，也是衝突原因。

3.**個人特質**：一個共同的生活空間，生活著兩個過去各有二、三十年不同生活歷史的人，在個性、生活習性上有所歧異，例如，一個從小被訓練從事社交活動，把家裡當經常性的社交場所，而另一個人較保守，卻喜歡安靜的居家生活。

4.**成長速率不一**：結婚之後，兩人還是繼續成長，不過可能成長的方面和速度不一致，而又沒有相互分享和交流自己的成長，造成婚姻衝突。

5.**社會環境的轉變**：兩人對社會思潮和社會環境轉變的敏感性和因應可能不一致。例如，對於兩性平等的趨勢，男女兩性可能就有不同的看法，決策權的重新分配可能造成關係緊張或衝突來源。

婆媳關係

有人說：「當你看到配偶一個人時，其實他背後站了一群隱形的人。」有人更露骨地說：「當配偶上床時，其實總共有六個人在床上，妻子及他的父母，還有丈夫及其父母。」這都鮮活的點出婚姻關係無法脫離姻親關係的作用和牽繫。

婚姻關係到底與姻親關係形成什麼樣的動力呢？學者發現，新婚者的婚姻滿足與姻親的支持成正面的相關性，再婚者比較少求助於本生父母及姻親，所以他們的壓力程度也較高（Kurdek, 1989），但姻親每週來訪多於一次時，則新婚者的婚姻滿足度降低（Holman, 1981），當配偶婚姻有問題時，姻親的介入干涉往往會促使事態更趨嚴重，相互批評的對象一旦變多，往往演變成兩個家庭系統的衝突（藍采風，1996）。

在傳統中國社會裡，家庭制度發展的主軸是以「父子軸」縱向的關係爲主，而非夫妻橫向連結爲主（Hsu, F., 1977; 引自孔祥明，1999）。過去，要求和教育女人要「在家從父，出嫁從夫，夫死從子。」現在，明顯的已經不那麼「三從」，但不可諱言，還是受傳統文化某種程度的影響。婆媳關係也是其中一個好例子。婆婆和先生是縱向關係，先生和太太是橫向關係，一個要從夫一個要從子，當「夫」與「子」是同一個人，加上婆媳「掌家的權力」分配爭奪，婆媳問題難免就產生。

根據調查，一般而言，最容易導致婆媳關係陷入緊張狀態的事件有二：一是對第三代的管教觀點不一；二是婆婆與媳婦對於「掌家」有各自的看法和方式。由於兩人各有其社會背景、生活型態、生活習慣，加上兩人之前並無共同生活的經驗，成爲一家人之後，婆婆用她的「掌家」標準來期待媳婦做到，媳婦以自己原本所學到和順手的方式來達成「掌家」的功能，這一來一往之間，就有許多「看不慣」的情緒。

怎樣消極避開或積極降低婆媳問題，是「婆」與「媳」關心的事，也是夾在中間左右爲難的「先生」所關心的。解決姻親或婆媳衝突的方法：第一步是認明問題的所在；第二是面對面與姻親澄清雙方對問題根源的看法；第三是先按奈下情緒。藍采風（1996）提供以下原則：

1. **互敬**：試著了解對方的觀點，不要將心思放在「拒絕」與「被拒絕」的焦點上。
2. **針對眞正的議題**：姻親衝突的眞正議題常被埋在爭吵的面具底下。婆婆不高興媳婦外出上班，婆婆眞正的擔憂是職業婦女可能太累，延誤生理時間，而造成不孕；婆婆等不及成爲祖母才是眞正的議題，而不是媳婦的早出晚歸。

3.**尋求同意之點**：對問題本身或許有相同目標，常因衝突而被忽視。經過平心靜氣討論，這些相同觀點或目標會逐漸浮出檯面。

4.**共同尋求解決問題之道**：衝突的雙方應將經歷放於如何尋求解決問題之道，而非如何攻擊對方而鑽牛角尖。

5.**對等的原則**：姻親是兩個對等家庭，不應夫家比娘家重要，如此的界限是很不幸且需要調整的觀念。

6.**誠心以待**：對於婆媳關係的最好忠言是，忍耐、眞誠與有禮貌，你們都愛同一個人，爲了他，好好誠心以待吧！

大多數的姻親研究都偏向於負面關係，所以人們容易誤以爲姻親關係多所衝突，其實許多已婚者能享受他們與姻親之間的熱誠及友善的關係，他們設法公平安排雙方家長的拜訪與協助，姻親亦在金錢、孩子的照顧與家務的料理上提供協助（藍采風，1996）。

姻親關係是一個動態關係，包括人際互動的正面（互助）與負面（角色衝突），如何面對和處理姻親關係，專家建議（藍采風，1996）：「建立界線與領域」。每一對夫妻其實屬於三個家庭，即「我們」、「我的」、「他的」，不是依附於我的家庭，也不離你的家庭太近，而以我們的家庭優先，且與雙方家庭維持等距，如此，既不失去「自我」，又能與父母／姻親們維持親情。

分居

分居大略可分爲兩種：一種是因夫妻工作地點不同，而分居兩地，例如，一個在台北，另一個在高雄；或一個在台灣，另一個在美國或大陸；另一種是因爲夫妻情感不佳而分居，或將分居視爲步向離婚過程中的一個步驟。

實務工作上發現，因工作地點不同而分居兩地的夫妻雖有「小別勝新婚」的優點，卻在需求滿足的及時性和心靈交流的分享上較不容易。情感不佳而分居的積極作用是讓彼此有一段實際空間和心理情緒的距離，冷靜下來，可更客觀地看清楚婚姻出了什麼問題，如何處理對雙方及小孩最好；但是不擅用積極功能者，在分居的時間裡並沒有對這段出了問題的婚姻有所省思和轉換爲正向的學習。有的長期維持分居的型態，想讓孩子在名義上有一個完整的家，但實際上，孩子仍是過著分居家庭的生活型態，對孩子心理上的影響不見得如想像中小，應讓孩子了解父母分居是父母之間的事，不是孩子的錯，分居不表示父母不愛孩子。

權力分配與作決策

在女權運動的發展下，有關婚姻中權力的相關研究相當多。所謂「權力」（power），最多學者所引用的定義是，個體在社會的關係中，執行自己意願的能力（McDonald, 1980；黃迺毓等，1996），或是在他人的抗力下仍能達成其目標的一種能力（Norman Goodman, 1993），或個人影響他人及拒絕他人影響的能力（Rice, 1990）。在婚姻關係中的這種權力，Clayton（1979）稱之爲「婚姻權力」（conjugal power）（Norman Goodman, 1993）。解釋夫妻權力分配的理論，主要有二種：

1. 資源假說（resource hypothesis）：Blood & Wolfe（1960）所提出，他們探討夫妻的權力哪一位大？以及權力的來源是什麼？他們獲得的論點是：婚姻中擁有較多文化背景資源、社會資源或個人資源的人，就擁有較多的權力，擁有較多權力的人就掌握了婚姻中作決策的主導權。文化背景資源有：父系威權傳統或母系威權傳統；社會資源有：教育程度、年齡、職業、地位等；個人資源有：外表吸引力、人際能力、個性等。

2.**相對的愛與需要**：由心理層面出發，認爲夫妻中愛對方較深以及較需要這個婚姻的一方，其權力較低。因爲愛得深的人和需要這個婚姻者，因爲怕配偶變心跑掉，會較順從對方，自然而然權力就較低。不過這理論主要不是在討論誰有權力，而是在分析夫妻對於維持婚姻的意願度（蔡文輝，1998；徐光國，2003），只是維持婚姻意願呈現在互動上，顯現出權力的高低。

但是，研究指出，並非平權的家庭決策就一定會有較高的婚姻滿意度。一項對黑人夫妻所做的研究指出，傳統的丈夫主控型權力分配夫妻比平權夫妻有較高的婚姻滿意度（Gray-Little, 1982），另一項對一般夫妻的研究指出，平權關係的夫妻有較穩定及滿意的婚姻（Walster, Walster and Berscheid, 1978）；因此可知，夫妻之間的決策權分配不是固定不變的，每對夫妻或家庭，因其個人、家庭及社會、文化、環境的不同，其最佳的決策權分配亦將有所不同（黃迺毓等，1996）。而選擇一項最適合的權力分配方式非但能滿足家庭成員的需求，更會增加婚姻滿意度及穩定性（Rice, 1990）。國內在逐漸發展的兩性平等趨勢下，兩性在文化、社會和個人資源的擁有上，越來越相當，婚姻中如果能因家庭、個人等因素作考量，作決策也非由其中一個人全面全程主導，而是隨著家庭發展及個人特質作調整，相互尊重和參與過程，那麼兩性平等就不再只是口號和呼籲，而是生活中的實踐。

家事分工

過去多數人對於家事仍持有傳統性別角色分工（男主外，女主內）的觀念，家事理所當然屬於女性的職責所在，也就無所謂家事分工的問題。然而，隨著女性就業人口的增加及受教育程度的提高，女性肩負外出工作及內在家事的雙重壓力下，呈現出傳統依性別角色分工的不平等，開始浮現出家事需要分工的問題（黃迺毓等，1996）。

關於家事分工的理論主要有三（黃迺毓等，1996）：

1. **時間可利用論（新家庭經濟理論觀點）**：以經濟學的概念來理解，時間是有限的，當一個人外出工作所得大於家務工作產出時，則外出工作時間較長；反之，較短。這樣比較符合經濟效益。外出工作的每單位產量是決定家務工作及外出工作時間分配的主要原因。
2. **理念型態論（符號互動論觀點）**：此理論認爲個人的觀念型態是影響家事分工的主要原因。傳統上「男主外，女主內」的觀念是主流，所以家務仍大部分由女性負擔。
3. **資源論（交換理論觀點）**：認爲具有較多資源的一方有較大的協商能力，能影響他人的家事工作時間。擁有較多資源的一方往往可利用資源優勢要求另一方提供相對的資源（家事的勞動）以補足不平等的關係，維持平衡，故資源較小的一方，需花較多時間在家事工作上。

許多研究指出，雙生涯夫妻（dual-career couples）的家事分配是其家庭生活中面臨的最大問題（Hochschild, 1989; Rice, 1979;

Yogev, 1983）。對多數的雙生涯夫妻而言，如果對其家事工作的分配不滿意，那麼對婚姻也多半不是那麼滿意（Yogev and Brett, 1985）。而雙薪家庭及單薪家庭的比較研究（Yogev and Brett, 1985）也發現，不論夫或妻若感到配偶做的家事較自己多時，其婚姻滿意度亦隨之增加。故家事分擔的確會影響多數家庭的婚姻滿意度（黃迺毓等，1996）。

婚姻中的「性」

大多數人認同「性」在婚姻中有其相當重要性，早期和近來的研究都顯示這樣的結果，年輕的夫妻比年長的夫妻性行爲的頻率高；婚期短的夫妻比婚期長的夫妻性行爲頻率高（Kinsey, 1984, 1953; Udry, 1980; Blumstein and Schwartz, 1983; Jasso, 1985；陽琪譯，1995）。Frank and Anderson（1980）對夫妻性行爲頻率的遞減做調查研究，對這問題有一個綜合性的結論，他們發現婚姻中的性有三個明顯的階段（Goodman, 1993）：

1. **早期的滿意期**：此時新婚期的性，充滿了愉悅與滿足，頻率也高。
2. **中期的壓力期**：婚姻中期因生活經濟上的種種壓力，使得性行爲的頻率和愉悅感減退。
3. **晚期的平靜期**：性行爲頻率明顯減少，滿意度也下滑，大多數老年人不再視性爲重要的事，所以對這樣的減退現象也不致感到沮喪。

大多數的已婚者表示自己有性幻想，認爲性幻想有助於引起興奮並達到高潮。不過，妻子的性幻想比丈夫的多了浪漫的色彩

（Goodman, 1993；陽琪譯，1995）。

有人認爲婚姻可以使人自然而然了解性的奧秘，以及取悅自己與性伴侶的方法，這是不確實的；其實，性關係的相處與協調是需要學習的，用心去了解彼此身體的敏感部位及感受，性的滿足有賴雙方共同參與。在西方有性治療手冊，幫助夫妻克服性功能障礙，也就是行爲治療法，並幫助夫妻安排課程，引導病人夫妻學會誘導和激發性愛的感覺。人的性活動受到環境、道德、工作、生理各方面因素的壓抑，是而在性治療中，講究的是解除心理上的負擔，且作技術指導放鬆，愛是性的最佳春藥，愛是性活動的原動力（文榮光，1993），當性關係不協調時，可能應先著重改善婚姻關係品質。此外，性生活上的平權，雙方皆有相等的權力採取主動或拒絕的夫妻，在性生活上較愉快、性滿意度也較高（Blumstein & Schwartz, 1983）。

中國夫妻的情與義

根據《張老師月刊》民國76年4月的調查結果，發現傳統愛情與婚姻中夫妻之間的「許諾」佔據相當大的位置，認爲平穩安定即是幸福。許諾靠許多重要條件的支撐，才能建立。在中國人的「許諾／承諾」的安全系統中，包括四個重要條件：物質支持、精神支持、遵循對方的期望，及願爲對方改變。在婚姻中，前兩者爲「枝」，物質支持包含經濟能力、工作穩定、房子、擁有價値的東西、做家事等；精神支持包括信任、可靠、安全感、誠實、坦白等，它與物質支持相輔相成，奠立安全體系的基礎。後兩者爲「葉」，願意爲對方犧牲奉獻，跟著對方一起去某地方居住或做事，即使所去的地方或所做的事與自己的興趣並不投合，但願意改變和順著對方的期待。

夫妻溝通相處的建議

中國有句諺語說：「這世上只有兩個好男人，一個已經死了，另一個還沒生出來。」西方人也有類似的笑談：「只有瞎了眼的老婆和耳聾的丈夫是最快樂的一對。」可見夫妻的相處，是多麼不容易的事情，中西皆然。記得有一個電視節目訪問結婚五十週年的金婚夫妻，問他們「夫妻相處之道為何？會不會吵架？」有人回答：「我們從未吵架，相互吞忍（台語）是最重要的。」也有人回答：「我們吵了五十年了，不吵架不叫做夫妻。」也有人回答：「先約定好不准談離婚，然後痛快吵一架。」夫妻如何相處，看來是各有心得和法寶。

綜合學者專家對夫妻相處之道的研究和看法，摘要出五項建議，提供參考：

1. **獨立成熟，建立屬於自己的家庭**：有人夫妻吵架，會回去找父母兄長幫忙解決，當然父母兄長的智慧經驗可以給我們很大的幫助，但是他們的過度介入，可能擴大衝突和摩擦。他們的智慧和經驗可以討教，並藉助他們的智慧經驗揣摩出適合自己的解決問題方式，不要依賴父母，雙方試著用已成熟的學習態度來共同解決問題。
2. **無條件支持對方，願當對方心理上最大支柱**：傾聽和體諒，彼此接受和包容，多體貼，傳遞關懷，讓對方有被愛的感覺。
3. **學習積極正向的溝通技巧**：夫妻日常生活所遇到的種種事情，都必須藉著彼此溝通來達到共識和處理，許多有關婚姻適應的研究都一致認為，「有優良的溝通，才有成功的婚姻」。現代雙生涯夫妻忙於工作，常因工作的疲憊，家事的忙碌，小孩的生活打理瑣事，而變得沒耐心，沒有時間用心溝通，使得感情越來越薄。因此學習積極正向的溝通技巧，學習用心聆聽，以開放、懇切的態度，聽懂、聽完、聽出對方眞正的感受，然後以情感爲焦點，以事件爲主軸，正面表達自己內心的意思，如此，讓雙方都感受到「談話是一件愉快的事」，那麼夫妻感情要不好也難。

4.**建立個人角色目標及家庭共同目標**：夫妻共同設立家庭目標，使家庭生涯可以發展，生活有目標，有共同理想。並了解彼此的角色目標，給予鼓勵和支持，雙方協同成長。

5.**經營生活情趣**：常有情人的氣氛，創造單獨相處的浪漫談心時間，愛的形式會改變，讓對方知道自己的需要，傳遞愛的訊息。

此外，有幾個伴侶相處的觀點，蠻有意思，也很値得參考：

1.吵架時，要坐在丈夫腿上（或抱著太太），如果做不到，起碼要拉著她（他）的手，沒有吵出結果不可以站起來（放下來）。

2.睜一隻眼找優點，閉一隻眼找缺點。

3.常照照鏡子，看看自己是不是由一個體貼的先生（太太），變成冷漠的陌生人。

4.計算一下你這個月說了多少次「人家的先生（太太）都……好，你都沒有……」。其實，可以表達自己的需求和意見，「我很想、我很喜歡或我希望能……」，但別拿別人來比。

5.最後要回答：「你的配偶有幾顆蛀牙？」、「穿幾號鞋？」、「身分證字號是多少？」、「當今政壇他（她）最欣賞誰？」、「如果有機會跳槽或做生涯轉換，他（她）會去做什麼工作？」、「什麼樣的事情會讓他（她）想抓狂或樂得做夢也會笑？」、「什麼是她（她）兒時最快樂的回憶？」，這些問題的答案，你都知道嗎？你了解她的身體、心理、情緒和生涯的歷史與願望嗎？

婚姻是人生及生活價值的選擇，美滿的婚姻是共同理想的追尋，既然選擇婚姻，應給自己機會去努力和學習經營一個美滿的婚姻，也承認不同的兩個人要一起過親密的生活是需要調適和學習的過程。

沒有天生不用經營和溝通的好婚姻，婚姻需要夫妻雙方彼此相互持續的經營和調適，從婚姻中所經驗到的問題比例，可知良好的溝通對優質婚姻關係的重要性，如果說溝通是良好婚姻的基礎和關鍵也不為過，夫妻雙方透過溝通可以分享彼此的喜怒哀樂、理想與恐懼、建立共同目標和維持心靈的交流。不能因為是夫妻，所以忽略了溝通的心理需求和必須性；因為是夫妻，是生命的共同體，更應該注重溝通。夫妻溝通除了注意第五章所談的兩性溝通、口語溝通和非口語溝通的要領之外，肢體語言的表達很是重要。在維持一個家的共同前提之下，做自我表達和當一位好的傾聽者，對於歧異，是面對問題採取處理的措施，而非爭論輸贏。

第四節　外遇、離婚、再婚與喪偶

外遇與外遇階段

以武打崛起的某知名男影星，在大批媒體的追逐下，召開記者會說明自己與某名模特兒之間的緋聞，他說：「自己貪玩。」「做了全世界男人都會做錯的事。」他這樣的回答，引發男人與女人及各種不同立場和經驗的人，各式各樣的情緒與反應；無論如何，外遇已是婚姻危機的社會現象卻是值得關注的。

外遇是婚姻家庭的第一殺手（簡春安，1994），外遇也是最常發生的婚姻問題之一。「外遇」最簡單的定義是：「配偶中的任一方與第三者發生肉體關係。」（葉高芳，1990）一般學術上對外遇的探討並沒有將所謂「精神上外遇」列入探討範圍。但是小說、連續劇、電影對外遇問題都有所描述和探討，以前多以丈夫外遇爲主要描述對象，但現在有越來越多以女性外遇爲題的情節，範圍包括性的外遇和精神外遇。現實生活中，以男性外遇較多，一方面是社會對男性與女性存在道德雙重標準，對男性的道德要求較低，這種情形下容易造成「男性有外遇不是什麼大不了的事」的心態，於是有些男性以此洋洋自得且藉此炫耀（林惠雅，1992）。一方面是男性刻板印象作祟，強調男性要強、要有力、有競爭性，外遇讓某些有性別迷思的男性在隱約中證明自己仍夠魅力、有辦法。時代在轉變，日本電影《失樂園》引起廣大的注意和討論，因爲它反應新時代的外遇問題，外遇已經不是已婚男人的專利。

簡春安（1994）認爲，外遇的主要原因是「推與吸」的調適不當。即配偶對外遇者有推力，第三者對外遇者有吸力，當推力大吸力也夠大時，就形成外遇。至於推力和吸力是什麼？簡春安先生認爲推力和吸力沒有界定的標準，重點在於我們是否有足夠的敏感度知道自己某些行爲對配偶是推還是吸？他同時將外遇的現象分爲五階段：

1.醞釀期：內心躍躍欲試的醞釀期。

2.淺嚐期：瞞著配偶開始去做了，這是外遇唯一較刺激的階段。

3.衝突期：事情曝光，浮上檯面，產生較大情緒或衝突。

4.無奈期：配偶冷戰、無奈的接受另一半有外遇的事實。

5.決斷期：一方或雙方決定結束原來婚姻，決意與第三者結合。

這五階段並非一成不變或一定從第一到第五階段，每一階段維持的時間也不一定相同，會因個案的狀況而有不同特質和現象，這五階段只是作爲了解的參考。

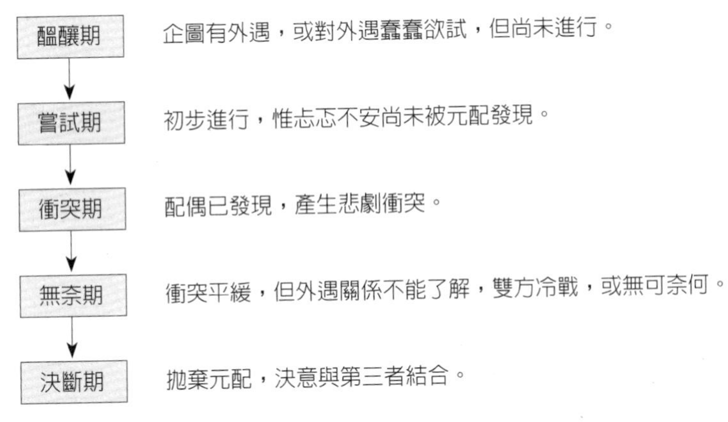

圖9-4　外遇的階段分析圖

資料來源：簡春安（1994），《外遇的分析與處置》，頁98-99。

至於未演變成外遇的婚外性關係，有些是娛樂導向的性關係，一般研究人員都同意丈夫婚外性關係的比例高於妻子，男性婚外性關係的行爲隨年齡而遞減，但是女人卻是在婚姻的中期，約三十六歲到四十歲達到高峰（Kinsey, 1953）。男人的婚外性關係多基於肉體的吸引力和好奇的心理，女性通常尋求的是柔情與溫馨，少數的人是因爲反叛或報復配偶所犯的錯誤（Goodman, 1993；陽琪譯，1996）。

離婚

國內晚晴協會指出台灣人離婚年齡已呈現兩極化的趨勢：一是剛結婚不久就鬧離婚，其中三十歲到四十歲是第一高峰；一是老年人鬧離婚。離婚求助諮詢問題以如何離婚占第一位，子女監護權及探視占第二位，財產問題則是第三位（《聯合報》，2000年1月23日）。內政部統計處民國95年提出的報告也指出，民國94年離婚者之結婚年數以一至未滿二年占8.1%最多，二至未滿三年者占7.7%次多，其後隨結婚年數之增加而遞減。惟就近十年來之增幅比較，以結婚二十五年以上離婚者增加2.8倍，遠高於總離婚者增加之0.9倍（2006/5/26）。

婚齡一到二年及十年到二十年離婚最多，原因是結婚初期要彼此適應和產生衝突摩擦的事最多，而且可能沒有小孩的羈絆和考量，會比較容易提出離婚。結婚十年到二十年離婚者，一方面是孩子已經較懂事和較能獨立，一方面是努力這麼長的時間，卻不見改善，覺得已經夠了，而決定離婚。

學者所做的整理，發現第一次婚姻離婚的主因以外遇排名第一、彼此不再相愛排名第二、情緒上的問題排名第四、第五是財務問題，接下來是酗酒問題、性方面問題、姻親問題、忽視孩子、溝通問題、太年輕結婚、工作衝突等（詳如**表9-1**）。與離婚有關的背景因素包括：教育程度、職業地位、家庭背景、種族背景、宗教、婚前交往的時間、結婚時的年齡等等（詳如**表9-2**）。離婚的原因，從**表9-1**國外第一次婚姻失敗的主因和**表9-2**與離婚有關的背景因素（羅惠筠譯，1992）這兩種經驗來看，被認爲是婚姻中最常經驗到的溝通問題排行第十，不是婚姻失敗的主因，而婚姻失敗的直接導火線是婚外情，不過卻不能排除這十二項因素之間的相關性和相互作用性。相對於婚前的分手原因，離婚有更多社會經濟因素，例如姻親問題排行第八、孩子問題排行第九、經濟財務問題排行第四。

表9-1　第一次婚姻失敗的主因

	被列在首位的次數（N）	（次序）	總共提到的（次數）	（次序）
婚外情（通姦）	168	(1)	255	(1)
彼此不再相愛	103	(2)	188	(2)
情緒上的問題	53	(3)	185	(3)
財務上的問題	30	(4)	135	(4)
身體上的虐待	29	(5)	72	(8)
酗酒問題	25	(6)	47	(9)
性方面的問題	22	(7)	115	(5)
姻親問題	16	(8)	81	(6)
忽視孩子	11	(9)	74	(7)
溝通問題	10	(10)	18	(11)
太年輕結婚	9	(11)	14	(12)
工作衝突	7	(12)	20	(10)
其他	7		19	

資料來源：羅惠筠等譯（1992），C. G. Morris著。《現代心理學》。美亞書版股份有限公司，頁361。

表9-2　與離婚有關的背景因素

教育程度	教育程度越低，離婚率越高
職業地位	低社經階層的人較專業人士之離婚情形為普遍
家庭背景	在不愉快家庭及／或離婚的家庭下成長的人有較高的離婚率
種族背景	在所有教育及職業程度中，非白人的婚姻較白人的婚姻更有離婚的傾向
宗教	不上教堂的人有較高的離婚率
婚前交往的時間	婚前交往時間短的夫婦，離婚率較高
結婚時的年齡	在十多歲即結婚的人之離婚率非常高
與離婚率無關的因素	異族通婚、不同的信仰、婚前的性經驗、配偶間年齡的差距

資料來源：羅惠筠等譯（1992），C. G. Morris著。《現代心理學》。美亞書版股份有限公司，頁361。

美國學者Norton and Miller（1992）研究美國社會高離婚率的主因有十項：

1.年齡太輕，尤其以不滿二十歲即成婚者最明顯。
2.從認識到結婚期間太短，以不到半年最明顯。
3.父母的婚姻不快樂。
4.親友明確表示不同意這段婚姻。
5.家庭、社會、經濟、受教育背景明顯差異。
6.宗教信仰不同。
7.有輟學經驗者。
8.未能建立良好的社會參與。
9.對丈夫和妻子的角色認定有歧異。
10.社會連結較差。

這些探討離婚的背景因素及婚姻失敗的主因，其中有些因素是掌握在當事人，例如社會連結、社會參與，這是可以由當事人努力而改變的。有些因素是需要雙方共同努力或溝通取得共識的，例如：情緒問題、財務問題、對丈夫和妻子角色的認定。但有些因素是當事人無法改變的，例如父母的婚姻不快樂，家庭、社會、經濟、受教育背景明顯差異，但是卻不是注定要失敗或離婚的，而是提醒雙方這樣的因素可能會對婚姻造成負面的影響，進而看見問題、解決問題，才是積極經營婚姻的態度。

離婚的過程

離婚的過程不僅僅是一個法律行動，並且涉及一連串的心理、經濟和社交上的過程。人類學家Paul Bohannan（1971）將離婚的過程分爲離婚六部曲（six stations of divorce）（Norman Goodman, 1993；陽琪譯，1996；彭懷眞，1996）：

1.**感情上的離婚**：雙方在心理上已經不再投入於婚姻關係上了，缺乏互動、不再互相調笑、不再互相提供情感上的支援。
2.**法律上的離婚**：採取法律程序以結束婚姻。採取法律程序的過程也會造成情緒的不悅和波動。
3.**經濟上的離婚**：經濟財務上的處理和分配，除了財產本身的價值，還連帶有感情因素，共有財產的處理和是否能確實均分，都再度引起情緒上的波動。
4.**親職身分的離婚**：在有子女的家庭中，至少需考慮到：第一，離婚對孩子的心理、經濟和社會性的問題影響；第二，監護權的問題，誰獲得監護權，未獲監護權者有何會面權？
5.**社交生活上的離婚**：離婚，也將改變當事人的對外關係，姻親關係都已結束，但感情上的聯繫可能存在。雙方共同的朋友往往面臨不知應與哪一方繼續來往，或話怎麼說的窘境，尤其離婚雙方有嚴重衝突者爲甚。
6.**心靈上的離婚**：離婚使得彼此由依附改爲獨立，雙方必須各自建立自信與自主的生活，這種轉變通常會造成心靈和情緒上的震驚、否認、憤怒、沮喪，到最後能自行承擔。

離婚後最常有的感受

離婚後最常有的感受是什麼？Buehier and Langenbrunner（1987）對八十位離婚者調查他們離婚之後最常感受到的是什麼，其中有十一項是85%以上的受調查者共有的感受，依排序陳述如下：

1.我覺得自己是一位有價值的人。
2.我覺得自己成長及成熟了。
3.我鬆了一口氣。
4.我覺得與子女更親近些。
5.我覺得更有自信。
6.持家的負擔讓我感到困難。
7.我對前配偶感到氣憤。
8.我有不安全感。
9.我的休閒活動增加。
10.我感到憂鬱。
11.家務及日常生活規律改變了。

Colburn, Lin and Moore（1992）所做的離婚調查經驗中，曾以開放式問卷問離婚者：「你離婚之後，發生在你身上最好的事是什麼？」男性認爲離婚之後的好事是：(1)發展另一段關係；(2)自由；(3)改變自己。女性則認爲離婚之後的好事是：(1)改變自己；(2)穩定；(3)發展另一段關係；(4)自由；(5)獨立。這樣的結果和順序顯示對於離婚男女感觸不盡相同，而且有性別差異。

由以上研究結果發現，離婚經驗，有正面感受，也有負面感受；離婚經驗的感觸男女皆有所不同。類似婚前的分手經驗，分手者可能同時在不同階段會有正面及負面感受；男性與女性對於親密關係的改變，體悟有所不同；「獨立」同時出現在分手後及離婚後女性的重要感受之中。

離婚後的調適期

離婚後的調適期，平均而言，女性約三年到三年半，男性約二年到二年半（Wallerstein and Blakeslee, 1989），較一般談戀愛分手後的調適期大約長半年。對離婚者的一項研究調查發現，受調查者認為以下的活動對離婚後的適應有幫助（Colburn, Lin and Moore, 1992）：

1.與親友保持聯絡，維持有助益的社會資源網路。
2.約會。
3.投入更多的精力於工作。
4.學習獨居。
5.與子女分享感觸。
6.旅行。
7.改變髮型與衣著。
8.安置新居。
9.電影。
10.找到工作或開始新的生涯。
11.作預算及學習財務管理。

同時，離婚後較能成功適應者，有以下的特色（Wallerstein and Blakeslee, 1989）：

1.增加對每日生活起居的管理能力。
2.發展自我。
3.認為離婚是成長的機會。
4.不依附於傳統的角色定義。

再婚

以前再婚者多是喪偶的人，隨著時代的社會變遷、經濟發展和價值觀的多元化，現在離婚後再婚的比率越來越高，也日漸獲得認可。依美國國家健康統計中心的統計數字，約有四分之三的離婚者會選擇再婚。茲將再婚的相關現象，描述如下：

1.多數離婚者會在三年內再婚，再婚間隔平均數是七年。
2.除了受過大學教育的女性之外，一般再婚前的戀愛期比第一次婚姻的戀愛期短。
3.年輕的離婚者比年長的離婚者更容易再婚。
4.離婚的男性比女性更易再婚。
5.男性的社會階級越高，再婚的可能性越高；女性社會階級高者，再婚的比例卻低於社會階級低者。
6.離婚女性若沒有工作，或是對自己工作不滿意者，較易再婚。
7.再婚的穩定性低於第一次婚姻，尤其是雙重再婚者（Double remarriages），即雙方都曾有離婚經驗者，有較高的離婚率。
8.一般初婚或再婚夫妻之間初期的快樂感覺並無太大差異（Norman Goodman, 1993）。

如同離婚是一個漸進的過程，再婚也是，Goetting（1982）援用Bohannan（1971）的離婚六部曲來闡述再婚的過程，大致把離婚的六階段反轉過來，次序上因個別案例的不同有所更動，即感情上的再婚、心靈上的再婚、社交生活上的再婚、親職角色上的再婚、經濟上的再婚和法律上的再婚（Norman Goodman, 1993；陽琪譯）。

再婚家庭除了有一般家庭生活週期各階段的壓力之外，比一般家庭有更多特殊的壓力，例如，繼父母與繼子女之間的錯綜關係、繼父母與親生父母之間的錯綜立場、無血緣關係的手足之間所產生的緊張、家庭成員間以往經驗的分歧、角色的重行組合等等。

繼父母的確難爲，但此類家庭的增多，加上人類追求幸福感的原動力，使發出著如何把再婚家庭複雜角色扮演好的需求聲音越來越大。專家（Norman Goodman, 1993；彭懷眞，1996）有幾項原則做法上的建議：

1.**團結**：要有心理準備，一般需要經過三至五年，才能發展出原家庭所擁有的團結一致性。
2.**付出時間**：這是建立良好親子關係的必要途徑，孩子們要有足夠的時間來調適發生在生活中的重大變化。也承認自己需要時間，有耐心的去面對新空間、新角色、新情緒。
3.**溝通**：溝通是建立新關係與發展親密關係的關鍵過程，新的家庭型態需要更多的溝通，溝通的重點在於了解對方和接納個別差異。
4.**維持疆界**：家庭成員間的責任義務有共同的認知與行動，家庭成員和前夫妻或外在的姻親之間的疆界要清楚。
5.**感情與角色的困惑及重新定位**：再婚的新局面，角色換人，情感是否要去建立，使「忠誠」成爲一個令人矛盾與困惑的感覺，大人小孩都需要時間去學習找到新的積極舒適的定位。
6.**公平對待所有子女**：父母須時時提醒自己，且須公開的與子女溝通。
7.**同意尋求外來奧援**：如果有必要，承認自己需要幫助，藉助專家或團體的協助，因應再婚家庭的困難。

喪偶

配偶死亡的壓力在壓力表上是最強烈的程度（Kagan & Haveman, 1980）（見**表9-3**）。這種強烈的壓力會影響到肉體與精神狀況，導致喪偶者極高的死亡率（Lynch, 1977）。年輕的喪偶者很可能再婚。年長的喪偶者中，男性再婚的比率高於女性（美國健康統計中心，Norman Goodman, 1993）。鰥夫所遇到的困難是悲傷情緒表達的不易，還有無法照料自己；寡婦面臨的困境是經濟困難。喪偶使得喪偶者被迫回復到單身生活，對許多喪偶者而言，最主要的心理困擾就是寂寞，覺得自己被遺棄、沒人愛、也沒有愛的對象，有人因此消沉下去，有人變得脾氣比較大。要因應這種心理的變化和感受，最重要的就是重新調整日常生活活動和調整心理上的重心，除表達自己的悲傷情緒之外，也擴展社交生活圈，建立有用的支援系統，及從事社會服務公益義務工作等，有研究指出從事公益服務工作，可以有效地提高老年人的生活意義感。

表9-3　壓力表：喪偶是最強烈的壓力

排名	事件	壓力點數	排名	事件	壓力點數
1	配偶死亡	100	23	兒女離家	29
2	離婚	73	24	與姻親發生糾紛	29
3	分居	65	25	個人有傑出表現	28
4	繫獄	63	26	妻子開始或辭去工作	26
5	近親家人死亡	63	27	開學或學期結束	26
6	身體受傷或生病	53	28	改變生活環境	25
7	結婚	50	29	修正個人習慣	24
8	革職	47	30	和老闆處不好	23
9	破鏡重圓	45	31	改變工作時數或狀況	20
10	退休	45	32	遷居	20
11	家人健康情形變化	44	33	轉學	20
12	懷孕	40	34	改變消遣	19
13	性的困擾	39	35	改變教會的活動	19
14	家中新添成員	39	36	改變社交活動	18
15	事業重新調整	39	37	低於一萬美元的抵押或貸款	17
16	經濟狀況改善	38	38	改變睡眠習慣	16
17	密友死亡	37	39	改變家人團聚的次數	15
18	變換行業	36	40	飲食習慣改變	15
19	和配偶吵架	35	41	假期	13
20	抵押的金額超過	31	42	聖誕節	12
21	喪失抵押權和貸款權一萬美元	30	43	輕度的違法	11
22	工作職責改變	29			

資料來源：Holmes and Rache。

第五節　家庭暴力

家庭暴力

家庭暴力是嚴重的犯罪行爲，「家庭暴力不再是家務事，而是國家大事。遭受到家庭暴力，不是丟臉的事，你不需要躲在角落默默承受。如果你繼續忍耐，結果只是繼續挨打，解決不了問題，你無辜的孩子，在暴力威脅當中，不會有健康的身心，也不會有健康的成長。」這是一段內政部家庭暴力宣導手冊中的話，點出了家庭暴力對人身心傷害的嚴重性和面對此問題的重要性。

根據「家庭暴力防治法」第二條的定義「本法所稱家庭暴力者，爲家庭成員間實施身體或精神上不法侵害之行爲。」用較通俗的話說，家庭暴力法保護的對象涵蓋了兒童、手足、配偶（前夫妻、同居人、男女朋友、同性伴侶）、老人、父母親等家庭成員；暴力的方式包括口語、肢體、性、精神、經濟及財務等方面。因此，家庭成員間各種方式的暴力，都適用家庭暴力防治法，例如夫妻間的強暴是配偶間性暴力，是家庭暴力；家庭內的上對下的性虐待是俗稱的亂倫，是家庭暴力，也是性侵害的行爲；對家中老人的精神虐待，也受家庭暴力防治法的規範和保護；婚姻暴力，包括身體、精神、語言和性的暴力，是家庭暴力；以上種種在法律上皆被視爲暴力事件來處理。

家庭暴力的本質

許多人以為暴力只是施暴者在發洩情緒，其實，家庭暴力的產生與施暴者「權力」和「控制」的需求，有相當大的循環關係。許多文獻皆已指出暴力的核心問題是「權力控制」（Dobash & Dobash, 1980; Nicarthy, 1986），「發洩」不再是理由，因為施暴者可以選擇其他不同方式，但是卻選擇了傷害對方的暴力行為方式，目的是為了駕馭對方，彰顯自己的權力，威嚇「我是老大，我是權威」的地位。暴力的本質就是權利與控制。**圖9-5**家庭暴力權控輪盤可以說明家庭暴力的核心是權力與控制的心理需求，中圈是因權力與控制所衍生的暴力手法與形式，用這些手法來滿足控制和權力的心理需求，最外圈是暴力的表現行為。

家庭暴力的循環歷程

暴力也有其週而復始的循環現象，Walker（1978）提出「毆打事件的循環理論」，用以解釋婚姻暴力的動力學，他認為毆打事件的循環有三階段：(1)緊張建立階段：施虐者少量的毆打，而受虐者順從，以避免對方的憤怒，但毆打次數逐漸增加；(2)激烈的、連續不段的暴行階段：施虐者爆發激烈的暴行，有些受虐者有時會刻意引發暴力發生，以便快快結束它；(3)激情的愛、溫柔和痛悔的階段：施虐者會說將放棄酗酒，或不再與別的女人約會，施虐者會誠意動人，送花探病，受虐者相信施虐者已經變好了，但不久之後，愛的行為消失，少數的毆打事件又起，循環又再開始（黃迺毓等，1995）。

後來，此循環理論擴充為四期，以下僅就家庭暴力循環歷程

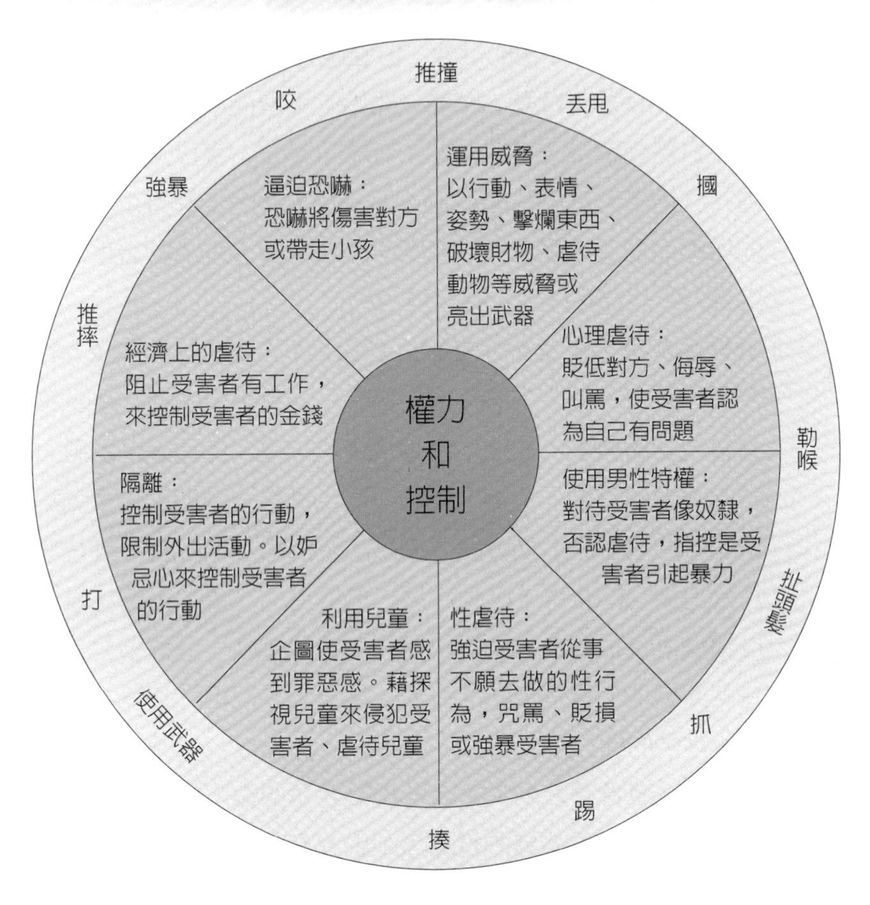

圖9-5　家庭暴力權控輪盤

資料來源：現代婦女基金會（1997），《保護每一個愛家的人——家庭暴力預防自助手冊》，頁11。

的四個階段簡要說明（現代婦女基金會，1997；現代婦女基金會，2000；內政部，2004；林明傑等譯，2000）：

1.**壓力期（醞釀階段）**：爲家庭暴力的醞釀時期。此期，引起家庭暴力的因素已經存在，雙方關係緊張，形成一觸即發的態勢，此時受害者會有「如臨深淵，如履薄冰」戰戰兢兢的心情，不至於有激烈的爭吵，但會偶有小型爭吵。

2. **爭執期（白熱化階段）**：雙方開始有大型的爭吵，爭執情形進入白熱化階段，這期間開始有語言暴力、羞辱、威脅、強迫、身體暴力。爭執期和壓力期一樣，會隨著暴力循環次數的增加而縮短，到最後，甚至一爭執，暴力行爲就發生，因爲暴力行爲已經成爲一種習慣了。

3. **虐待暴力期（暴力行爲階段）**：這時期的虐待以身體暴力和性暴力爲主。被害人因極度的驚嚇，常會腦中一片空白，等到暴力行爲結束，才開始會有情緒的知覺，先是覺得困惑，然後感覺到恐懼、害怕，接著會產生憤怒及無助等較複雜的情緒。此虐待暴力期會隨著循環次數的增加而拉長，最後成爲暴力循環的全部，其他階段已無發生的必要。因爲施暴者已習慣直接採取暴力來解決問題、中止爭執、紓解壓力及維持其家庭地位優勢最快的方式，施暴者也把暴力行爲視爲他理所當然的權力了。

4. **蜜月期（暫時停歇期）**：此時施暴者是竭盡所能的示好、道歉，也會做一些彌補的行爲等，或者否認、縮小、合理化先前的暴力行爲。受暴者此時會有暴力已經結束的錯覺，因爲施暴者會討好受暴者，加上與暴力虐待期比起來，實在相差太大，受暴者會覺得「他還是很愛我」、「他只是一時衝動」、「他已經道歉了」等而心軟，沒有採取任何阻止家庭暴力的措施。這樣的想法和行爲會讓施暴者覺得「他已經原諒我」、「哄哄他、倒個歉，他一定會原諒我」、「反正他也不會／不能怎麼樣」。他的暴力行爲總是被原諒，而沒有被懲罰或反擊，使用暴力行爲對加害者而言只有好處沒有壞處，於是繼續使用暴力行爲。蜜月期就只是暫時停歇期而已，蜜月期會隨著暴力循環次數的增加而縮短，甚至消失，因爲施暴者漸漸將暴力視爲理所當然，久了自然沒必要去討好、道歉或安撫受暴者。

從衝突出現，關係緊張的壓力期，到雙方交戰的爭執期，再到一發不可收拾的虐待暴力期，最後施暴者會一再抱歉，竭盡所能示好，回到蜜月期，然後醞釀製造下一個暴力循環。如**圖9-6**。

最能有效制止暴力發生的時期在第一階段的壓力期，如雙方能有效溝通、疏導或有重要他人積極介入處理，整個循環就可能在尚未展開時，就予以終結。一旦暴力發生一次，之後發生的頻率將逐漸增多增強，而暴力發生頻率漸增時，蜜月期將遞減；暴力循環的次數增加，爭執也增加，暴力虐待的嚴重性亦隨之增強（現代婦女基金會，1997；柯淑敏，2000）。

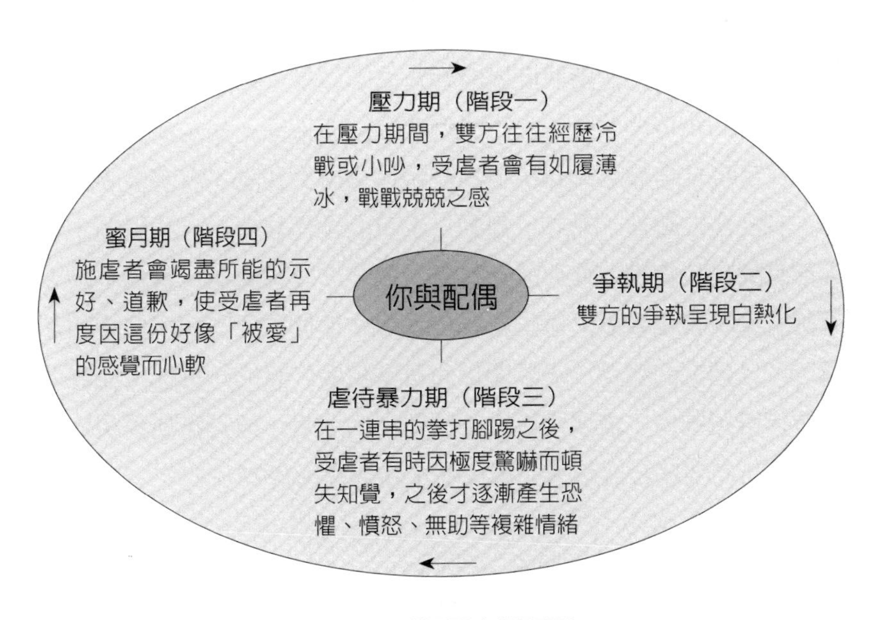

圖9-6　婚姻暴力循環圖

資料來源：現代婦女基金會（1997），《保護每一個愛家的人——家庭暴力預防自助手冊》，頁12。

家庭暴力的心理創傷

在家庭暴力長期的迫害下，受害者累積了多重的心理創傷，常見的情緒包括感到孤立和無助、恐懼、憤怒、挫折、沮喪、責備自己、低自尊、想自殺、焦慮、憂鬱、酗酒、藥物濫用、煙癮等；且常出現身體上的不適和疼痛，如背痛、頭痛、全身無力、失眠或睡眠過多、沒胃口、注意力不集中、疲倦、不正常的胸痛、暈眩、對社交活動及工作提不起勁、婦科類疾病、性功能失調等，不只需要醫療的照顧，親友的支持，若能接受專業心理諮商或治療，更有助於走出暴力陰影，建立自信自足的生活（現代婦女基金會，1997；內政部家庭暴力防治委員會網站，2006）。

暴力下成長的孩子，往往認爲外在世界是不穩定的、父母的行爲難以預料、暴力是解決問題的好方法，我是必須掌控所有的事才好、是我的錯造成父母失和、人們有時就該被揍、愛是痛苦的。他們往往呈現低自尊心、以破壞性的行爲來得到注意、有的被動、退縮，有的高攻擊性、易怒、衝動、不良的社交技巧、自我封閉、呈現不良的自我約束、作惡夢、逃學、過早涉及性關係、害怕犯錯、完美主義、害怕嘗試、害怕當小孩等等。他們需要支持、保證和愛護、可以預期的關係、親子關係和日常生活作息的一貫性、在關係中想獲得控制力、需要別人敏感於他們的感受，並且需要學習協調溝通和正向情緒紓解管道（現代婦女基金會，1997）。

家暴受害者的心理諮商與復原

要從親密關係的虐待經驗中復原不是短期可完成的，有時甚至成爲他的人生議題。創傷反應往往也是多重而複雜的，可能反映在生活的各個面向，使他不自覺的受到影響（內政部，2004）。

要從創傷中復原需要以完整的個體被對待和需要在人際關係的情境中獲得權力感和正向的人際關係經驗，也就是身體、心理、人際和環境各方面的安全感，並擁有選擇的權力。創傷後的心理諮商任務包括：消除特定的創傷反應、整合受創經驗、處理伴隨而來的失落哀傷、減輕羞恥感、重建無暴力的生活等等。

受暴者的心理復原除了可以請家庭暴力防治中心轉介專業諮商師做個別諮商協助之外，參加家庭暴力服務機構所提供的團體也是不錯的方法，因為「團體的凝聚力提供了抵抗恐懼與失望的最強保護，以及創傷經驗的最強力對策。創傷將人隔離起來，而團體則產生了歸屬感；創傷使人羞愧及屈辱，而團體則見證並肯定了創傷事件」（楊大和譯，1996）。

有些人會企圖以夫妻諮商來終止暴力的再發生，以為學習夫妻溝通可以改善暴力行為，但是許多學者都提出警告，千萬別忽視此做法帶來的傷害，因為暴力確實存在，卻進入「做了什麼引發暴力行為」的家庭系統內在關係循環模式，容易忽視施暴者的法律責任和受暴者的創傷歷程，使受暴婦女在婚姻諮商中再受嚴重傷害，使受暴婦女陷入更大的無力和威脅（Michele & Marsali, 1990；成蒂，2003；內政部，2004）。比較恰當的方式是施暴者先接受完整的治療，誠心誠意願意承擔暴力行為的責任，承諾不再有暴力虐待的行為，同時受暴者也透過協助恢復權力感，可以在安全情境下分享受暴的傷害；然後，雙方都是在自願且不受威脅的狀況下接受夫妻諮商，且雙方的諮商目標也是一致的時候。總結來說，夫妻關係存在婚姻暴力，表示權力關係過分懸殊，不宜馬上進入強調平等、合作、尊重為前提的諮商關係。

家庭暴力施暴者的心理與特質

家庭暴力的施暴者很少人承認自己有錯，或自己需要改變，覺得自己很苦，是對方有理講不清，只好打。可是，從沒想過，「打他」不是唯一的選擇，也不是解決歧異的好方法，打人的行爲已經造成家庭永久的傷害，動手之後，留給對方的不只是皮肉之傷，心理破碎的裂痕與陰影，將很難縫補。

家庭暴力施虐者有以下的特質：強烈的控制慾、社會孤立、缺乏自我肯定的技巧、愛面子、害怕被遺棄、無能力處理批評、低自尊、無自信、易怒、抱持男尊女卑的觀念、重權威、將自己的暴力行爲責難於別人、強烈而病態的忌妒心、呈現雙重個性、喜怒無常、以吸毒、酗酒、暴力來解決壓力問題、以強迫性行爲來作爲增強自尊的手段、不相信自己的暴力行爲會導致負面結果、無法表達自己的情緒、容易積壓在心並一觸即發、溝通技巧不良、喜愛控制別人但自我控制能力不佳、過度依賴配偶、大多沒有親近的朋友（林明傑等譯，2000；內政部家庭暴力防治委員會網站，1999；柯淑敏，2000）。此外，研究和實務工作上同時都發現，某部分的家庭暴力施暴者在兒童時期曾經是家庭暴力的受虐者，當暴力的內在心理創傷沒有處理，加上外在環境不斷示範暴力行爲，受虐者沒有學到其他情緒紓解和管理的方式，長大之後，暴力就成爲他情緒表達的方法。

施暴者的處遇、諮商與治療

施暴者的處遇和諮商治療針對施暴者的心理與特質加以改善，並教導學習正向的紓解壓力和人際關係尊重的態度與溝通的技巧。

目前國內對於家庭暴力施暴者的處遇有三個不同階段的做法：

1. **家庭暴力相對人審前鑑定**：審前鑑定是鑑定委員承法官之命，依結構式的鑑定活動進行，針對家庭暴力相對人的相關心理歷程、情緒管理、兩性平權觀念、精神狀態以及法律認知予以衡鑑，並具衡鑑結果寫成報告，交由法官作成裁決之參考依據。鑑定委員一般包括精神科醫師、心理師及社工師，鑑定採小團體以及個別面談的兩種方式合併進行。此鑑定是對相對人心理社會的了解與評估，不做犯罪事實的調查，也不定義相對人就是加害者。
2. **家庭暴力加害人認知教育輔導團體**：參加的對象是經過家庭暴力相對人審前鑑定認為適合參加團體輔導，且法官認定有家庭暴力的事實的家庭暴力施暴者。採再犯預防模式，加害者危險因子的自我覺察、自我管理和學習其他表達自我的技巧，也就是說加強加害者對自己出現暴力行為的情境、想法和行為作覺察和改變，並為暴力行為作道歉，討論大男人主義與衝突，討論生氣與暴力，討論配偶如果想離開婚姻，以及討論婚姻與自我等議題，預防加害者重複再發生類似的暴力行為。
3. **親職教育**：加害者的施暴對象是兒童，那麼在審前鑑定或在113家庭暴力防治中心的社工人員評估處遇時，會要求加害者上親職教育課程，協助加害者強化其教養技巧和情緒管理能力，一方面讓加害者學習有效的自我情緒管理和教養的正確態度與做法，一方面也是協助家庭改善失功能的部分，讓孩子可以有一個免於恐懼的成長環境。經過觀察探視穩定改善，並會做後續追蹤輔導一年。

內政部家庭暴力宣導手冊中，教導施暴者「口釋心非」溝通四部曲，值得施暴者學習：

1.口：「我先不開『口』，聽你慢慢說。」如果對方依然高分貝，請給自己來個深呼吸。
2.釋：「我誠懇的希望你能聽聽我的解『釋』。」以比較平和的語氣，描述自己的行爲事實。
3.心：「聽到你對我的看法，我的『心』裡很難過。」以持續平和的語氣，描述對方的行爲事實。
4.非：「我『非』常感謝你爲我所做的一切。」試著肯定對方，再次表達出善意。

家庭暴力防治法

家庭暴力防治法的目的在保護每一個愛家的人。「因爲家，我們學會愛；因爲愛，我們拒絕傷害。」

「家庭暴力防治法」民國87年6月24日通過，88年6月24日正式施行，制定五十四條，此法主要目的爲促進家庭和諧，防治家庭暴力行爲及保護被害人權益。法中規定中央及地方在家庭暴力防治的職掌，並提及民事保護令的使用、刑事程序、調解程序、預防與治療及法則。此法所稱之家庭暴力者，謂家庭成員間實施身體或精神上不法侵害之行爲。換句話說，暴力乃包含身體上及精神上之暴力。

家庭暴力法，有一項比較特別的是「民事保護令」的聲請和執行。民事保護令是爲保護被害人之權益，免於再度受侵害，被害人、檢察官、警察機關、家庭暴力防治中心均可向法院聲請民事保護令。保護令分爲通常保護令和暫時保護令；暫時保護令又依急迫情況分緊急性暫時保護令和一般性暫時保護令，其中緊急性暫時保護令被害人並不能擔任聲請人，而由檢察官、警察機關以言詞、書面或電信傳眞方式向法院聲請。其他三種保護令的聲請，需塡寫保護令聲請書狀，家庭暴力防治中心及警察局之家庭暴力防治官均可提供保護令聲請書狀。保護令可約束加害人之行爲或科加害人以義務，保障被害人之安全。保護令的內容包括禁制令、遷出令、遠離令、決定令、給付令、防治令等，加害人若違反保護令將處三年以下有期徒刑、拘役或科或併科十萬元以下罰金。

如果被害人決定要讓案件進入司法程序，那麼人證、物證及告訴期限的掌握就非常重要。因爲家庭暴力屬於傷害罪，是告訴乃論之罪，需在六個月內提出告訴，告訴要贏的話，需提供有利的人證、物證以利檢察官及法官的判斷。

預約一個沒有暴力的婚姻

儘管到目前為止，我們對婚姻暴力成因的了解並非百分之百，但我們確實知道一個人如何處理壓力、焦慮的方式是重要的指標。根據受害者所提供的施虐特質，也許你不妨先問問自己幾個問題，再決定是否要與對方做朋友或互訂終身：

如何知道他或她是否有暴力傾向？

1.他生氣時都做些什麼？

不論你們的爭執多麼微不足道，他卻常常威脅著要甩東西、捶牆、打破物品、傷害你等等。這正顯示他缺乏自制力的危險訊號。

2.他是否對動物很殘忍、或曾對他人暴力相向？

你應該留意他是否認為使用暴力獲得權力是一種可以被接受的事。

3.他企圖使你在他的控制之下嗎？

他是否以一種看似出於關心但卻可能過於干涉管束你如何穿著、如何過日子的態度或行為來對待你。甚至可能到了讓你覺得沒有他，你就不能做決定的程度。

4.他試圖將你與親友隔離？

切斷你與親友的聯繫是一種有效控制你的方式，他常有這樣的舉動嗎？

5.他常常覺得你要為他的錯誤負責？

對他而言，每件事都是別人的錯。

6.對於你的成功，他如何反應？

顯示一些忌妒是自然的，但他若感到受威脅、生氣、憤怒等都是一種警訊。

7.他能否同理他人的感受？

如果他沒有能力去考慮別人的感受，則表示他可能會傷害別人。

8.他曾經打過你嗎？

不管他事後如何表示道歉，一旦他打你一次，就已經打破男女關係的禁忌，這也使得下一次出手更容易些。

9.他曾經打他前任的女友嗎？

這更能顯示他會打你的潛在因子。

10.他重視你的意見嗎？

施虐者的低自尊往往使他想要控制他人的意志、行動，以增強他的自尊。因此，往往他是非常自我中心，且忽視你的意見與自主選擇權的。

11.他或他的父母是否有飲酒或吸毒的問題？

12.他讓你積極的追求你自己的興趣嗎？

施虐者的低自尊常會因為你追求個人理想而感到威脅，以至於不願意你追求自己的興趣、成長與發展。

13.當你要他停止對你的無禮行為，他是否真的停止？

記錄一下他如何回應你的要求！如果改善有限，要考慮你們是否要繼續目前的關係！

14.他的需求是否來得太快太強烈？

他要求立刻要擁有你而且想一天到晚都看到你。這已顯示他只是要滿足他的幻想而非想要與真實的你建立關係。

15.他是否對男人、女人的角色非常傳統，堅持男人應如何，女人應該如何？

注意看他是否認為女人應該留在家裡照顧先生，並且遵循先生的指示。

16.他是否用暴力來解決問題？

習慣用暴力解決問題的人，往往無法用理性的方法來處理事情，因此，在你決定與此人建立長久的關係前，最好了解他是否有意願改變自己用暴力解決問題的方式！

17.他是否看輕他自己？

越是看低自己的人，越容易用暴力掩飾他的不安全感。

18.他的情緒呈兩極化？

心情好時，他很仁慈；但其他時候都相當暴力而殘忍。

19.他是否來自一個暴力家庭？

在暴力家庭中成長的孩子，往往也只學會了以暴力面對問題。

20.他是否對他人也相當無禮？

他能夠公開地對他人無禮，則難保私底下，他不會對你粗暴。

21.在約會時，他是否對你很惡劣？

如果在約會時他已對你粗暴，那麼施虐者絕不會因為與你結婚而改變暴力行為。

22.你是否因害怕分手後遭到報復而不敢提出分手要求？

若你已感受到這股恐懼威脅，請尋求協助。

如何衡量你們的關係是否「平等」

1.不具威脅性的行為——

雙方可自由表達自己的感受而不需恐懼遭受虐待。

2.信任和支持——

彼此支持、尊重雙方的生活目標、表達感情的權利、親友、社交活動和意見。

3.分擔經濟——

一起做金錢上的決定，確定財務安排上對兩人皆有利。

4.尊重——

不批評、且能了解並重視不同的意見。

5.責任分擔——

彼此同意公平的責任分擔，一起做家庭決議。

6.誠實和負責——

接受自我的責任、承認過失、開放的溝通。

7.分擔教養責任——

能成為孩子正向的楷模。

8.協調和公平——

尋找能相互滿足的解決方法，接受改變而且願意妥協。

資料來源：內政部，網址：http://www.moi.gov.tw/w3/antixex/sex7ar.htm

家庭暴力被害人安全計畫（範例）

當我與施虐者還居住在一起時

1.我可以將我的處境告訴我的家人、同事、老闆、朋友，我覺得我可以信任誰：＿＿＿＿＿＿＿＿。

2.我會訂一個「暗號」，當我需要幫助時，我可以打電話給我的親人、朋友，用暗號讓他們知道我需要幫助，我的暗號是：＿＿＿＿。

3.當我意識到爭吵即將發生時，我會設法到家中比較安全的地方去，我會儘量靠近出口、電話，我也會讓我的施虐者認為我已經讓步，設法讓他也冷靜下來，因為在時機未到之前，我得保護我自己的安全。

4.當我覺得將要發生暴力時，我可以趕快到一個比較安全的地方，例如，在辦公室時：＿＿＿＿＿；在家時：＿＿＿＿＿；在公共場所時：＿＿＿＿。

5.我會告訴較年長的子女，如果遇到緊急狀況，設法保護自己的安全，向外求助、不要和施虐者有正面衝突。我會教導我的子女如何打電話報警，我會確定他們知道家中的正確地址、電話。

6.我會告訴子女一個暗號（例如：見到某個窗簾拉下），看到暗號就不要進入家裡，應立即打電話求助。

7.我應將一些錢、證件等重要物件放在家中一個安全的地方，這個地方是：＿＿＿＿＿，在緊急時我可以立即帶著這些必需的物品離開。

8.我可以將這些證件、換洗衣物、孩子的用品……等東西放在：＿＿＿＿＿或＿＿＿＿＿家，必要時他們可以代為保管或送來給我。

當我已經決定離開施虐者時

9.如果我已決定離開，我要記得帶：身分證、健保卡、駕照、提款卡、信用卡、銀行存摺、印章、支票簿、錢、聯絡電話簿、户籍謄本、驗傷單、行動電話。

10.我知道離家最近的警察局在：＿＿＿＿＿；醫院在：＿＿＿＿＿。

11.我知道我有權到警察局、家庭暴力防治中心去請求協助聲請保護令，我也可以直接到法院去聲請。

當我已經離開施虐者時

12.當我必須與加害人談話時，我可以：＿＿＿＿。

13.當我與加害人通電話時，我可以：＿＿＿＿。

14.我可以利用電話答錄機或請家人、同事、老闆、朋友幫我過濾電話和訪客，我有權不接受任何騷擾電話。在家裡時我請誰：＿＿＿＿接電話；在辦公室時我請誰：＿＿＿＿接電話。

15.我可以隨時變更我的電話號碼，我可以隨時請下列的人幫助我，並且要求他們當發現我的加害人再度騷擾、侵害我時，幫我打電話給警察：＿＿＿＿、朋友：＿＿＿＿、親戚：＿＿＿＿、同事：＿＿＿＿、輔導員＿＿＿＿、庇護中心：＿＿＿＿、其他：＿＿＿＿。

16.當我下班時，我可以變換路線回家：________。

17.當走路或開車時發生問題，我可以：________。

18.我可以參加被虐婦女支持團體，例如：________。

19.當我情緒低落、甚至想傷害自己時，我可以和________談；電話號碼是：________。

當保護令核發後

20.保護令核發後，我應該隨身攜帶一張保護令，並留一張影印本給大廈的管理員、警衛、辦公室警衛、子女學校老師及我信任的親戚或朋友。

21.我知道我的施虐者上班的地點是：________，上、下班的時間是：________，常常出入的地點是：________，我有1張他的近照。

22.當施虐者違反保護令時（如電話騷擾、跟蹤、未遠離我的住居所、繼續侵害我時……），我應該立即打一一〇報警。

緊急電話號碼表

隨身攜帶或牢記，以便緊急時求救：

鄰居1		家庭暴力防治中心	
鄰居2		管區警局	
同事（學）1		神父、牧師、師父	
同事（學）2		律師	
親人1		家庭醫生	
親人2		其他	

全國保護您專線080-000600　報案專線110

資料來源：內政部家庭暴力防治委員會。

「鐵達尼號續集」

《鐵達尼號》男主角傑克（Jack）和女主角羅絲（Rose）在鐵達尼號上相識、互相吸引，到熱切地相愛。羅絲願意放棄富有的未婚夫，要和靠畫畫和偶爾賭博賺取生活費的傑克共度一生。假設傑克、羅絲及其未婚夫三人都幸運地在船難中活了下來；那麼，羅絲和傑克之間的關係將會如何發展？

小組分享討論：

1.請四個人一小組，以故事接龍的遊戲方式，完成屬於你們的「鐵達尼號續集」。
2.然後討論：戀愛之後該考慮的問題有哪些，有哪些因素會影響故事劇情發展？
3.小組整理後，跟全班分享你們的看法。

婚姻中什麼最重要

指導語

1.下列各項對你的婚姻有多重要？請依重要性10~1分別排序。
2.為何這樣排序？請在各項後面簡要說明。
3.小組作統計，了解大家的看法趨勢。
4.做一下男生女生的比較，看看在不同項目上有無性別差異。

項目	重要性排序	請說明簡要原因	小組統計	男生女生比較
愛				
尊重				
情誼				
性生活協調				
獨處的機會				
承諾				
共同的興趣				
有孩子				
經濟上的安全感				
家庭及個人背景相似				

小組分享討論：

1.請輪流分享自己的排序，並說明簡要想法。
2.小組統計後，針對差異大的部分聽聽不同的想法，擴展對不同婚姻價值觀的人想法的了解。
3.挑出男女生有差異的項目，聽聽異性的想法和看法，多做詢問，增加對異性的了解。
4.如果婚姻中少了你認為最重要的，會是什麼樣子？你會怎麼辦？
5.說一說今天此活動小組分享的收穫。

婚姻的迷思

我們對婚姻有一些憧憬和理想是自然、無可厚非的，不過有一些關於婚姻的非理性想法，會像金箍咒一樣，限制了婚姻的彈性，限制夫妻互動和婚姻關係的經營。以下提供十個有關婚姻的十大迷思，提供將步入婚姻或婚姻觸礁的人們作為檢視和深思的參考。你有以下的想法嗎？如果有，請在各題號前打勾，並和同組同學討論，該如何調整比較好，並將調整後的想法寫下來。

請在□中打勾：

迷思	調整後的想法
1.□ 我們將一起做每一件事。	
2.□ 每一件事我們都有同感。	
3.□ 你只對我，我只對你有興趣。	
4.□ 我們將永遠享受在性愛與親密中互動。	
5.□ 你會滿足我，我也會滿足你的所有需求。	
6.□ 由於我所付出的愛的影響，配偶的惡習都改了。	
7.□ 家中瑣事，很自然就運作自如。	
8.□ 既然相愛，我們絕不吵架或衝突。	
9.□ 婚姻中我們有很多完全相同的期望。	
10.□ 我們的婚姻不像週遭人，它會是最美滿的。	

資料來源：迷思項目摘自：張資寧譯（1994），湯瑪斯與凱薩林原著，〈婚姻關係的十大迷思〉，《婚姻與家庭》8卷6期，頁9-10。活動設計：柯淑敏（2000），《兩性關係學》。

小組分享討論：

1.成員每一個人輪流說一題，指出迷思何在？並說出調整後的想法。

2.依序討論每一題，說一說有該項迷思的人心裡的需求是什麼？為什麼會這樣想？這樣的心理需求可以用哪些其他的方法補足或調整呢？

3.有沒有遇過或看過具有以上其中多種婚姻迷思的人，他的婚姻生活如何？

你依然是你，而且我愛你

克里斯多夫．李維（Christopher Reeve）國際知名巨星，飾演過《超人》、《似曾相識》。在一次墜馬意外中，頭部直接撞擊地面，脊髓受到嚴重的傷害，中樞神經像骨牌一樣，迅速地瓦解。醒後，發現自己除了全身癱瘓外，還無法正常呼吸，排尿和排便也都失去了控制，也沒有性反應，頸部以下的動作，逐步受到摧毀。自己想：「何不乾脆死掉，這樣大家都省事。」於是，他告訴妻子：「也許該就這樣讓我走。」若是你是他的妻子，你現在要怎麼回答？你會怎麼回答？

小組分享討論一：

1.若是你是他的妻子，你現在要怎麼回答？你會怎麼回答？

2.角色交換，若是太太墜馬情況也是如此嚴重，若是你是他的先生，你現在要怎麼回答？你會怎麼回答？

3.揣摩一下，先生和太太此時此刻各自的心情、想法和困境？

「若是她曾移開目光、語氣稍停，或有絲毫的猶豫，或為了某些崇高的理由要對我盡義務，我不知道自己是否承受的住，她卻說：『無論你做任何決定，我都會支持你，因為這是你的人生，所以你替自己做決定，但我要你知道，無論發生什麼事，我都會永遠陪在你身邊。』她強調：『你依然是你，而且我愛你。』這句話拯救了我。」他在《依然是我》（天下文化出版，1999年）書中提到了這段她與妻子之間真心感動的情景與對話。

小組分享討論二：

1.這段話，如果換成你是躺在病床上的人，你感動嗎？為什麼？
2.你覺得換成你是克里斯多夫．李維的太太，你會怎麼辦？
3.這對夫妻活下來，長期來看，將一起面對什麼樣的過程和困境？

結了婚之後，很多時候不會平平順順幸幸福福地快樂過一輩子，除了面對夫妻間感情經營的可控制因素之外，還有像克里斯多夫．李維夫妻所遭遇到的「墜馬意外」這種不可控制的意外事件，可能在不預期的時候發生。或許我們該想想什麼可以幫助我們度過不能預防的意外所帶來的危機與傷痛。

小組分享討論三：

1.有在新聞上或生活中聽過或看過類似婚姻中發生意外的事件嗎？
2.有哪些是有災難事件後來卻活得讓人覺得感動的家庭或婚姻？
3.你覺得這些可以共同度過災難的夫妻或家庭是具備了哪些因素？

延伸閱讀

影片名稱	《麥迪遜之橋》（*The Bridge of Madison Country*）
影片簡要	134分鐘　美片　劇情類　保護級
出　　版	華納兄弟有限公司
導　　演	克林伊斯威特
主　　演	梅莉史翠普、克林伊斯威特
劇情簡介	某年秋天，一位專業攝影師來到愛荷華州的麥迪遜郡，他受《國家地理雜誌》委託到這裡為兩座遮蓬橋做紀錄。女主角是一位家庭主婦，男主角因為不知道遮蓬橋在哪裡，而停車下來向女主角問路，怎麼也沒想到他們的一生就因為這次相遇而變得完全不一樣了，多年以後，女主角的子女發現了這個秘密，在他們心目中忠貞愛家的媽媽竟然曾經有一段出軌的感情，他們要如何接受和調適？
影片討論	1.攝影師對女主角的吸引力在哪裡？ 2.女主角對攝影師的吸引力在哪裡？ 3.女主角在婚姻中遇到什麼困境？她還可以怎麼辦？ 4.揣摩一下兩人分開後，女主角的心情是如何？攝影師離去後的心情是如何？ 5.當道德與愛情相牴觸，你會怎麼辦？ 6.當你在婚姻中，遇到一個你覺得是傾心相遇的「對的人」（Ms.\ Mr. Right），你又有幼小的一對子女，你會怎麼辦？ 7.當子女知道你曾經做過「美麗的錯誤」，曾經想要拋棄他們，你要怎麼面對？ 8.如果你的父母也面臨到與愛情相牴觸的困境，你會怎麼辦？

影片名稱	《桃色交易》
影片簡要	100分鐘　美片　劇情類
主　　演	李察基爾、黛咪摩爾
劇情簡介	有錢的李察基爾看上有姿色的黛咪摩爾，願意付高額的金錢為和她一夜風流的代價，經過幾番掙扎，黛咪摩爾和她先生向金錢妥協，也達成協議說他們之間的感情不會因此樁「性與金錢的交易」而有任何改變。但是，感情真的不會因為達成共識的

劇情簡介	性交易而改變嗎？愛情和金錢誰會勝利呢？會因為性的不忠貞，導致分手嗎？他們的感情在經過這樁桃色交易之後會有哪些問題需要面對和苦惱？影片中有精采的描述。
影片討論	1.男人有錢，女人有姿色，相互作為「性」的本錢，你的看法如何？ 2.當你們是貧賤夫妻，那筆錢對你們共同的理想相當有幫助，你會和另一半商量及答應你的另一半（男／女）用「性」去做交易賺錢嗎？ 3.遇上一位多金又多情的男子／女子，你要如何處理目前已經是進行式也還不錯的感情？這樣一位多金多情的他／她對你而言，他／她的誘惑力有多大？你覺得怎麼處理是比較成熟的做法？ 4.如果你的另一半和別人有「性」的歷史，你要如何面對她／他的歷史？ 5.婚姻需要唯一和完整的「性」嗎？

學習重點

1.同居（cohabitation）。

2.再定義式婚姻（renewable marriage）。

3.試婚（trial marriage）。

4.單身（single-hood）。

5.目前的婚姻樣貌。

6.婚姻生命波線。

7.婚姻的危機與風險。

8.婚姻的迷思。

9.配偶選擇過濾假說。

10.權力（power）。

11.權力與作決策的關係。
12.家事分工的理論。
13.婚姻中的「性」三階段。
14.外遇。
15.姻親關係。
16.分居。
17.離婚六部曲。
18.再婚。
19.喪偶。
20.家庭暴力。
21.家庭暴力的迷思。
22.暴力循環。
23.施暴者的特質。

討論與分享

1.你現在對未來的兩性關係的規劃是如何？猜想自己會結婚、單身或是有其他的選擇和安排？請說一說你的想法和感受。
2.你理想的婚姻是什麼樣子？對於婚姻的生命週期所出現的婚姻滿意度U型曲線圖，你有什麼樣的看法？要做怎樣的心理準備和怎樣的調適方法？
3.婚姻中有許多危機，我們不一定會碰到，我們也儘量做好危機的預防，但是，萬一，你有了本章所列的婚姻危機，你該帶著何種心情？又要如何處理？
4.你還看過怎樣的夫妻關係讓你覺得很羨慕？他們哪些互動情境讓你羨慕？你從他們身上學到了什麼？

5.父母沒有十全十美，你感激父母為你做的是什麼？你覺得如果你將來為人父母，哪些是你要繼續傳承下去對待子女的？哪些是你要做改變的？要做這些改變之前，你需做什麼樣的準備？

參考文獻

一、中文部分

丁興祥、李美枝、陳皎眉（1988）。《社會心理學》。台北：空中大學。

立法院（2006）。「立法院全球資訊網—法令專區—法律資料庫」。立法院。線上檢索日期：2006年12月19日。

中央警官學校犯罪防治系（1995）。《約會強暴預防手冊》。現代婦女基金會出版。

中國時報（1999）。〈全球青少年性事調查〉，《中國時報》，1999年10月20日，10版。

中國時報（1999）。〈如何避免約會強暴〉，《中國時報》，1999年9月2日，家庭副刊版。

中國時報（2006）。〈陰柔男孩死亡事件簿〉，《中國時報》，2006年12月3日，A6版。

中國時報（2006）。〈網郎扮女生　誘出姊妹淘性侵〉，《中國時報》，2006年12月3日，A10版。

自由時報（2004）。〈13歲女生遭母推入火坑〉、〈15次騷擾捷運之狼落網〉，《自由時報》，2004年10月10日，頁17。

內政部家庭暴力及性侵害防治委員會（1999）。《性侵害防治工作人員服務手冊》。內政部。

內政部家庭暴力及性侵害防治委員會（1999）。《家庭暴力100問》。內政部。

內政部家庭暴力及性侵害防治委員會（2000）。《家庭暴力防治法規彙編》。內政部。

內政部家庭暴力及性侵害防治委員會（2002）。《家庭暴力加害人處遇模式認知教育輔導》。內政部。

内政部家庭暴力及性侵害防治委員會（2004）。《家庭暴力防治工作人員服務手冊》。内政部。

内政部家庭暴力及性侵害防治委員會（2004）。《家庭暴力相對人裁定前鑑定專業人員陪訓手冊》。内政部。

内政部家庭暴力及性侵害防治委員會（2006。「性侵害防治網際網路資訊站」。内政部。線上檢索日期：2006年12月15日。

内政部家庭暴力及性侵害防治委員會（2006）。「資訊分享——家庭暴力知多少」。内政部。線上檢索日期：2006年12月22日。

内政部統計處（2004）。「九十三年第二十九週内政統計通報」（我國離婚者按結婚年數統計，2004年7月16日），2004年7月16日。

内政部統計處（2006）。「九十五年第三週内政統計通報」（94年國人結婚之外籍與大陸配偶人數統計，2006年1月19日），2006年1月19日。

内政部統計處（2006）。「九十五年第二十一週内政統計通報」（94年離婚者按結婚年數統計，2006年5月26日），2006年12月7日。

内政部統計處（2006/12/7）。「九十五年第二十週内政統計通報」（94年初婚與再婚者按發生日期統計，2006年5月19日），2006年12月7日。

内政部統計處（2006）。「重要參考指標／現住人口婚姻狀況」（65年底至94年底），2006年12月7日。

内政部統計處（2006）。「内政統計年報／簡易生命表」（2005年），2006年12月13日。

文榮光（1993）。《婚姻與生活》。家庭教育系列叢書，教育部社教司指導，高雄市家庭教育服務中心印行。

王玥好（2003.11）。〈學生性騷擾／性侵害問題之處遇〉，《兩性平等教育季刊》，25，頁65-78。

王雅各（1997）。《愛情學分All Pass》。台北：張老師文化。

王雅各（1998）。〈學校氛圍中的性別現象〉，《兩性平等季刊》，第3期，頁49-58。

王溢嘉（1988）。《愛情新詮》。台北：自立報系文化出版部。

王瑞琪、江漢聲主編（1997）。《青春解性不留白——高中職性教育》。台北：性林文化出版。

王慶福（1995）。《大學生愛情路徑模式之分析研究》。國立彰化師範大學輔導研究所博士論文。

王慶福（2000）。〈當男孩愛上女孩——人際依附風格類型搭配、愛情關係與關係適應之研究〉，《中華輔導學報》，第8期，頁177-201。

王慶福、王郁茗（2003）。〈性別、性別角色取向、愛情觀與愛情關係的分析研究〉，《中山醫學雜誌》，14，頁71-82。

王燦槐（2000）。〈強暴迷思〉，《內政部與中國輔導學會全國巡迴工作坊講義》，2000年1月8日。

台北市婦女救援基金會（2003）。《目睹暴力兒童國際食物交流工作坊手冊》。

成蒂（2003）。〈心理諮商對家庭暴力案件是否適用〉，《司改雜誌》，46期。民間司法改革基金會。

何穎怡（1998）。〈淺談女人之歌與女性生命史〉，《兩性平等季刊》，第4期，頁28-36。

余德慧（1993）。〈愛情贏家的性格和策略〉，《中國人的愛情觀》。台北：張老師文化。

余嬪（1998）。〈從「仰臥起坐VS.伏地挺身」談平等的兩性休閒〉，《兩性平等季刊》，第4期，頁17-23。

吳秀碧主講（1993），許仁榮整理。〈做一個健康的亞當和夏娃〉，《輔導通訊》，頁5-9。

吳就君譯（1993），薩提爾（Virginia Satir）著。《與人接觸》。台北：張老師文化。

吳靜吉（1984）。《害羞、寂寞與愛》。台北：遠流出版社。

吳靜吉（1983）。《青年的四個大夢》。台北：遠流出版社。

呂秀蓮主講（1998）。「跨世紀婦女的省思」。桃園縣政府婦幼安全中心成立週年研討會。

李美枝（1991）。《性別角色面面觀》。台北：聯經。第三版。1987年初版。

沈慧聲譯（1998），Joseph A. Deviot著。《人際傳播》。台北：揚智出版社。

林孟平（1988）。《輔導與心理治療》。台北：五南圖書出版公司。
林明傑等譯（2000）。《家庭暴力者輔導手冊》。台北：張老師文化。
林政宏、葉正賢（1999）。《網路情色報告》。台北：探索文化。
林惠雅（1992），鍾思嘉主編。〈婚外戀情〉，《婚姻溫度計》。台北：桂冠出版社。
林賢修（2000）。〈我看見也知道同性戀〉，《自立早報·男男女女版》。
林燕卿（1994）。〈認識性騷擾〉，《杏林天地》，三卷11期，2-5頁。
邱獻輝（2002.11）。〈認識與協助性侵害的受害者〉，《諮商與輔導》。203，頁8-12。
柯淑敏（1994）。《分手經驗的個人意義——一種故事的觀點》。輔仁大學碩士論文。
柯淑敏（1996）。〈親密關係分手的研究〉，《學生輔導通訊》，43期，108-115頁。
柯淑敏（1997）。〈思念總在分手後——為感情話下完美的句點〉，《青春解性不留白——高中職性教育》。台北：性林文化出版。
柯淑敏（2000）。《兩性關係學》。台北：揚智出版社。
洪素珍（1996）。〈避開約會強暴〉，《浪漫新主義》。東吳大學。
洪志美譯（1994）。《我好，你也好》。台北：遠流。
孫丕琳譯（1994）。《心理學導論》。台北：桂冠出版社。
孫蒨如（1997）。〈你到底想說什麼——淺談兩性溝通〉，《學生輔導雙月刊》，48期，頁82-87。
徐光國譯（2003）。《婚姻與家庭》。台北：揚智出版社。
晏涵文（1992）。《生命與心理的結合》。台北：張老師出版社。
桃園縣政府家庭暴力防治中心（2006）。《婦女安全手冊》。桃園縣政府編印。
財團法人現代婦女基金會（1997）。《工作場所性騷擾預防手冊》。
財團法人現代婦女基金會（1997）。《反性侵害安全須知》。
財團法人現代婦女基金會（1997）。《家庭暴力預防自助手冊》。
財團法人現代婦女基金會及台北市政府（1999）。《性侵害完全保護手冊》。

財團法人現代婦女基金會（2000）。《家庭暴力專業人員服務手冊》。

國立清學性別歧視與性侵犯防治與處理小組（2002）。《大學校園性騷擾及性侵害防治手冊》。

張老師月刊（1987）。〈愛的方程式〉，《張老師月刊》。第110期，1987年2月，頁81-87。

張玨（1999）。〈性教育／兩性教育／性別教育／兩性平等教育〉，《兩性平等教育季刊》，第7期，1999年5月1日，頁17-23。

張春興（1989）。《心理學辭典》。台北：東華書局。

張湘君（1998）。〈童書的女性角色需要現代化〉，《兩性平等教育季刊》，第3期，1998年7月，頁119-122。

張資寧、曾惠花譯（1993），Liontos & Liontos著。《好牽手》（*The Good Couple Life*）。天恩出版社。

張德聰（1992）。〈誰來伴我？——談適婚者的生活與調適〉，《情繫一生》。教育部社教司台灣地區家庭教育服務中心。

清大小紅帽工作群（1993）。《校園反性騷擾行動手冊》。台北：張老師文化。

莊雅婷（2003.05）。〈擺脫家中的魔爪——兒童性侵害之遊戲治療〉，《學生輔導通訊》，86，頁162-175。

許春金、陳玉書（2003.12）。〈性侵害犯罪被害情境與要素之分析〉，《警政論叢》，3，頁101-128。

許維素（1992）。〈相識滿天下，知心無幾人——淺談寂寞〉，《測驗與輔導》，103期，頁2062- 202065。

郭修庭（2004）。〈性侵害倖存者在創傷事件後的應對策略〉，《諮商與輔導》，218，頁32-36。

郭麗安（1998）。〈心理學家眼中的男人友誼〉，《學生輔導通訊》。第28期，頁4-9。

陳秉華（1996）。《心理諮商中分離個體化衝突改變歷程研究II》。行政院國家科學委員會專題研究計畫成果報告。

陳金燕（1995）。〈從生命中孤單的本質看生活中獨處的意義〉，《諮商與輔導》，第112期，頁17-19。
陳若璋（2000）。《兒少性侵害全方位防治與輔導手冊》。台北：張老師文化。
陳淑惠（1999）。〈精神疾病與平權意識的聯想〉，《兩性平等季刊》，第6期，頁45-49。
陳皎眉（1995）。《人際關係與人際溝通》。教育部編印，光啓社製作。
陳皎眉（2004）。《人際關係與人際溝通》。台北：雙葉書廊。
陳皎眉（1997）。《兩性教育與輔導》，諮商實務二有聲圖書。台北：心理出版社。
陳皎眉（1997）。〈玻璃圈內的世界〉，《學生輔導雙月刊》，第48期，頁18-25。
陳皎眉（1999）。〈婚姻中的兩性關係〉，《兩性平等教育季刊》，第6期，1999年2月1日，頁17-23。
陳億貞譯（2005），Robert J. Sternberg著（二版）。《普通心理學》。台北：雙葉書廊
彭懷真（1996）。《婚姻與家庭》。台北：巨流圖書公司。
曾端真、曾玲珉譯（1996），R. F. Verderber & K. S. Verderber著。《人際關係與溝通》。台北：揚智出版社。
陽琪、陽琬譯（1996），Norman Goodman（1993）著。《婚姻與家庭》。台北：桂冠圖書公司。
黃正鵠、楊瑞珠（1998）。「青少年對性騷擾的態度與看法」。教育部輔導工作計劃研究報告。
黃政傑、張嘉育（1998）。〈消除性別偏見的課程與教學〉，《兩性平等季刊》，第3期，頁25-38。
黃素菲（1992）。〈感情三部曲——追逐、抉擇、交往〉，《學生輔導通訊》，第19期，頁31-35。
黃素菲（1992）。〈談伴侶情感的維繫與增進〉，《情繫一生》。教育部社教司台灣地區家庭教育服務中心。
黃迺毓等（1995）。《家庭概論》。台北：國立空中大學。
黃淑珍（1994）。〈沙戲治療及其在兒童性侵害輔導上的應用〉，《諮商

與輔導》，218，頁14-23。
黃富源（1995a）。〈婦女人身安全政策〉，載於《婦女政策白皮書》。中國國民黨中央婦女工作會。
黃富源（1995b）。〈工作場所性騷擾與其預防之研究〉，《師說》，82，頁28-36。
黃富源、尹慶春、張錦麗、李化愚、周幼娥、紀惠容、王燦槐等人（1998）。《中小學生人身安全教育手冊》。台灣省政府教育廳主編。台北：台灣書局印行。
黃惠惠（1998）。《邁向成熟》。台北：張老師文化。
黃慧真譯（1989），S. W. Olds & D. E. Papalia 著。《發展心理學》。台北：桂冠出版社。
楊大和譯（1996）。《創傷與復原》。台北：時報文化出版。
楊長苓（1998）。〈性、性別、權力〉，《兩性平等教育季刊》。第1期，1998年1月1日，頁47-50。
楊佳羚（2002）。《性別教育大補帖》（上）（下）。台北：女書出版社。
葉高芳（1990）。《婚前準備與輔導》。台北：道聲出版社。
鄔佩麗 （1999）。〈讓她重展笑顏〉，《兩性平等教育季刊》。第6期，1999年2月1日，頁55-63。
鄔佩麗（2000）。〈校園性侵害事件之現況了解與因應〉，《內政部與中國輔導學會全國巡迴工作坊講義》。2000年1月8日。
廖翊君（2002）。《不准狼過來——遠離性侵害》。台北：泛亞國際。
輔英技術學院主編（1998）。《兩性關係輔導手冊》。教育部訓委會發行。
劉安真（2000）。〈對同性戀輔導的反思〉，《諮商與輔導》，第171期，頁23-27。
劉明倫（2000）。〈認識同性戀〉，《兩性對待手冊》。新竹師院學生輔導中心。
劉惠琴（1991）。《從心理學看女人》。台北：張老師文化。
劉惠琴（1994）。〈分手經驗的捨與得〉，《撥開浮雲見皓空》。東吳大學學生輔導中心，頁155-162。
蔣韜譯（2000）。《導讀容格》。台北：立緒出版公司。
蔡文輝（1998）。《婚姻與家庭——家庭社會學》。台北：五南。
蔡培村（1993）。〈如何建立美滿婚姻生活〉，《婚姻與生活系列講座集》。高雄市家庭教育服務中心。
鄭玄藏（1994）。《性教育主題輔導工作方手冊》。教育部輔導計畫叢書17。
賴瑞馨等（1997）。《牽手一輩子》。台北：張老師文化。
勵馨基金會（1997）。《我是自己的好主人》。勵馨兒童保護教材。
嶺東商專主編（1999）。《愛的路上起步走》。台北：教育部訓委會。
謝小芩（1993）。〈要尊嚴，不要性騷擾〉，《校園反性騷擾行動手冊》。台北：張老師文化。
謝小芩（1999）。〈釐清觀念，起而行動〉，《兩性平等教育季刊》。第7期，1999年5月1日，頁14-16。
鍾思嘉編著（1996）。《親職教育》。台北：國立空中大學。
簡春安（1991）。《外遇的分析與處置》。台北：張老師文化。
藍采風（1996）。《婚姻與家庭》。台北：幼獅出版社。
魏慧娟 （1998）。〈兩性平等教育的教材教法與情境策略〉，《兩性平等教育季刊》。第3期，1998年7月，頁39-48。
羅惠筠譯（1992），C. G. Morris著。《現代心理學》。美亞書版公司。
羅燦煐（1996）。〈強暴迷思與兩性平等〉，載於謝臥龍主編，《兩性・文化與社會》。頁269-286。
羅燦煐（1999b）。〈性別暴力與性別歧視〉，載於王雅各主編，《性屬關係》。心理出版社。
蘇芊玲（1998 ）。〈家庭——兩性平等教育的基石〉，《兩性平等教育季刊》。第2期，1998年4月，頁105-118。
蘇宜芬（1991）。〈談孤單〉，《測驗與輔導》。第103期，頁2060-202062。

二、英文部分

Aboud, F. & Mendelson, M., (1996). Determinants of friendship selection and quality: Developmental perspectives.; In W. Bukowski, A. Newcomb, & W. Hartup, (Eds.), *The company they keep: Friendship in childhood and; adolescence* (pp. 87-112). Cambridge, UK: Cambridge University Press.

Acitelli, L. K., Kenny, D. A., & Weiner, D. (2001). The importance of the similarity and understanding of partners' marital ideals to relationship satisfaction. *Personal Relationships, 8*, 167-186.

Ainsworth M. D. S. (1968). Object relation, dependence, and attachment: A theory review of the infant mother relationships. *Child development, 40*, 969-1025.

Anisworth, M. D. S. (1989). Attachment beyond infancy. *American psychologists, 44*, 709-716.

Arkoff, A. (1980). *Psychology of adjustment*. New Jersey: Prentice Hall.

Aronson, E., Wilson, T. D., & Akert, B.(2004). *Social psychology*. (5th Ed.). N.Y. : Prentice Hall.

Asch, S. (1946). Forming impressions of personality. *Journal of Abnormal and Social psychology, 41*, 258-290.

Bass, E. & David, L. (1988). *The courage to heal: A guide for women survivors of child sexual abuse*. New York: Harper & Row.

Baxter, Leslie A. and C. Bullis. (1986). "Turning points in developing romantic relationships." *Human communication research. 12 (4)*: 469-493.

Bowlby, J. (1969). *Attachment and loss. Vol. 1: attchment*. New York: Basic Books.

Bowlby, J. (1973). *Attachment and loss. Vol. 2: separation*. New York: Basic Books.

Bowlby, J. (1982). *Attachment and loss. Vol. 3:loss, sadness and depression*. New York: Basic Books.

Bowlby, J. (1988). *A secure base: parent-child attachment and human health deavelopment*. New York: Basic Books.

Brennan, T, & Auslander, N. (1979). *Adolescent loneliness: An exploratory study of social and psychological pre-dispositions and theory (Vol. 1)*. Rockville, MD: National Institute of Mental Health, Juvenile Problems Division.

Berscheid, E. (1985). Interpersonal attraction. In G. Lindzey & E. Aronson (Eds.). *Handbook of social psychology* (3rd ed., pp.413-484). New York: Random House.

Blizard,R.A., & Bluhm, A. M. (1994). Attachment to the abuser: Integrating object-relations and truma theories in treatment of abuse survivors. *Psycho therapy, 31*, 383-390.

Bowlby, J. (1982). *Attachment and loss*. New York: Basic Books.

Bruner, J. (1986). *Actual minds, possible worlds*. Cambridge, MA: Harvard University Press.

Cassidy, J. & Shaver, P. R. (1999). *Handbook of attachment: theory, research, and clinical applications*. New York: The Gilford Press

Cate, R. M., & Lloyd, S. A. (1992). *The history of courtship*. In Courtship (pp.13-32). Newbury Park, CA: Sage Publications, Inc.

Collins, N. L. & Read, S. J. (1990). Adult attachment, working models, and relationship quality in dating couples. *Journal of personality and social psychology, 58*, 644-663

Collins, N. L. (1996). Working model of attachment: implications for explanation, emotion and behavior. *Journal of personality and social psychology, 71(4)*, 810-832.

Courtois, C. A. (1991). Theory, seqencing, and strategy in treating adult survivors. In J. Briere (Ed.) *Treating victims of child sexual abuse: new direction for mental health services. Vol.51*. San Francisco: Jossey-Bass.

Devito, J. A. (2001). *The interpersonal communication Book*. (9th Ed.) N.Y.: Longman.

Dion, K. L., & Dion, K. K. (1988). Romantic love: Individual and cultural perspectives In Debra J. Mashek, Arthur Aron. *Handbook of closeness and intimacy*. (Ed.). Lawrence Erlbaum Associates.

Dutton, M. A. (1992). Empowering and Healing the Battered Woman: A model for Assessment and Intervention. New York: Springer Publishing Co.

Dutton, D. G. (1998). The Abusive Personality: Violence and Control in Intimate Relationship. New York: Guilford Press.

Ellenson , G. S. (1986). Disturbances of perceptions in adult female incest survivors. *Social casework, 67*, 147-159.

Erikson, E. H. (1950). *Childhood and society*. New York:Norton.

Erikson, E. H. (1968). *Identity, youth, and crisis*. New York: Norton

Feeney, J. A. & Noller, P. (1990) Attachment style as predictor of adult romantic relationships. *Journal of personality and social psychology, 58*, 281-291.

Fitzgerald. L. F. (1990). Sexual harassment: The definition and measurement of a construct. In M. Paludi(ed.), *Ivory power: Victimization of women in the academy*. (pp. 21- 44). Albany, N. J. ：SUNY.

Fletcher, G. J. O. (2002). *The new science of intimate relationships*. Malden, MA, US: Blackwell Publishers.

Freud, S. (1963). *Introductory lectures on psychoanalysis*. In standard edition of the complete psychological works of Sigmund Freud (vols.15 & 16). London: Hogarth.

Freud, S. (1964). *An online of psycho-analysis. In standard edition of the complete psychological works of Sigmund Freud (vols.23*, pp.141-207). London: Hogarth.

Fromm, E. (1963). *The art of loving*. N.Y.: Harper & Row.

Gadpaille, W.J. (1989). Homosexuality. In Teoksessa Kaplan, Harold, I. & Sadock, Benjamin J. (Eds.). *Comprehensive textbook of psychiatry. Volume 2*. (5th Ed.) Baltimore MD: William & Wilkins, 1086-1096.

Happner, Marry (1999). Rape prevention intervention . *中國輔導學會1999年輔導學術年會*。

Harringt, J. W. (1996). Counseling adult male survivors of childhood sexual abuse: a review of treatment techniques. *Journal of mental health counseling, 18 (2)*, 123.

Harris, T. (1973). *I'm ok, You are ok.* Harper & Row Publishers.

Hazen, C. & Shaver, P. R. (1990). Love and work: an attachment-theoretical perspective. *Journal of personality and social psychology, 59*, 270-280.

Hazen, C. & Shaver, P. R. (1987). Romantic love conceptualized as an attachment process. *Journal of personality and social psychology, 52*, 511-524.

Heider, F. (1958). *The psychology of interpersonal relations*. New York: Wiley.

Jung, C. (1969). *The archetypes and the collective unconscious. (2nd Ed.)* Hull. Princeton: Princeton University Press.

Karp, C. L., Butler, T. L., & Berstrom (1998). *Treatment strategies for abused adolesecents: from victim to survivor*. Thousand Oaks, CA: Sage.

Karp, C. L., Butler, T. L., & Berstrom (1998). *Treatment strategies for abused adolesecents: from victim to survivor*. Thousand Oaks, CA: Sage.

Kenny, M. E. & Rice, K. G. (1995). Attachment to parents and adjustment in late adolesent college students: current status, applications, and future considerations. *The counseling psychologist, 23(3)*, 433-456. Kerckhoff, A. C. & Davis, K. E. (1962) Value Consensus and Need Complementarity in Mate Selection. *American Sociological Review, 27*, 295-303.

Kobat, R. G. & Sceery, A. (1988). Attachment in late adolescence: working models, affect regulation, and representations of self and others. *Child development, 59*, pp.135-146.

Lee, J. (1988). Love styles. In Sternberg and Barnes (eds.1988), *The psychology of love*.

Levinson, D. J (1978). *The seasons of A man's life.* NY: Ballantin Books.

Levy & Davis (1988).

Maccoby, E. & Jacklin, C. (1974). *The psychology of sex differences*. N.Y.: The Stanford Press.

Main, Kaplan, and Cassidy (1985). *Treating attachment abuse*. N.Y.: Springer Publishing.

Mennen, F. E.,& Meadow, D. (1992). Process to recovery: In support of long-term groups for sexual abuse survivors. *International journal of group psychotherapy. 42(4)*, 29-44.

Michele & Marsali, 1990

Morgan, G. (1986). *Images of organization*. Newbury Park,. CA: Sage Publications.

Norman Goodman (1993). *Marriage and the family*. HarperCollins Publishers, Inc.

Peters, D. K., & Range, L. M., (1996). Self-blame and self-destruction in women sexually abused as children. *Journal of child sexual abuse, 5(4)*, 19-33.

Pilkington, N. W., & Lydon, J. E. (1997). The relative effect of attitude similarity and attitude dissimilarity on interpersonal attraction: Investigating the moderating roles of prejudice and group membership. *Personality & social psychology bulletin. Vol. 23(2)*, 107-122.

Ratican, K. (1997).Sexual abuse survivor: Identifying symptoms and special treatment considerations. *Journal of counseling and development, 71*, pp.33-38.

Richardson D.(1983). The dilemma of essentiality in homosexual theory. *Journal of homosexuality, 9*, 79-90.

Rubin, Zick (1973). *Liking and loving*. NY: Holt, Rinehart and Winston, INC.

Sadler, W. A., & Johnson, T. B. (1980). From loneliness to anomia. In R. Audy, J. Hartog, & Y.A. Cohen (Eds.) *The anatomy of loneliness*. New York: International University Press.

Schutz, W. C. (1966). *The interpersonal under world.* Palo Alto, CA: Science & Behavior Books

Scroufe & WArter (1977).

Shaver, P. R. & Hazan, C. (1988). A biased overview of the study of love. *Journal of personality and social psychology, 55*, 473-501.

Silverstein, S. (1981). *The missing piece meets the big O 25th anniversary edition*. N.Y.: Harper Collins Publishers.

Sprecher, S. (1999). "I love you more today than yesterday": Romantic partners' perceptions of changes in love and related affect over time. *Journal of personality and social psychology, 76*, 46-53.

Sternberg, R. J. (1986). A triangular theory of love. *Psychological review, 93*, 119-135.

Thomas J. O. (2004). *Science of love: the wisdom of well-being*. Philadelphia: Templeton Foundation Press..

Vaughan, D. (1986). *Uncoupling: turning points in intimate relationships*. Oxford.

Zimpardo, P. G. (1992). *Psychology*. Berlin, Heidelberg: Springer.

圖書編號：A3034A

兩性關係學

著　　者／柯淑敏
出 版 者／揚智文化事業股份有限公司
發 行 人／葉忠賢
總 編 輯／閻富萍
主　　編／范湘渝
登 記 證／局版北市業字第1117號
地　　址／台北縣深坑鄉北深路三段260號8樓
電　　話／(02)8662-6826
傳　　眞／(02)2664-7633
E-mail／service@ycrc.com.tw
印　　刷／鼎易印刷事業股份有限公司
ISBN／978-957-818-844-0
二版二刷／2009年3月
定　　價／新台幣450元

國家圖書館出版品預行編目資料

兩性關係學 / 柯淑敏著. -- 二版. --臺北縣深
坑鄉：揚智文化, 2007. 10
面； 公分
參考書目：面
ISBN 978-957-818-844-0 (平裝)

1. 兩性關係

544.7 96017591